KB097143

퀴어, 젠더, 트랜스

퀴어, 젠더, 트랜스

QUEER THEORY, GENDER THEORY

AN INSTANT PRIMER

정체성 정치를 넘어서는
퀴어이론, 젠더이론의 시작

리키 윌친스 지음 | 시우 옮김

오월의봄

추천의 말

모든 이들의
'자기 자신으로 살아갈 권리'를 위한
촘촘한 질문의 여정

나영 성적권리와 재생산정의를 위한 센터 셰어SHARE 대표

몇 년 전 한참 인기를 끌었던 토크쇼 프로그램이 하나 있다. 다양한 고민을 가진 시청자가 직접 출연하여 고민을 상담하면 연예인 패널들과 청중이 고민을 듣고, 사연자의 가족이나 친구들과 인터뷰도 하면서 '최고의 고민'을 선정하는 프로그램이었다. 그 프로그램에는 종종 '상남자 같은 딸'에 대한 고민을 하는 부모들이 출연하기도 했는데, 방송은 항상 고민의 '대상'이 된 이들을 '여성적인' 모습으로 되돌리거나 '그렇게 된 사연'을 찾으려는 방식으로 진행되고는 했다. 언제나 '그렇게 된' 데에는 사연이 있어야 했다. 불우한 가정환경에서 딸보다는 '듬직한 아들' 같은 존재가 되어 엄마와 가족들을 지키고 싶었다는 이야기 등이 기어코 따라붙고는 했던 것이다. 사연을 들은 사람들은 그제야 이해할 수 있겠다는 식의 반응을 보

이며 "이제 조금 꾸며보세요" "그래도 너무 예뻐 보였어요" 같은 소감을 남기고는 하였다.

한편 최근 몇 년 사이 온라인에는 자신을 레즈비언이라거나 페미니스트라고 소개하면서 '트랜스젠더리즘'에 반대한다는 여성들이 자신의 서사를 통해 '트랜스젠더란 건 허구'라고 이야기하는 글이 올라오고는 했다. 이들은 한때 자신도 여성인 자신이 너무 싫고 강한 사람이 되고 싶어서 스스로를 남자라고 생각한 적이 있지만, 나중에는 여자이면서도 강할 수 있다는 걸 깨닫고 그대로 여성으로서 살아갈 수 있게 되었다고 이야기한다. 그러니 자신을 다른 성별이라고 생각하는 건 사실 자기혐오이거나 착각일 뿐 굳이 트랜스젠더가 될 필요는 없다는 것이다.

이 두 사례는 젠더 이분법의 세계에서 젠더 표현과 젠더 정체성에 관한 이야기가 자신을 설명하고자 하는 온갖 서사로부터 얼마나 쉽게 미끄러지고, 거부당하고, 끝내 부인되는지를 보여준다. 사실 우리는 모두가 각자의 고유한 젠더 표현과 젠더 정체성을 가지고 살아가고 있다. 그걸 표현하는 정체성의 이름들을 다 만들 수조차 없을 것이다. 그럼에도 결국에는 젠더 이분법의 틀에 적절히 자신의 정체성을 맞추고 설명하게 된다. 이 사회가 그것을 우리에게 끊임없이 요구하기 때문이다. 이에 따라 누군가는 계속해서 '사연'을 필요로 하고 누군가는 자신의 경험을 잣대로 다른 이의 젠더 정체성을 부인한다. 그럼으로써 자신을 포함한 모두를 이분법의 틀 안에 넣고

안심하려 하는 것이다.

젠더 표현과 젠더 정체성에 관한 억압과 통제는 사실 우리에게 익숙한 LGBTAIQ라는 정체성의 범주를 관통한다. 남아프리카공화국에서 벌어지는 '교정강간'은 레즈비언을 교정한다는 명분으로 자행되지만 피해의 대상이 되는 이들은 축구를 하는 여성, 고분고분하지 않은 여성, 남자에게 관심을 보이지 않는 여성 등 사실상 '여자답지 못하다'고 간주되는 모든 여성이다. 이들 중에는 레즈비언, 시스젠더, 트랜스젠더, 논바이너리, 인터섹스 등이 모두 있을 것이나, 대부분은 이런 이름들을 아직 찾지 못했거나 이 언어들로 자신을 담아낼 수 없는 이들도 많을 것이다. 결국 '교정강간'과 같은 폭력은 레즈비언이라는 성적 지향에 대한 억압만으로는 온전히 설명할 수 없으며, '이 사회가 요구하는 여성'에 어긋나는 모든 젠더 표현과 젠더 정체성에 대한 억압에 기반하여 자행되는 폭력이라 할 수 있다.

리키 윌친스는 젠더 표현과 젠더 정체성에 대한 억압이 단지 트랜스젠더만이 겪는 문제가 아니라는 사실을 계속해서 환기시키며, '젠더권'이라는 이름으로 끈질기게 이러한 억압들을 찾아내고 '모두의 권리'로 연결해나가려 한다. 윌친스가 제안하는 젠더권운동은 사회적·역사적으로 구성되어온 이분법적 젠더 체계의 억압을 깨고, 그 이분법의 틀에 자신을 맞추어 살아가지 않을 권리, 그로 인한 차별과 폭력, 낙인을 겪지 않으며 주거와 노동, 생존을 위해 자신을 해명하지 않을 권리,

있는 모습 그대로의 자신으로 살아갈 권리를 위한 운동이다.

이 책은 페미니즘운동과 동성애자권리운동의 성취와 한계를 짚고, 포스트모더니즘 이론과 퀴어이론의 핵심을 서술하는 훌륭한 개론서다. 그러나 무엇보다 이를 관통하는 젠더와 정체성 범주에 대한 비판적 통찰을 놓치지 않으며 운동 현장에서의 생산적 논쟁을 열어주는 고마운 책이기도 하다. 윌친스의 문제의식을 꼼꼼히 따라가면서도 한국의 커뮤니티와 운동, 논쟁의 지형을 고려하여 언어를 해석하고 우리에게 찰떡같이 이해되는 꼭 맞는 용어들로 번역해준 역자에게도 고마움을 전한다.

차례

나의 삶인 GMR에게

일러두기

1. 본문의 주는 모두 옮긴이가 붙인 것이다.
2. 옮긴이가 본문에 내용을 덧붙인 경우에는 '[ ]'로 묶어 표시했다. 저자가 인용문 등에서 덧붙이거나 강조한 부분에는 별도로 저자의 첨언이나 강조임을 밝혔다.
3. 원문에서 대문자로 강조한 부분은 권점으로, 이탤릭체로 강조한 부분은 굵은 서체로 표기했다.
4. 원문의 인용문 중 출처 표기가 부정확하거나 누락된 부분은 옮긴이가 새로 찾아 출처를 밝혔다.

2판 서문

《퀴어, 젠더, 트랜스》는 나의 세 번째 책이자 제일 많은 고민을 하게 한 책이다. 어떻게 하면 불가피하게 매우 난해한 언어로 쓰인 (지나치게 복잡한) 이론을 누구나 이해할 수 있는 친숙한 언어로 모두 풀어낼 수 있을까? 이해하기 쉬우면서도 때로는 이 모든 것에 숨결을 불어넣는 상당히 개인적인 사례로 설명해낼 수 있을까? 아, 얇고 쉽게 읽히는 한 권의 책으로 만들 수는 없을까?

이 책을 고쳐 쓰고 또다시 고쳐 썼다. 사랑의 수고가 아니라고 말할 수 없다. 내게는 나의 삶과 (이따금) 온전한 마음을 지켜준 책과 사유가 있었다. 나는 책과 사유를 다른 사람과 나눌 방법을 오랫동안 찾고 있었다. 책과 사유가 지나치게 추상적이고 학술적이어서 쓸모없다고 생각하는 사람들과 이야기 나누고 싶었다.

친구들과 그리니치빌리지에서 점심을 먹었던 날이 기억난

다. 그날 나는 무슨 말인지 거의 알아들을 수 없었던 주디스 버틀러Judith Butler의 글에서 주워 모은 따끈따끈한 생각을 친구들에게 전달하기 위해서 계속 노력했다(그리고 비참하게 실패했다). 나는 내 삶과 새로운 관계를 맺게 된 데 흥분했지만, 친구들은 너무나도 지루해했다. [그래도] 포스트모던 이론에 대해서 이런저런 이야기를 하며 식사를 방해하는 나를 (대부분) 너그럽게 받아주기는 했다. 마치 내가 큰 소리로 열정을 담아 외국어로 말하는 것만 같았다. 돌이켜 생각해보면, 내가 했던 말이 실제로 외국어였을 수도 있다. 아무튼 내가 말하고자 노력했던 모든 것을 설명하는 책이 반드시 있어야 한다고 꾸준히 생각했다. 몇 년이 지나고 마침내 그 책이 완성됐다.

그러니 어떤 사람이 《퀴어, 젠더, 트랜스》에 대한 아마존 평가란에(그렇다, 저자는 평가를 찾아본다) 책을 읽은 자신의 학생들이 내가 '똑똑한 척'을 한다는 느낌을 받았다면서 나를 비난하는 의견을 남겼을 때, 내가 느꼈을 즐거운 유감을 상상해보라. 점심식사 자리에서 친구들을 이해시키지 못했던 기억은 지워버리고 어떤 독자를 불쾌하게 할 만큼 뽐낸 근거 없는 자신감만 기꺼이 간직하고 싶은 마음이다.

그에게 감사한다. 그리고 《퀴어, 젠더, 트랜스》가 적은 수지만 열정을 지닌 사람들과 만나도록 도와준 여러 연구자와 학생에게 감사한다. 그들 덕분에 자신의 삶과 연구가 젠더이론과 어떠한 관련이 있는지 이해하려는 이들, 이해할 필요가 있는 사람들이 이 책을 접할 수 있었다. 그들은 내가 이 책을 준비하기 시작했던 수년 전에 상상하고 기대했던 바로 그 독자들이다.

이 책을 다시 발간한 매그너스북스에도 깊은 감사를 전하고 싶다. 젠더이론의 세계는 그간 앞으로 더 나아갔지만, 이 책에 담긴 많은 아이디어는 오늘날에도 유의미하다. 여기까지 읽었다면, 당신은 분명 퀴어이론에 흥미를 갖고 있을 것이다. 이 책은 당신을 위해서 쓰였다. 부디 재미있게 읽어주기를 바란다.

2014년 2월

리키 윌친스

들어가며

> 자신을 인식하거나 다른 사람을 이해하는 데 기초가 될 만큼 충분히 안정적인 것은 인간에게 존재하지 않는다. 그의 몸 역시 예외가 아니다.[1]
>
> —미셸 푸코

이 책을 쓰는 날이 오기를 수년 동안 기다렸다.

내가 1997년에 출판한 《내 이야기를 잘 들어: 성적 전복과 젠더의 종말》은 급진적 자서전이었고, [2002년에 나온] 《젠더퀴어: 성적 이분법을 넘어선 목소리》는 선집이었다.

그러나 그 모든 과정 중에도 이 책을 다양한 버전으로 쓰고 다시 썼다. 사실 이 책을 세 가지 버전으로 준비했지만 어떤 것도 마음에 들지 않았고 편집자를 만족시키지도 못했다.

나는 이론에 대한 글을 쓰고 싶었다. 지난 10년 동안 배웠던 모든 것을 이 책에 그러모아서 주장하고 분석하며 적용해보고 싶었다.

그러나 이론, 특히 퀴어이론은 어려운 시기를 맞았다.

퀴어이론에 관심을 보이는 이들은 연구자와 대학원생뿐이었다. 이들은 [이른바] **만연한 남근이성중심주의 경제의 의미화 실천**에 대해서, **그에 필연적으로 수반되는 이성애 규범의 비유와 은유**에 대해서 논의하기 좋아하는 사람들이었다.

퀴어이론이 학계에서나 통용되는 난해한 지식으로 크게 후퇴하면서, 심리성적psychosexual 소수자나 사회를 변화시키려는 활동가처럼 퀴어이론이 필요했던 이들에게 퀴어이론은 점점 쓸모없는 것이 됐다.

내가 포스트모던 이론을 살피게 된 이유는 이 이론이 내가 평생 느낀 것들, 의심했던 것들, 그러나 결코 말로 표현하지 못했던 것들을 포착하고 설명했기 때문이다.

언어는 언제나 부실한 도구처럼 느껴졌다. 언어는 내가 세계를 느끼는 방식도, 내 머릿속의 생각도 아예 담아내지 못했다. 마치 두 개의 세계, 그러니까 내 머릿속에 있는 진짜 세계와 내가 다른 사람과 이야기하는 또 다른 세계가 있는 것만 같았다.

나는 내가 느끼고 생각했던 것들, 그러나 결코 말할 수 없었고 [내가 알고 있는] 지식, 범주, 의미로는 전혀 담아낼 길이 없었던 온갖 것에 무슨 일이 일어났는지 궁금해했다.

그와 동시에 언어에 대한 사람들의 순진한 믿음으로 인해 언어를 사랑하는 만큼이나 혼란스러웠다. 사람들은 이름이 주어진 것은 모두 실제로 존재하고, 그렇지 않은 것은 무엇이든 존재하지 않는다고 믿는 것 같았다.

언어와 이름은 엄청난 힘을 발휘한다. **유대인, 백인, 이성애자, 남성**. 이게 나와 무슨 상관이 있었던 것일까? 나는 왜 **말이 없고, 강하며, 남성적**이어야 했을까? 왜 **사내아이는 눈물을 흘려서는** 안 되는 것일까?

나는 내가 다르다는 것을 알고 있었다. 젠더에 대해 깊이 생각하지는 않았지만, 사람들이 그래서는 안 된다고 말하는 의미에서 내가 다르다는 것을 알고 있었다. 이는 나를 무척 슬프게 했다. 내가 다르다는 것을 누군가 알아차린다면 힘든 상황을 마주하게 될 것이었다.

언젠가는 다른 사람들이 알아차릴 거라고 생각했다. 그리고 역시나 알아차렸다.

나는 내게 굉장히 다른 무언가가 있을 수도 있다는 점을 깨달았다. 내게 있는 차이를 설명할 언어가 없다는 점, 누구도 이를 이해하지 못한다는 점 역시 깨달았다. 이는 지식으로 받아들여진 것의 공허함과 한계를 의심하도록 만들었다.

10대 시절에는 한밤중에 집 주변을 서성이며 서로 다른 형태의 지식을 비교해보곤 했다(프로이트 심리학과 상대성 이론은 어떤 관계가 있을까?). 강렬하고 혼란스러운 청소년기였다.

지식은 단단하고 이해 가능한 것이어야 했다. 아주 소수의 예외는 있었지만, 내게 지식은 바다에 그물을 내려서 어떤 것은 건져내고 다른 많은 것은 놓치는 모습과 같았다.

어떤 면에서는 이 역시 적절한 설명이 아닐지도 모르겠다.

[어렸을 때] 코니아일랜드*에서 집게로 장난감을 꺼내는 1달러짜리 기계식 아케이드게임을 하곤 했다. 장난감을 정확히 집어서 출구 쪽으로 옮긴 다음 떨어뜨리면 되는 게임이었다.

장난감을 얼마나 갖고 싶든, 장난감이 얼마나 가까이에 있든, 작은 유리로 된 세계 안에 있는 것을 얻기 위해서는 집게를 활용해야만 했다.

지식은 마치 이와 같았다. 세계 안에 있는 무언가를 만지고 다루는 유일한 방법은 사유의 도구를 활용하는 것이었다. 사유의 집게로 집어내지 못한 것은 어떤 것도 알 수 없었다.

어린 시절, 여름 캠프에 다녀온 적이 있다. 아무도 내가 유대인이라는 걸 모르는 곳이었다. 나는 그저 한 명의 남자아이였다. 내가 유대인이라는 것이 밝혀지기 전까지는 그랬다.

내가 유대인이라는 것이 밝혀지자 모든 게 달라졌다. 나는 싸움에 휘말렸다. 나는 **유대인 아이**가 됐다. 유대인을 한 번도 만나본 적이 없는 사람들에게 내가 하는 행동과 말은 [유대인의] 상징이 됐다. '유대인은 저렇게 행동하고 말하는구나.' 정말이지 흥미로운 모양의 생각이었다.

초등학생이었을 때, 우리 동네 사람들이 모두 이사를 갔다. 한 흑인 치과의사가 이사를 왔기 때문이었다. 그는 대부분의 동네 사람들보다 많은 돈을 벌었지만, 사람들은 부동산 가치가 떨어질 것이라고 걱정했다.

---

* 코니아일랜드Coney Island는 놀이공원이 조성된 뉴욕의 휴양지다.

사람들은 떠나갔다. 남아 있는 사람은 우리 가족과 우리 집 맞은편에 사는, 이사를 할 수 없었던 여든 살의 할머니뿐이었다. 1년이 지났을 무렵, 내 친구들과 같은 반 아이들은 모두 흑인이었다.

어린아이였던 우리는 대수롭지 않게 여겼다. 우리는 학교가 끝나면 어김없이 함께 어울렸다. 이따금 다투기도 했지만 그건 친구끼리의 다툼이었지 인종 간의 다툼은 아니었다.

우리가 서로 어울리면 안 되는 사이라는 걸 깨닫는 데는 그리 오랜 시간이 걸리지 않았다. 서로를 향한 의심이 자라났고 거리가 생겨났다. 나는 **흑인**이나 **백인** 같은 말이 얼마나 힘이 센지 알게 됐다.

부모님이 집을 비운 어느 날 밤에 아이들 몇 명이 우리 집을 습격했다. 잔디밭에 스프레이로 외설적인 말을 적었고, 공격적이고 인종차별적인 욕설을 내뱉으며 소리쳤다. 휘발유에 적신 천과 종이를 현관 앞에서 불태우기도 했다.

우리 집에서 일하던 조지아주 출신의 흑인 가사도우미 아주머니가 그 아이들을 상대하기 위해서 부엌칼 하나를 들고 밖으로 나갔지만, 아이들은 이미 떠난 후였다. 몇 주 뒤, 우리도 그 동네를 떠났다.

고등학생 시절, 말과 의미의 힘은 다시 한번 나를 강타했다. **게이 같다**fairy, **헤프다**slut, **여성스럽다**sissy, **레즈비언 같다**dyke 등의 말은 수치심을 느끼게 만들 수 있었고, 한두 번의 조롱이 눈사태처럼 불어나면서 따돌림으로 이어지기도 했다.

모두가 남들과 다른 것을 두려워했다. 인기가 많은 아이도 마찬가지였다. 왜 남들과 비슷하다는 게 그렇게 좋은 것이었을까?

사람들이 포스트모더니즘을 말도 안 되게 추상적인 것으로 생각한다는 걸 알지만, 내게는 삶을 구해준 상식적이고 실용적인 것이었다.

차이에 대한 적대감, 젠더 이분법이라는 지독한 코미디, 내 몸에 대한 [다른 이들의] 끊임없는 주장, 정체성의 불가능성. 포스트모더니즘은 내가 나의 세계를 탐험할 수 있게 해준 도구였다. 아마도 **다른** 존재로 사는 **누구에게나**, **다르다**고 느끼는 **누구에게나** 포스트모더니즘은 같은 도움을 줄 것이다. 이 책을 너무나 쓰고 싶었던 이유도 이 도구를 다른 사람과 함께 나누고 싶었기 때문이다.

이 책은 편집자인 앤절라와 나눈 대화에서 출발했다. 앤절라는 "학교에서 이런 걸 배우긴 했는데 지금은 거의 쓸데가 없네요"라고 이야기했고, 나는 포스트모더니즘을 거의 매일 활용하고 있다고 대답했다.

만약 당신이 남성성이나 여성성에 관한 규범 때문에 힘겨웠던 적이 있다면, 왜 무언가에 들어맞아야 하는지 고민해본 적이 있다면, 모든 순간에 **진짜 남자** 또는 **진짜 여자**라고 느끼는 것은 아니라면, **동성애, 이성애, 양성애** 사이의 전쟁에서 어느 편에도 서고 싶지 않다면, **여자아이같이 공을 던진다**거나 **너무 남자아이 같다**는 이유로 놀림을 당한 적이 있다면, **바**

이섹슈얼, 유대인, 트랜스젠더, 아시아계 미국인, 남성과 같은 단어가 당신의 모든 것을 말해줄 수 없다고 생각해본 적이 있다면, 이 책은 당신을 위한 것이다.

만약 인간이 되는 다른 방법이 있는지 고민해본 적이 있다면, 이 책은 당신을 위한 것이다.

만약 당신이 앞서 이야기한 어떠한 것도 고민해본 적이 없는 매우 드문 독자라고 해도 걱정할 필요는 없다. 이 책을 읽고 난 다음에는 당신도 고민할 것이기 때문이다.

2004년 4월

리키 윌친스

1부 모두가 맞물린 젠더 문제

1

여성의 권리운동

이 책은 이론서이기 때문에 좋은 이론이라면 다다르려는 지점에서 이야기를 시작할 필요가 있다. 바로 정치학이다. 퀴어이론의 핵심은 권력, 정체성, 언어, 차이와 같은 정치학이다.

우리는 훌륭한 포스트모더니스트로서(이 말이 무슨 뜻인지는 조금 있다가 살펴보자) 우리가 사회를 정의하고 설명하는 거대한 이야기에 주의해야 한다. 수십 년에 걸쳐 일어난 엄청나게 복잡한 사건을 설명하는 것처럼 보이는 메타서사*에 주의해야 한다는 의미다.

수백만 명의 삶에 영향을 주었고 50년이 넘는 시간 동안 이어진 현대 미국의 페미니즘운동과 동성애자권리운동의 등장을 살펴볼 때도 이 사실은 변함이 없다.

젠더권gender rights**이 이 두 시민권운동에 기원을 두고 있다고 해도 과언은 아니다. 이 두 가지 운동은 또한 모든 [현대] 사회운동의 시작인 흑인 시민권운동에 뿌리를 내리고 있다.

광범위한 풀뿌리모임의 조직화, 소송 제기, 언론 대응, 전문적 관리, 정치적 옹호, 시위, 비폭력 투쟁 등 현대 시민권운동에서 활용하는 친숙한 도구가 한데 어우러진 최초의 사례는

---

* 메타서사는 모든 것에 적용되는 보편적이고 초월적인 거대서사로서, 세계를 이해하고 해석하는 '이야기에 관한 이야기'를 의미한다. 철학자 장 프랑수아 리오타르Jean-François Lyotard는 거대서사가 지닌 전체주의적 속성을 비판하면서 포스트모더니즘을 '메타서사에 대한 불신'으로 설명했다. 메타서사에 대한 비판적 논의는 4장 '데리다와 의미의 정치학' 참조.

** 저자는 젠더권을 젠더 표현과 젠더 정체성에 관한 권리로 설명한다. 젠더권에 대한 자세한 논의는 이어진 부분 참조.

1950년대와 1960년대의 시민권운동이다. 이 특별한 조합은 무척 효과적이어서 이후에 등장한 대부분의 시민권운동의 본보기가 됐다.

어떻게 보면 오늘날 젠더권을 옹호하는 일은 굳이 해야 할 필요가 없는 일이어야 한다. 20세기 후반, 남성과 여성의 사회적 관계를 바꾸어낸 페미니스트 투쟁의 핵심에 젠더가 있었기 때문이다. 요즘에는 과거가 얼마나 다른 모습이었는지 떠올려보는 일마저도 쉽지 않다.

초등학교 5학년 때, 여자아이들이 바지를 입고 등교할 수 있는지를 둘러싸고 벌어졌던 열띤 논쟁이 기억난다. 여자아이들이 자라서 정치인, 의사, 건설 노동자, 군인, 로큰롤 가수가 되지 않던 시대였다. 여자아이들은 달리기도 농구도 근력운동도(헉!) 하지 않았다.

여자는 집에서 살림하는 이성애자를 의미했다. 여자는 남자와 결혼해서 아이를 낳고 남자를 위해 살림을 할 때 비로소 사회적으로도 정신적으로도 성숙해진다는 믿음이 통용됐다.

남자는 밖에서 일하고, 여자는 집을 지키고 가족을 돌보며 가족에게 맞춰서 사는 존재였다. 25세가 지난 모든 여성은 밖에 나갈 때 브래지어, 거들, 스타킹, 힐을 착용해야 한다고 여겨졌다.

반면에 남자는 쓰레기를 버리거나 빨래하는 일, 기저귀를 갈고 설거지하는 일과 무관한 삶을 살았다. 생각해보면 지금도 그다지 변하지 않은 것 같기도 하다.

어쨌든 남자는 직장에 다니지 않을 때도 '주부'로서 살림을 하지 않았고, 자신의 '여성적인 측면'을 계발하지 않았으며, '섬세한' 사람이 되려고 하지도 않았다. 남성성의 위기는 없었다. 그저 남성성이 있었을 뿐이다.

40년 동안의 페미니즘운동은 그간 지속되던 많은 것을 바꿔놓았다. 여성은 원한다면 집 밖에서 경력을 쌓을 수 있게 됐다. 관리직에 진입하거나 운동에 열중하거나 편안한 옷차림을 하거나 독립적인 생활을 꾸릴 수도 있다.

여전히 해결해야 하는 일이 많이 남아 있지만 동일임금, 여성건강, 가정폭력, 임신중단권, 스포츠 영역의 여성 참여에 관한 페미니즘의 여러 '급진적' 주장은 좌파와 우파 모두에 상식으로 받아들여지고 있다.

물론 이러한 진보가 대가 없이 이루어진 것은 아니다. '동일노동 동일임금' '여성의 평등한 건강권'과 같은 주장은 대부분의 미국인이 가진 공평함에 대한 기본적인 감각에 부합하기 때문에 반박하기 어려운 주장이었다. 실제로 대부분의 미국인은 이러한 주장에 공감했다.

메시지를 공격하는 데 실패한 보수주의자들은 차선책으로 메시지를 전하는 사람을 공격했다. 이와 비슷한 전략은 여전히 효과를 발휘한다. 페미니스트들의 주장을 매도할 뿐만 아니라 '역겨운 **페미나치**'라고 비난하는 러시 림보Rush Limbaugh, 1951~2021가 대표적이다.*

페미니스트는 분노한, 유머를 모르는, 고압적인, 드센, 공격적인 인물, 한마디로 **부치**butch**로 묘사됐다. 페미니스트는 단지 남자가 되고 싶은 이들, 더 끔찍하게는 실제로 남자**인** 이들이었다.

'다이크dyke'***라는 말은 실제로 언급되지 않을 때도 언제나 배경처럼 자리잡고 있었다. 이는 모든 여성을 향한 경고와도 같았다. 자신이 제기하는 주장이 아니라 자기 자신이 논쟁거리가 되는 상황에서 주장을 펼치는 일이 얼마나 힘들 것인지 알리는 경고였다.

'남자 같은' 모습은 어떤 여자도 차마 되고 싶지 않은 것이자 어떠한 남자도 (부인은 물론이고) 자신의 여자가 그렇게 되기를 바라지 않는 것이었다.

보수주의자들은 여성과 남성 사이의 불평등 문제를 제기하는 일이 성차에 따른 역할 구분을 없애는 일을 뜻한다고 생각하는 대중의 공포를 자극했다. 남자는 여자같이, 여자는 남자같이 바뀌면서 사실상 성을 구분할 수 없게 되고 결국 우리가 아는 의미의 삶은 사라져버린다는 주장이었다.

---

* '페미니스트'와 '나치'의 합성어인 '페미나치'는 재생산권을 주장하고 성별 권력에 대항하는 이들을 비난하는 멸칭으로, 미국의 극우 정치평론가이자 방송인인 러시 림보를 통해서 확산됐다.

** 부치는 남성적이라고 여겨지는 행동, 옷차림, 말투 등을 통해 자신을 나타내는 '여성'을 의미하는 범주로서 맥락에 따라 젠더 표현, 젠더 정체성, 성적 지향 등을 가리키는 표현으로 쓰인다.

*** 다이크는 이른바 남성적인 여성을 가리키는 부정적인 표현으로 트랜스, 바이섹슈얼, 레즈비언을 비롯한 성소수자 정체성을 함의한다. 경우에 따라 성소수자가 자신을 지칭하는 정체성 범주로 전유하기도 한다.

언뜻 논리적인 것 같지만 실제로는 말이 되지 않는 이런 주장은 페미니즘의 가장 커다란 싸움이었던 평등권 수정헌법 Equal Rights Amendment, ERA 제정 추진 과정에서 두드러지게 나타났다. 수정헌법이 통과됐다면 남성과 여성의 평등이 헌법에 명시됐을 것이다. 나는 이처럼 상식적인 수정헌법이 여전히 통과되지 못했다는 사실이 꿈인지 현실인지 헷갈릴 때가 있다.****

평등권 수정헌법 제정운동을 겨냥한 가장 효과적인 공격 중 하나는 수정안이 성중립 화장실처럼 여성과 남성의 젠더 차이를 지우는 일을 법으로 강제한다(헉!)는 주장이었다. 이처럼 비규범적 젠더에 대한 혐오를 담은 주장은 당시에 엄청난 호응을 얻었다. (〈앨리 맥빌〉*****의 악명 높은 화장실은 차치하더라도) 아마 지금도 여전히 호응을 얻을 것이다.

여성의 권리를 공격하는 일이 매번 효과적이지는 않았지만 그러한 권리를 요구하는 여성 개인에 대한 **인신공격**은 언제

**** 성에 근거한 차별을 금지하는 내용의 평등권 수정헌법은 1923년 초안이 마련된 이후 1971년 하원과 1972년 상원을 통과하고 전체 50개 주 가운데 4분의 3에 해당하는 38개 주의 비준을 기다리고 있었다. 그러나 보수적인 집단을 중심으로 수정헌법에 대한 공격이 거세지면서 비준을 거부하거나 철회하는 주가 늘어났고, 비준 시한으로 정해진 1982년까지 요건을 충족하지 못함에 따라 사실상 무산되고 말았다. 이후 미투운동을 계기로 2017년 네바다주, 2018년 일리노이주, 2020년 버지니아주가 각각 36번째, 37번째, 38번째로 수정헌법을 비준하면서 관련 논의가 다시 전개되고 있다.

***** 〈앨리 맥빌Ally McBeal〉은 1997년부터 2002년까지 미국 TV 채널 FOX에서 방영된 드라마다. 주인공 앨리 맥빌이 일하는 회사에는 성중립 화장실이 설치되어 있는데, 이 화장실에서 오가는 대화가 서사 전개에 중요한 장치로 쓰인다.

나 효과적이었다. 페미니스트들은 한편으로는 정치적 의제를 제기하고 다른 한편으로는 개인의 삶에 대한 성차별적인 공격을 막아내야 했다.

한편 이는 젠더권이 페미니즘의 정치적 의제에 속하지 않았음을 알려준다. 당시의 페미니즘은 기회 접근성이나 임금과 같은 문제에서 여성이 남성과 똑같은 권리를 쟁취하는 데 집중했지만, 남성성 자체에 대한 권리는 신경 쓰지 않았다. '분리하지만 평등하다separete, but equal'의 문제가 아니라 '다르지만 평등하다different, but equal'의 문제였던 것이다.*

사실 앞서 살펴본 것처럼 페미니스트들이 추구한 권리는 대부분 남성적이라고 여겨지던 것, 예를 들어 관리직에 진입하기, 운동하기, 거들을 착용하지 않기, 바지 입기 등을 포괄했다.

그러나 여자에게 남성성에 대한 권리가 있다는 주장이 아니라, 남성적이라고 여겨지는 실천이 본질적인 차원에서 남성적인 것이 아니므로 여자가 그러한 실천을 하면서도 **여전히 여성적**일 수 있다는 주장이 전개됐다.

이 같은 주장은 (레즈비언 페미니즘을 제외한) 대부분의 주류

---

* '분리하지만 평등하다'라는 표현은 인종에 따라 공간 사용을 구분하던 정책이 헌법에 어긋나지 않는다는 1896년 미국 연방대법원의 판결에서 비롯되었다(*Plessy v. Ferguson*). 1954년 연방대법원은 공립학교의 인종분리 정책을 위헌으로 판결하면서 기존의 판례를 변경했다(*Brown v. Board of Education of Topeka*).

페미니즘이 지닌 젠더에 대한 근본 원칙을 만들어냈고 이 원칙은 지금도 작동하고 있다. 여자는 남자가 할 수 있는 것은 무엇이든 할 수 있으며 그러면서도 여성성을 유지할 수 있다는 것이다. 이 독특한 주장에 여자라는 것womanhood과 여성적 특성femininity은 여전히 뒤엉켜 있었다.

여자의 여성성은 페미니즘이 극단으로 치닫지는 않았음을 보장하는 것으로 제시됐다. 여기서 **극단으로 치닫는다**는 말은 젠더권을 추구한다는 뜻이었다.

분리하지만 평등하다는 [원칙이] 언제나 불평등을 함의하기 때문에 문제가 된다면, **다르지만 평등하다**는 [원칙은] 더 나을까?

대체로 이 원칙은 놀라울 만큼 수월하게 작동했다. 어떤 경우에도 [원칙에 대한] 질문은 무의미했다.

미국 사회는 전통적인 젠더 역할을 허무는 데 관심이 없었다. 만약 페미니즘이 젠더권을 추구했더라도 페미니즘의 비판이 얼마만큼 효과적이었을지는 분명하지 않다. 초창기 동성애자권리운동의 활동가들이 이내 깨달았던 것처럼 말이다.

우리 각자의 모습, 행동, 옷차림이 성별에 따라 결정돼야 한다는 인식은 사회 깊숙이 자리잡고 있다. 거의 모든 권리 문제를 다루는 시민권운동에서도 감히 엄두를 내지 못하는 게 하나 있다. 내가 **기본 젠더**primary gender라고 부르는 문제다. 법적인 용어로는 '젠더 표현과 젠더 정체성gender expression and identity'이라고 한다.

NOTE '젠더 표현'과 '젠더 정체성'을 혼동하는 경우가 있다.

젠더 표현은 자신이 남성적인지 여성적인지에 대해 개인이 느끼는 근본적인 감각을 의상, 행동, 꾸밈 등을 통해서 나타내는 것을 의미한다.

젠더 정체성은 자신이 남성인지 여성인지에 대해 우리 대부분이 지닌 내면의 감각을 의미한다. 정신의학에 기원을 둔 이 용어는 자신의 몸과 내면의 감각 사이에서 부조화를 느낄 가능성이 가장 큰 트랜스섹슈얼과 트랜스젠더*를 가리킬 때 주로 쓰인다.**

요즘 시대에 회사에서 권력과 특권을 자랑하고 많은 임금을 받는 여성 최고경영자를 못마땅하게 생각하는 사람은 거의 없다. 이는 우리 문화가 구조적 변화를 겪었다는 의미이자 공평함과 평등을 가로막던 문화적 장벽이 없어졌다는 신호다.

그러나 여자가 '남성적인' 직업을 갖고 '남성적인' 권력을 행

---

* 좁은 의미에서 트랜스섹슈얼과 트랜스젠더는 태어날 때 지정된 성별과는 다른 성별에 대한 정체성을 가진 이들을 가리키는 표현이다. 호르몬요법, 성별재지정수술 등과 같은 의료적 조치 여부와 정도에 따라서 두 용어를 구분하기도 한다.

** 저자는 젠더 표현과 젠더 정체성을 여성 혹은 남성이라는 이분법적 범주에 기대어 설명하지만, 젠더 논의가 발전하면서 이분법에 기대지 않거나 이분법 자체를 재구성하는 방식으로 젠더를 이해하는 시도가 이어지고 있다. 관련한 논의로는 다음의 책을 참조. 애슐리 마델, 《LGBT+첫걸음》, 팀 이르다 옮김, 봄알람, 2017.

사하며 '남성적인' 스포츠 영역에서 성공하는 일이 마침내 받아들여진 지금도 여자가 남성적인 **존재가 되는** 일만큼은 전혀 용인되지 않는다.

사람들은 양복을 입고 타이를 맨 차림으로 담배를 피우는 짧은 머리의 여성과 마주할 때, 요컨대 젠더 권력과 특권을 나타내는 **대인관계에서의** 상징을 모두 갖춘 여성과 마주할 때는 놀라워하거나 역겨워하거나 아니면 적어도 관심을 끊을 것이다.

양복을 입은 여자와 원피스를 입은 남자는 여전히 우리를 매우 불편하게 만든다. 문화적 보수주의자들이 젠더 정체성과 젠더 표현에 대한 우리의 권리를 공격하는 일이 효과적인 이유는 일반 사람들이 혐오감을 느끼는 요소를 자극하기 때문이다.

마치 동성애자들이 끼를 떨거나camping it up, 서로 손을 잡거나, 자신의 성적 생활에 관해 이야기하는 등 동성애자라는 것을 공공연히 '과시'하는 **행동**을 하지 않을 때에 한해서 동성애자의 **존재**를 받아들이는 것처럼, 우리는 평등이 우리를 곤란하게 만들지 않는 상황에서 평등을 논의하려고 한다.

문화적 보수주의자들이 '레즈비언들이 페미니스트단체를 운영하고 **동성애 의제**를 제기하며 모든 성적 차이를 없앤다'고 비난함에 따라 페미니스트에게는 급진적이라고 여겨지는 것과는 무엇이든 거리를 두어야 한다는 부담감이 가중됐다.

NOTE 미국 사회는 젠더 차이에 대해서 언제나 불안이 뒤섞인 모순적인 태도를 보였다. [예컨대] 젠더 차이를 확고히 하려는 글이 몇 년에 한 번씩 《네이처》에 실리는 뜬금없는 시도가 발생한다. 젠더 차이가 불가피한 사실임을 설득하려는 것이다.
《뉴욕타임스》는 어느 대학교의 최신 연구를 인용할 것이다. 《타임》과 《뉴스위크》는 '남자아이와 여자아이의 새로운 차이'를 커버스토리로 다룰 것이고, CNN은 젠더 차이에 관한 10분짜리 코너를 마련할 것이다.
필연적이고 자연스러운 젠더 차이가 악당(페미니즘, 동성애자권리운동, 한부모 가정, 성별 변경, 음식에 함유된 호르몬 등 악당의 이름은 매달 바뀐다)으로 인해서 한순간에 사라져버릴지도 모른다는 사람들의 불안을 잠재우려는 갑작스러운 캠페인 역시 이어질 것이다.

NOTE 문화적 보수주의자들의 비난이 동성애 자체를 겨냥한 것은 아니었다. 페미니스트가 누구와 자는지, 침대에서 무엇을 하는지는 쟁점이 아니었다. 공격은 바로 남성의 역할과 여성의 역할에 관한 대중의 공포를 활용하려는 목적으로 이루어졌고, 이는 효과적이었다.

1968년 전미여성기구National Organization for Women, NOW는 레즈비언과 바이섹슈얼 회원, 또는 그러할 것으로 의심이 가는 회원까지 단체에서 모조리 쫓아냈다. 전미여성기구의 정책은 단 1년간 유지되었지만, 보수주의자들의 공격이 터무니없는 것만은 아니었다. 예상할 수 있다시피 단체의 상층부에 있는 사람들이 제거됐다.

한편으로 레즈비언 페미니스트들은 대체로 여성의 남성적인 젠더 표현을 지지하는 편이었다. 이러한 모습은 특히 레즈비언 분리주의에서 나타났다.

다만, 동시에 레즈비언 페미니즘은 이따금 최악의 분리주의를 채택하기도 했다. 남성과 관련된 모든 것에 반사적으로 반감을 표현하고, 여자라는 것의 의미를 가장 초보적인 생물학적 결정론에 두는 경향을 보였다.

분리주의는 때때로 레즈비언 페미니스트들이 트랜스젠더 집단에 대해 기계적인 적대감을 갖도록 만들었으며, 이는 특히 학계에서 두드러졌다.

[몇몇] 레즈비언 페미니스트 연구자들과 '급진 페미니스트' 연구자들은 트랜스젠더 집단을 착각, **허위의식**, 모조품, 갈 데까지 가버린 가부장제 등을 상징하는 사례로 일컫는 길고 저열한 역사를 쌓아왔다.

이러한 역사는 트랜스젠더권리운동과 퀴어이론의 등장으로 마침내 바뀌기 시작했다. 그러나 몇몇 레즈비언 페미니스트들이 트랜스젠더를 말없이 불편해하는 일은 [지금도] 드물지 않다. 이들은 트랜스젠더 남성에 대해서는 '남자를 모방함으로써 커뮤니티를 저버렸다'는 이유로, 트랜스젠더 여성에 대해서는 '여자를 모방함으로써 커뮤니티를 위협한다'는 이유로 불편해한다.

NOTE [트랜스젠더에 대한] 몇몇 레즈비언 페미니스트 연구자의 적대감은 젠더 문제가 얼마나 민감한 부분을 건드리는지 알려준다. 어떤 레즈비언은 내게 "나는 남자가 아니야. 남자라고 오해받고 싶지도 않고 남자였던 여자와 가까이 지내고 싶지도 않아"라고 이야기한 적이 있다. 또 다른 레즈비언은 이렇게 말했다. "나는 내 트랜스 친구들을 정말 사랑해. 하지만 걔들 때문에 슬프기도 해. 예전에 우리한테는 커다란 부치 커뮤니티가 있었어. 그런데 요즘에는 다들 자기가 남자라고 커밍아웃하는 거야. 한 세대의 부치가 모두 사라지고 말았어."

NOTE 주류 페미니스트 집단은 대부분 부치와 펨femme* 관계, 크로스드레서**, 트랜스섹슈얼, 인터섹스***에 대해 침묵하

---

* 펨은 여성적이라고 여겨지는 행동, 옷차림, 말투 등을 통해 자신을 나타내는 '여성'을 의미하는 범주로서 맥락에 따라 젠더 표현, 젠더 정체성, 성적 지향 등을 가리키는 표현으로 쓰인다.

** 크로스드레서는 특정 문화에서 다른 성별에 기대되는 옷을 입는 이들로 '복장전환자'라고도 불린다.

*** 인터섹스는 생식샘, 호르몬, 염색체, 성기 형태 등에서 전형적인 여성이나 남성으로 구별되지 않는 이들을 가리키는 용어로 '간성'이라고도 한다. 인터섹스에 대한 논의는 7장 '서로 반대되는 섹스라는 말은 가능할까'와 9장 '인터섹스 어린이와 정체성 정치' 참조.

면서 사회 전반에 녹아든 젠더에 관한 모순적인 태도를 계속 반영해왔다.

어떤 면에서 주류 페미니스트들의 불편함을 이해하기가 어렵지는 않다. 그러나 성차별과 여성혐오를 다루기 위해 한 단계만 나아가도 거의 언제나 젠더 문제를 마주하게 된다. 이는 우리 사회가 여성성이나 취약함과 관련한 문제를 대하는 깜짝 놀랄 만큼의 두려움과 혐오감에서도, 남성 중심적인 문화에서 여성은 언제나 '퀴어한 성queer sex'****이라는 사실에서도 확실하게 드러난다.

이러한 점을 유념할 때, 페미니즘이 남성성, 젠더 표현, 젠더 정체성에 대한 여성의 권리를 분명하게 주장하지 않고서 과연 성차별을 완전히 극복할 수 있는지 질문할 필요가 있다. 전미여성기구 전前 회장이자 젠더권옹호연대Gender Public Advocacy Coalition, GenderPAC(이하 젠더팩) 공동의장인 퍼트리샤 아이얼랜드Patricia Ireland가 이야기한 것처럼 "젠더를 젠더권으로 다시 논의하는 작업은 페미니즘이 나아갈 자연스러운 다음 단계다. 젠더에 대한 고정관념gender stereotype은 페미니스트가 여전히 마주하는 수많은 문제의 근본 원인이다".

그간 페미니즘은 공공장소에 대한 논의에서부터 개인의 건

**** 이 표현은 페미니스트 시몬 드 보부아르의 저서 제목인 《제2의 성》을 변주한 것이다.

강 문제까지 모든 것에 젠더가 영향을 미친다는 단호하고 도발적인 주장을 제기하는 연구를 생산해왔다.

페미니스트 학술연구의 폭발적인 성장은 이성과 언어에 대한 관습적인 사고방식에 강력한 대안을 제공했다. 또한 기존의 담론이 경청하지 않은 사회적 '이방인들'에게 우리가 다시 귀를 기울이도록 이끌었다. 이렇게 페미니스트 연구자들은 포스트모던 젠더이론을 향한 길을 열었고 젠더 문제를 새로운 방식으로 해석하기 시작했다.

실제로 가장 전복적인(그리고 가장 많은 관심을 받은) 포스트모더니즘 비평 가운데 일정 부분은 페미니스트 사유와 포스트모던 사유가 결합한 것, 즉 '퀴어이론'으로 알려진 분야에서 작업을 이어온 페미니스트 연구자들에게서 비롯했다.

QUEER THEORY, GENDER THEORY

AN INSTANT PRIMER

2

동성애자의 권리운동

젠더 이슈와 떼려야 뗄 수 없는 관계를 맺는 또 다른 운동은 페미니즘에 곧이어 등장한 동성애자권리운동이다.

해리 헤이Harry Hay, 1912~2002*는 1950년대 미국에서 동성애자권리 증진에 앞장선 최초의 인물 중 한 명이다. 자신의 생각을 나누고 싶었던 헤이가 비공개 모임에 함께할 다른 네 명의 게이를 뉴욕에서 발견하기까지는 2년이 넘는 시간이 걸렸다. 당시에는 두 명 이상의 동성애자가 만나는 일이 불법이었다.

억압이 극심한 시대였다. 헤이는 모임을 시작한 지 오래 지나지 않아 공산당원이라는 이유로 쫓겨났고, 공산당에서는 동성애자라는 이유로 (배우자와 함께) 쫓겨났다.**

[자신의 성적 지향에 자긍심을 갖고 사회적 변화를 요구하는] **동성애자**gay는 말 그대로 존재하지 않던 시대였다. 동성애자라는 말은 널리 쓰이지 않았다. 그때는 보수주의자들이 과장해서 길게 늘여 말하던 **동-성-연-애-자**ho-moh-sek-chew-alls라는 말밖에 없었다.***

---

* 해리 헤이는 미국의 성소수자활동가이자 마르크스주의자였으며, 1950년 남성 동성애자의 권리를 옹호하는 '매타친협회Mattachine Society'를 창립했다.

** 저자의 설명과는 대조적으로 해리 헤이는 동성애에 적대적인 공산당에서 활동하기 어렵다고 판단해 그가 요청하는 형태로 정당에서 나왔다. 그의 배우자였던 애니타 플랫키Anita Platky 역시 활동을 그만뒀지만, 이는 정당에 대한 실망 때문이었다. (Vern L. Bullough, *Before Stonewall: Activists for Gay and Lesbian Rights in Historical Context*, London and New York: Routledge, 2014(2002), p. 77.)

*** '호모섹슈얼homosexual'과 '게이gay'는 그 표현이 쓰이는 맥락에서 의미상의 차이가 있다. 호모섹슈얼은 정신의학, 생물학, 병리학적 맥락에서 성적

극소수의 **호모들**homos은 **시인한**avowed 호모 아니면 **과격한**militant 호모로 나뉘었다. 시인한 호모는 자신이 동성애자가 아니라고 공개적으로 말하기를 거부한 모든 동성애자를 가리키는 표현이었다. [동성에 대한] 성적 선호를 밝히는 일은 상상도 할 수 없었다. 때로 언론의 직접적인 심문까지 당하면서 인정한 것이더라도 동성애자임을 인정한 공적인 인물이라면 누구든 곧바로 **시인한 호모섹슈얼**이 됐다.

과격한 호모섹슈얼은 더 열악한 상황에 놓였다. 1950년대와 1960년대에 자신의 [성적] 지향을 드러내기를 고집하는 이들은 극히 드물었다.

1970년대와 1980년대에도 성적 선호를 밝히는 일, 다른 사람들이 있는 장소에서 친밀감을 표현하는 일, '동성애자 자긍심' 배지를 다는 일, 연인에 관해 이야기하는 일, 반동성애법에 맞서는 일은 **과격한** 호모섹슈얼로 낙인찍히는 행동이었다. 당시의 표현을 빌리자면, 과격한 호모섹슈얼은 자신의 **동성애를 사람들의 얼굴에 들이미는** 이들이었다. 상황이 너무

실천과 활동을 가리키는 표현이다. 반면 게이는 사회운동과 자긍심 정치의 맥락에서 소수자로서의 정체성과 커뮤니티 구성원으로서의 소속감을 함의하는 표현이다. 현대 영어에서는 호모섹슈얼이 임상의학 용어로 사용된 역사와 종종 성소수자를 비하하는 말로 쓰이는 점을 고려해서 동성애자를 가리키는 포괄적 표현으로 '게이' 또는 성별 구분을 나타내는 표현으로 '레즈비언과 게이'를 선호하는 경향이 있다. 경우에 따라 성소수자 정체성과 커뮤니티의 분화가 발생하기 이전 시기의 모든 성소수자를 아우르는 역사적인 표현으로 '게이'를 쓰기도 한다.

좋지 않았기 때문에 유능한 피아니스트인 리바라치* 같은 이도 감히 자신을 동성애자라고 밝히지 못했다. 30년이 넘는 시간 동안 동성애자라는 이야기가 공공연한 농담거리였던 엘튼 존**을 금욕적인 사람으로 보이게 할 만큼 리버라치는 기이할 정도로 멋을 부리는 무대 배우로도 활동했다.

동성애자의 군 복무와 관련한 논쟁도 없었다. 아마 논쟁이 있었다고 하더라도 '묻지도 말하지도 알아내려고 하지도 말라'***가 아니라 '죽이지도 추궁하지도 파멸시키지도 말라'에 가까웠을 것이다.

최초의 동성애자 로비스트가 과감히 의회에 나타났을 때 사람들의 머릿속에는 섹스에 대한 생각밖에 없었다. 자신이 구강성교와 항문성교를 즐긴다고 공공연히 인정한 것과 다름없는 성인 남성이 기꺼이 의회에 등장한 모습에 많은 이들이 경악했다.

---

* 리버라치Liberace, 1919~1987는 화려한 의상, 대담한 퍼포먼스, 과장된 몸짓으로 '미스터 쇼맨십'이라고 불리기도 했다. 동성애자라는 소문이 많았지만, 리버라치가 자신을 동성애자라고 밝힌 적은 없다.

** 엘튼 존Elton John, 1947~은 영국의 가수, 피아니스트, 작곡가로 그가 동성애자라는 소문이 오랜 기간 이어졌다. 1976년 바이섹슈얼로, 1988년 게이로 커밍아웃했다.

*** '묻지도 말하지도 알아내려고 하지도 말라Don't Ask, Don't Tell, Don't Pursue'는 1994년부터 2011년까지 미국 군대에서 실시한 군 복무 관련 정책이다. 이 정책은 동성애자와 양성애자의 군 복무가 사실상 금지된 상황에서 일종의 절충안으로 도입됐지만 실제로는 동성애자나 양성애자로 커밍아웃한 군인을 군대에서 추방하는 도구로 활용됐으며, 이로 인해 최소 1만 3,000명 이상의 군인이 강제 전역 조치를 받은 것으로 알려져 있다.

당시 동성애자 커뮤니티에 속한 이들 가운데 자신의 옹호자가 성공할 것으로 생각했던 사람은 거의 없었다. 이들이 바라던 것은 절실히 필요한 대중의 관심과 문제에 대한 얼마간의 가시성이 전부였다.

동성애자의 권리에 대한 논쟁에서 섹스와 젠더 이슈가 대부분 사라진 것은 활동가들의 성취 덕분이다. 보수적인 공화당의 정치인조차 동성애혐오를 섹스와 젠더 이슈가 아니라 '특별한 권리', (누구와 '무엇'을 하기를 원하는지가 아니라 '누구'를 원하는지의 문제라는 의미에서) 성적 지향, 또는 에둘러서 '라이프스타일'의 문제로 설정하기 시작했다.

[과거] 동성애자운동은 두 가지 중요한 이유 때문에 젠더 고정관념에 관한 문제를 외면할 수 없었다.

첫 번째는 도덕적인 이유였다. 대체로 현대 동성애자권리운동의 시작은 제3세계 출신 드랙퀸*과 비백인 트랜스 집단이 성소수자 하위문화 공간 스톤월 인Stonewall Inn에서 이들을 표적으로 삼은 뉴욕 경찰의 계속되는 단속에 맞서 싸웠던 순간이라고 여겨진다.** 더욱이 1969년 당시 부치와 펨 관계, 여성적

---

* 드랙은 여성성과 남성성을 비롯한 다양한 젠더 표현을 적극적이고 과감한 제스처를 통해 나타내는 미학적 실천을 가리킨다. 드랙을 통해 여성성을 드러내는 이들은 드랙퀸, 남성성을 드러내는 이들은 드랙킹으로 불리며 포괄적인 표현으로 드랙퍼포머 혹은 드랙아티스트 등이 쓰인다.

** 스톤월항쟁Stonewall riots은 1969년 퀴어 커뮤니티를 겨냥한 경찰의 폭력적인 단속에 항의하는 과정에서 촉발된 시위로, 권위적이고 규범적인 공적 질서에 저항하는 퀴어운동이 확장되고 급진화되는 중요한 계기로

인 게이, 드랙퀸은 벽장 속에 있는 커뮤니티가 적대적인 이성애자 세계에 내보이는 공적인 대표자 역할을 오랫동안 감당하고 있었다.

이들은 '눈에 띄는 퀴어'로서 숨을 수 없는 존재였다. 같은 학교에 다니는 사람들부터 직장 동료들까지 모두 이들이 성소수자라는 사실을 **그저 알고 있었다**. 이들은 눈에 띄는 퀴어로 살면서 상처를 입었다. 이는 [커뮤니티가] 치러야 할 빚이 있다는 뜻이었다. 새로이 시작된 동성애자운동이 최선을 다해 젠더 문제를 끌고 나가야 할 도덕적인 의무가 분명히 있었다.

NOTE 동성애자권리옹호자들은 자신이 '진정으로 어떠한 존재'인지에 대해 '정직하고 개방적'일 권리를 옹호하는 데 엄청난 성공을 거뒀다. 그러나 [자신을] 표현하는 문제를 공적 영역에서의 외모, 행동, 옷차림이 아니라 침실에 관한 것으로 한정하곤 했다.

이를테면 동성애자로 **존재할** 권리는 요구했지만, 동성애자로 **보이거나 행동할** 권리는 요구하지 않은 것이다. 레즈비언어벤저스*** 회원 중 한 명은 내게 이렇게 말했다. "나는 레즈비언일 권리뿐만 아니라 다이크로 보일 권리도 원해."

평가된다.

*** 레즈비언어벤저스Lesbian Avengers는 1992년 뉴욕에서 만들어진 직접행동단체로서 퀴어 커뮤니티 내의 여성혐오 문제를 제기하고 미국 사회의 반퀴어운동에 맞서는 일에 참여했다.

젠더 문제를 제기해야 하는 실질적인 또 다른 이유도 있었다. 아마 동성애자 세 명 중 한 명 정도는 살면서 젠더 규범을 넘어설 것이며, 이를 통해 다른 사람들은 이들을 동성애자로 인지할 것이다.

이는 어떤 면에서 젠더가 상징의 언어이기 때문이다. 이성애자 연인관계에서는 여성적 상징의 모든 요소가 여자에게, 남성적 상징의 모든 요소가 남자에게 할당될 수 있지만 동성애자 연인관계에는 그러한 선택지가 없다.

예를 들어 남성이 동성 파트너에게 구강성교를 하거나 여성이 동성 파트너에게 삽입하는 경우처럼, [동성 간의] 섹스에서 한 사람은 주로 다른 성과 연관되는 상징적 의미와 불가피하게 교섭하는 위치에 놓인다. 연애에서도 비슷한 상징적 유동성을 발견할 수 있다. 전통적인 의미에서 부치는 자신의 섹슈얼리티를 남성적인 상징들, 대표적으로 짧은 머리, 근육이 단단한 팔, 걸걸한 목소리, 스포츠재킷, 굽 없는 신발이나 부츠, 적극적인 몸짓, 큰 장신구, 빤히 쳐다보는 시선 등을 통해서 나타낸다.

물론 레즈비언 연인관계에서 한쪽이 반드시 남성적인 인물, 부치, '남편'이라는 뜻은 **아니다**. 연애 감정을 주고받고 섹스를 하는 데 한쪽이 행동, 자세, 태도, 옷차림 측면에서 남성성의 기호와 상징적 언어를 활용하기도 한다는 뜻이다.

NOTE 남성적인 상징이 **반드시** 남성적인 것은 아니다. 언어가 지닌 역설 중 하나는 대부분의 기호가 해당 의미를 지닐 특별한 이유가 없다는 것이다. 예컨대 빨갛다는 말과 우리가 빨갛다고 인지하는 색깔 사이에는 필연적인 관계가 없다.

NOTE 이 때문에 동성애자라는 것gayness과 젠더는 언제나 단단하게 엮인다.

동성애는 그 자체로 여자는 남자와 섹스하고 남자는 여자와 섹스한다는 젠더에 대한 기본적인 규칙을 가장 심각하게 위반한다. 실질적인 관점에서 보더라도 동성애자권리운동의 활동가들이 젠더 문제를 다루지 않고서 성적 지향에 대한 권리를 추구하기란 (불가능하지는 않더라도) 어렵다.

[따라서] 한동안 젠더는 동성애 의제 중 하나였다. 초창기 동성애자활동가들 중 많은 이들은 동성애자라는 것과 젠더가 중요한 방식으로 연결되어 있음을 직관적으로 알고 있었다. 그러나 초창기 페미니스트들과 마찬가지로 이들은 문화적 보수주의자들이 젠더를 가지고 공격하는 일(**네 여자친구는 남자같이 보여. 네 남자친구는 여자처럼 행동하는걸?**)에 시달려야 했다.

여기서도 보수주의자들은 메시지의 신뢰도를 떨어뜨리는 수단으로 메시지를 전하는 사람을 공격했다. 여성운동에서와 마찬가지로 그들의 공격은 전통적인 젠더 역할이 무너질지도 모른다는 미국인들의 공포를 정확히 건드렸다. 1970년대와 1980년대의 미국인은 동성애자의 몇몇 권리에 대해 논의할 준비가 되어 있었지만, 젠더 이분법을 넘어서는 퀴어함에 관한 것에 대해서는 무엇이든 강한 적대감을 보였다. 주류 미국 사회는 여전히 남자 같은 여자와 여자 같은 남자를 받아들이기 힘들어했다.

예전에 내가 [오하이오주] 클리블랜드의 동성애자권리운동 단체에서 활동했을 때, 우리 단체가 사상 처음으로 지역방송에 출연할 기회를 얻은 적이 있다. 우리는 가장 먼저 누가 대표로 나갈 것인지 논의했다. 단체가 성장하는 데 크게 기여한 멀리사가 출연하는 것이 마땅했다. 다만 멀리사는 몸집이 크고 성격이 거친 부치였다(당연히 체크무늬 셔츠도 입었다). 우리는 **자신이 동성연애자les-bee-un라고 말하는 사람**을 난생처음 보는 대다수의 오하이오 사람들이 멀리사를 마음에 들어하지 않을지도 모른다고 생각했다.

우리 단체가 결국 멀리사를 대표 출연자로 결정했다는 이야기를 전할 수 있어서 자부심이 들기도 하지만, 우리가 겪은 일은 동성애자권리운동 전체가 경험하는 일의 축소판이었다. 초창기 운동의 성장과 [사회적] 인정에 중요한 역할을 맡았던 활동가들, 멀리사와 같은 인물들, 해리 헤이와 같은 '래디컬 페어리들radical fairies',* 스톤월항쟁의 생존자 실비아 리베라Sylvia

---

* '페어리fairy'는 이른바 여성스러운 남자를 부정적으로 묘사하는 표현으로 트랜스, 바이섹슈얼, 게이를 비롯한 성소수자 정체성을 함의한다. 다만 해리 헤이처럼 자긍심을 나타내는 용어로 전유한 경우도 있다. 해리 헤이는 1979년 동료 활동가 돈 킬헤프너Don Kilhefner와 함께 다양한 젠더 표현, 젠더

Rivera, 1951~2002**와 같은 트랜스섹슈얼들은 얼마 지나지 않아 그들이 참여한 운동이 부끄러워하는 존재가 되고 말았다.

문화적 보수주의자들이 젠더를 가지고 동성애자권리운동의 활동가들을 공격했을 때, 활동가들은 페미니스트들과 똑같이 반응했다. 이른바 새로운 시대의 동성애자는 사람들에게 더욱 매력적이고 젠더 규범적으로 보여야 했다. 활동가들은 젠더 문제에서, 그리고 퀴어함에서도 물러서기 시작했다.

젠더는 동성애자권리운동의 정치적 의제에서 사라졌다. 정치적 의제로 다시 등장하기까지는 25년에 가까운 시간이 지나야 했다. 젠더를 또 다른 소수자인 트랜스젠더 집단의 문제로 안전하게 떼어놓을 수 있는 시기가 찾아왔기 때문이다.

게이들은 드랙퀸, 끼순이fairies,*** 여성적인 남자를 옹호하기

정체성, 성적 지향을 아우르는 '래디컬 페어리'라는 반문화 네트워크를 만들었다.

** 실비아 리베라는 동성애자해방운동과 트랜스젠더권리운동에 앞장선 활동가로, 주류 사회에 포함되는 것을 목표로 하는 동화주의 정치에 대항해서 구조적 빈곤과 제도적 인종주의 해결을 위해 투쟁했다.

*** '끼순이'는 주로 젠더 표현의 측면에서 여성적이라고 여겨지는 요소를 많이 활용하는 남성을 가리키는 표현으로 바이섹슈얼과 게이를 비롯한 성소수자 정체성을 함의한다. 한편 해당 표현을 둘러싸고 퀴어 커뮤니티 안팎에서 여러 결의 논쟁이 이어져왔다. '끼를 부리는 행동은 특정한 형태의 여성성을 과장하고 조롱하는 여성혐오'라는 비판, '여성성의 해석과 번역을 확장하는 끼순이에 대한 공격과 비난이야말로 여성혐오'라는 주장, '끼 자체가 여성혐오라고 할 수는 없지만, 끼를 부리는 행동이 여성에 대한 비하와 맞닿는 맥락과 역사를 살펴야 한다'는 지적 등이 경합하고 있다. 이 책에서는 'fairy' 'sissy' 'fag' 등의 번역어로 '끼순이'를 활용했다. 이들 표현이 퀴어 실천을 함의한다는 점, 모욕과 멸시의 표현으로도 사용된다는 점,

보다 게이의 젠더 실천은 규범적이지 않다는 사회적 고정관념을 열심히 부인하는 길을 택했다. '상남자 게이'는 새로운 유행으로 떠올랐고, 여기에 더해서 헬스클럽을 다니며 초근육질의 몸을 만드는 문화가 현재까지 이어지고 있다.

많은 레즈비언은 여성적인 게이에 대한 적대감이 여성에 대한 증오를 조장하는 여성혐오와 같은 맥락에 있음을 분명히 알고 있었다. 이는 레즈비언들을 아주 곤란하게 만들었다. 한편으로 레즈비언들은 열정을 가지고 페미니즘에 헌신했지만, 페미니즘은 이들에게 여전히 매우 모순적인 태도를 보였다. 다른 한편으로 레즈비언들은 게이들이 동성애혐오와 성차별 사이의 분명한 연관성을 알아차리지 못하는 상황을 자주 경험했다.

이는 여러 레즈비언활동가들에게 페미니즘운동과 동성애자권리운동 중 하나를 선택하거나 힘을 분산해야 한다는 것을 의미했다. 많은 레즈비언이 말 그대로 갈라섰다. 이들은 레즈비언과 페미니즘을 아우르며 열심히 활동하는 소규모 단체에 헌신했다.

주류 사회와도 진보운동과도 단절한 이들 단체는 주로 급진적이고 분리주의적인 의제를 발전시켰다. 이들의 영향력은 많은 페미니스트 이론과 운동에 이어지고 있다.

이제 젠더는 더 이상 동성애자 문제로 논의되지 않는다. 전

정치적 올바름이나 여성혐오 비판과 연관된다는 점 등을 고려했다.

국적인 규모의 동성애자단체들의 웹사이트를 보아도 부치와 펨, 드랙, 남성의 여성성을 다루는 곳은 없다.

동성애자 이슈로서의 젠더는 공론장에서 사라져버렸다. 공식적인 논의 주제에서 제외된 **젠더**는 사실상 새로운 **동성애**가 됐다.

앞서 살펴본 것처럼 동성애자권리운동의 활동가들은 동성애자의 정상성을 강조하는 방식으로 보수주의자들의 공격에 대응했다. "우리는 이성애자 여러분과 똑같습니다. 단지 동성과 섹스할 뿐이죠." 이 전략은 엄청난 성공을 거두었다. 다만 잘못된 전제에 기초했을 뿐이다.

정상성을 강조하는 전략을 선택한 동성애자 커뮤니티는 비규범적 젠더에 대한 내면화된 혐오의 책임을 안게 됐다. 파트너를 구할 때 '일틱* 환영straight looking and acting only' '부치 사절' 같은 표현은 흔히 사용된다. '걸커flaming queens' '티부stone butches' '끼순이nellie fairies'**는 여전히 불편한 상대다. 많은 동성애자에게 젠더

---

* 일틱은 성소수자가 아닌 이들을 의미하는 용어 '일반'과 성질이나 상태를 의미하는 영어 접미사 '틱-(t)ic'의 합성어로 퀴어함을 연상시키지 않는 스타일을 가리킨다. 비슷한 표현으로 '일반 스타일'과 이의 줄임말인 '일스'가 있다.

** 세 용어는 모두 비규범적인 젠더 표현, 젠더 정체성, 성적 지향을 가리키는 표현으로 퀴어함을 함의하는 용어로 활용된다. 본문에서는 한국 퀴어 커뮤니티의 문화적 맥락을 고려해서 각각 '걸커(걸어다니는 커밍아웃)' '티부(티 나는 부치)' '끼순이'로 옮겼다. 그러나 이들 표현이 개인의 젠더와 섹슈얼리티를 확증하지는 않으며, 경우에 따라 자긍심을 담은 정체성으로 전유되기도 한다.

는 아직 나오지 못한 또 다른 벽장이다.

이러한 모습을 활동을 하면서 마주치고는 한다. 게이 청년들이 모인 자리에서 이야기할 때면, 그들은 자신들이 최선을 다해 나를 받아들이고 있으며 **나의** 젠더 문제를 논의하는 일을 전혀 불편해하지 않는다는 사실을 보여주기 위해서 엄청나게 애를 쓴다.

나는 종종 **그들의** 젠더 문제에 대해 질문함으로써 그들의 기대를 저버리기도 한다. **그들은** 자신에게 젠더와 관련된 문제가 없다고 한다. 그들이 아는 남자는 모두 [영화배우] 빈 디젤처럼 건장하고, 여자는 모두 [팝 가수] 브리트니 스피어스처럼 여성적이다. 그들은 바브라 스트라이샌드 앨범을 소장하지도 않고, 벳 데이비스 영화를 보지도 않으며, 스티븐 손다임이 누군지도 모른다.* 옷차림이나 머리 스타일, 요즘 유행하는 인테리어 소품에도 아무런 관심이 없다.

나는 자그마한 실험에 참여해달라고 이야기한다. “이 자리에 게이가 몇 명이나 있을까요?” 모두가 손을 들었다.

“그럼 바텀도 있나요?” 모두 아주 빠르게 손을 내렸다. 그러고 나선 서로를 쳐다보고 웃음을 터뜨렸다.

“자, 여러분에겐 젠더와 관련된 문제가 **분명히** 있네요. 아니

---

* 바브라 스트라이샌드Barbra Streisand, 벳 데이비스Bette Davis, 스티븐 손다임Stephen Sondheim은 모두 퀴어 커뮤니티에서 많은 인기를 얻은 인물로 각각 뮤지컬 배우·가수, 영화배우, 작곡가·작사가로 활동했다.

면 끼순이sissy로 정체화한 사람이 적어도 한 명 이상 이 지역으로 이사하기 전까지 여러분 모두 혼자 지내야 하겠군요."

그러고 나면 우리는 **그들의** 젠더 문제에 관해 많은 대화를 나눈다. 예를 들면 아주 드물게나마 삽입을 받는 경우가 있다는 사실을 인정하는 게 왜 그렇게 창피한지도 살펴본다.

이 주제에 대해서 매우 다양한 논의가 펼쳐진다. 삽입을 받는 일이 여성적인 것, 즉 여자의 역할로 여겨지기 때문에 창피하다는 이야기가 주로 나온다. 학교에서 놀림을 당했던 경험이 있거나 직장에서 **남자답게 행동하라**는 말을 들었던 경험 역시 자주 언급된다. 건장한 체격의 남자들도 예외가 아니었다. 이러한 대화가 흥미로운 것은 다른 문제에 대해서는 지적이고 의식이 있는 남자들 사이에서도, 너무나도 필요한 젠더 논의는 오랫동안 이루어지지 않았다는 사실이다.

한번은 사람들의 부러움을 한 몸에 받는 로스앤젤레스의 어느 동성 연인을 청중으로 두고 젠더팩에 대해 발표한 적이 있었다. 그들이 거의 아무 반응도 보이지 않아서 내 이야기가 잘 전달되지 않는다는 느낌을 받았다. 두 사람은 표정이 없는 얼굴로 내가 이야기를 마칠 때까지 가만히 기다렸다. 정말 재미있는 장면이 펼쳐진 것은 바로 그다음이었다.

한 사람이 연인을 향해 고개를 돌리고는 이야기했다. "엄마가 사람들도 많은 계산대 앞에서 잔돈을 찾는 동안 나한테 자기 지갑을 들고 있으라고 할 때마다 왜 그렇게 창피했는지 이제 알겠어."

그러자 상대가 대답했다. "그건 아무것도 아니야. 나는 체육 시간에 야구를 하면 수업에 안 갔어. 다른 애들이 나보고 '여자아이같이' 공을 던진다고 놀렸거든."

연인은 마치 내가 그 자리에 없다는 듯이 대화를 주고받았다. 매우 지적이고 사회운동에 적극적이며 수십 년 동안 연인으로 지내온 이들이었다. 주변 사람들도 모두 그들이 게이라는 사실을 알고 있었다.

그럼에도 자신들의 삶에서 커다란 부분을 차지하는 문제에 대해서 단 한 번도 서로 이야기하지 않은 것이었다. 이 문제는 여전히 수치심을 일으키는 중대한 문제로 남아 있었다.

때때로 젠더권운동이 상담처럼 느껴질 때가 있다. 우리 대부분은 앞서의 연인과 비슷한 경험이 있다. 그러나 젠더를 개인적인 문제로 생각하기 때문에 그러한 경험을 자신의 개인적인 결점이 드러난 사례로 여긴다. 우리는 이상한 아이라고, 호모fag라고, '여자아이같이' 공을 던진다고, 지나치게 기가 세다고, 운동을 좋아한다고, 톰보이*가 되기에는 나이가 너무 많다고 비웃음을 당한 적이 있다.

그럴 때 우리는 젠더 체계가 아니라 **우리 자신**이 문제라고 생각했다. 우리는 누구에게도 이야기하지 않은 채 수치스러

---

* 톰보이tomboy는 이른바 전형적인 남성 청소년의 활발하고 적극적인 행동, 성격, 외모를 연상시키는 '여성'을 의미하는 표현으로, 경우에 따라 젠더 표현, 젠더 정체성, 성적 지향 등을 가리키는 용어로 사용된다. 비슷한 표현으로는 선머슴, 말괄량이, 꾸러기 부치 등이 있다.

워했다. 우리에게 문제가 있다는 이야기만 계속되는 상황에서 젠더 표현이 마땅한 시민권으로 인정받는 일은 생기지 않았다.

젠더를 권리의 문제로 만드는 일은 젠더 역할이나 고정관념에 순응하지 않았을 때 어떠한 결과를 마주할지 정하는 권한을 **개인**에게 준다는 것을 뜻한다. 사회적으로 받아들일 만한 젠더인지 아닌지와는 상관없이 온전히 자기 자신이 될 수 있는 권한을 주는 것이다.

요즘에는 게이인 건 문제가 없다고들 한다. 그렇다고 끼순이fag도 상관없는 건 아니다. 레즈비언은 괜찮지만 티부dyke는 곤란하다.

그런데도 동성애자권리운동, 페미니즘운동의 활동가들은 편협한 젠더 인식에 맞서 싸워야 한다고 외치지 않는다. 사실상 거의 무관심으로 일관한다. 마치 젠더가 자신의 몸이나 젠더를 바꾸고 싶은 소수의 사람에게만 영향을 미친다는 듯, 젠더와 관련된 문제는 모두 트랜스젠더 집단에 정성스럽게 국한시킨다. [이따금] 트랜스 집단을 포함하라는 주장Trans-inclusion은 동성애자와 페미니스트의 젠더 문제를 간과하도록 만든다.

나는 젠더 문제를 외면하는 데 두 가지 이유가 있다고 생각한다. 한 가지 이유는 젠더 규범을 넘어서는 일이 여전히 개인적인 차원에서 수치심을 일으킨다는 것이다. 젠더 규범에 미숙한 것은 미치 대소변을 가리지 못하는 것처럼 여겨진다. 누군가 우리를 남자인지 여자인지 구별하지 못할 때 상대는 불편함이나 분노, 또는 둘 다를 느끼고 우리는 창피함과 당황스러움을 느낀다.

또 다른 이유는 페미니즘운동과 동성애자운동의 성공이 우리가 '원하는' 것의 문제와 우리가 '누구인지'의 문제를 구분한 데서 비롯했다는 것이다. '**우리가 주장하는 내용은 급진적일지도 모르지만, 우리는 그렇지 않다**. 우리는 당신처럼 평범하다. 우리는 그렇게 다르지 않다.'

하지만 이러한 전략이 젠더[권 문제]에서는 통하지 않는다. 젠더 구분을 가로지르는 일은 말 그대로 차이에 **관한** 것이다. 젠더권을 옹호하는 것은 다를 수 있는 권리에 대한 요구다.

워싱턴 D.C.를 떠나 사우스비치에 있는 집으로 돌아올 때면 나는 의도치 않게 하루에도 여러 개의 서로 다른 젠더 위치를 거친다. 몸에 붙는 스판덱스 소재의 옷을 입고 인라인스케이트를 타는 오전에는 내가 멋있다고 생각하는 어느 쿠바계 남성이 부는 휘파람 소리를 듣는다. 오후에는 야구장에서 남자아이들과 몸을 부딪치면서 '남자he'로 나를 지칭하는 소리를 듣는다. 연인과 팔짱을 끼고 산책을 하는 저녁에는 성별 구분이 매우 어려운, 바나나 리퍼블릭 여름 시즌 남성복을 잘 차려입은 레즈비언 연인이 된다.

이렇게 다른 모습으로 보이는 것 때문에 마치 잘못된 삶을 사는 것 같은 이상한 기분이 든다고 연인에게 불평하고는 했다. 그녀의 대답은 이랬다. "드디어 네가 지닌 목소리를 **모두** 사용하는구나."

나는 우리가 젠더를 이야기하지 않고서는 동성애혐오와 성차별을 진정으로 해소할 수 있다는 기대조차 할 수 없다고 생각한다. 미즈재단Ms. Foundation의 대표 마리 윌슨Marie Wilson이 내게 말했던 것처럼 "젠더 고정관념이야말로 이 모든 문제의 원인이다".

3

트랜스젠더의 권리운동

지금까지 살펴보았듯이 여성의 권리와 동성애자의 권리를 옹호한 이들은 1970년대와 1980년대에 놀라운 진보를 이뤄냈다. 이는 젠더권과 관련된 몇몇 까다로운 문제를 다루지 않고 지나갔기 때문이기도 했다. 그러나 1990년대에 들어서자 젠더권을 옹호하는 움직임은 두 곳에서 엄청난 에너지를 받게 됐다. 하나는 활기 넘치는 트랜스젠더권리운동이 예기치 않게 등장한 것이었고, 다른 하나는 포스트모더니즘, 특히 퀴어이론이 학계에서 놀라울 만큼 부상한 것이었다. 페미니즘운동과 동성애자권리운동은 젠더권 투쟁에서 큰 진전을 이뤘고, 동시에 매우 다른 이유 때문에 목표의 성취를 중간에 그만두었다.

젠더 고정관념을 넘어서는 일은 동성애자권리를 추구하는 데 언제나 스며 있었다. 2장에서 탐색한 것처럼 젠더는 대부분의 미국인이 '퀴어'라고 할 때 떠올리는 내용을 다양한 면에서 실질적으로 규정했다.

성차와 성적 지향에만 집중하고자 했던 페미니즘운동과 동성애자권리운동에서 젠더 규범을 넘어서는 퀴어들이 제대로 존중받지 못한 것은 사실이지만, 두 운동이 달성한 굉장한 정치적 성공이 더 나은 미래를 기대하게 한 것 또한 사실이었다.

젠더퀴어 동성애자와 페미니스트는 운동에서 주요한 역할을 맡았지만, 무대 뒤에 조용히 남겨진 채 더 나은 미래를 기대하고 있었다. 그런데 1990년대 초, 이러한 상황은 뜻밖의 방식으로 달리지기 시작했다. 한 레즈비언 페미니스트 친구는 '트랜스 집단을 포함할 것'이 강하게 요구되는 새로운 흐름에 시큰둥하게 반응하며 "트랜스젠더 얘네들은 1970~80년대에는 전부 어디에 있었대?"라고 내게 말했다.

나는 이렇게 답했다. "아, 원래 여기 있었어. 근데 그때는 **동성애자**였을 뿐이야."

트랜스젠더는 언제나 이곳에 존재했다. 다만 동성애자 커뮤니티의 커다란 깃발 아래 머물러 있었을 뿐이다. 그러다가 동성애자라는 것과 젠더가 분리되기 시작하면서 **트랜스젠더**라는 새로운 용어가 필요해졌다.

많은 비백인 커뮤니티의 트랜스젠더는 여전히 자신을 **동성애자**라고 칭했다. 미국 백인 문화가 성적 지향과 젠더를 나누는 극소수의 문화에 속한다는 점을 고려하면 충분히 가능한 일이다. 실제로 많은 나라에서 **트랜스젠더**라는 표현은 거의 쓰이지 않는다.*

퀴어 문화기술지 연구자 데이비드 밸런타인David Valentine이 지적했듯이, (호르몬을 투여하고 가슴수술을 하며) 뉴욕 하우스 문

---

* 영어권에서 쓰이는 몇몇 정체성 표현이 정보통신기술의 발달과 미국의 경제적·문화적·군사적 영향력 확대를 통해 다른 지역으로 전해지면서 그간 개별 국가와 지역에서 활용되던 정체성 범주와의 교섭 현상이 발생한다. 한국에서는 영어권의 정체성 표현이 적극적으로 활용되지만 구체적인 의미와 용법에서는 다소간 차이가 있다. 예컨대 '게이'라는 표현이 동성애자를 가리키는 포괄적인 용어로 쓰이는 지역과는 달리 한국에서는 남성 동성애자를 가리키는 용어로 쓰이고 있다. 한때 트랜스, 크로스드레서, 드랙퀸 등을 가리키는 표현으로도 사용됐던 '게이'는 현재 '호모' '동성연애자' '이반' 등 유사한 표현과 비교했을 때 정치적 대표성과 사회적 저명성을 확보하는 데 성공했다.

화에서 '퍼포먼스를 선보이며 대결하는walks the balls'** 흑인 펨퀸femme-queen은 자신을 **트랜스젠더**가 아니라 **게이** 혹은 **퀴어**로 설명하고는 한다.[2]

그러나 동성애자권리를 옹호하는 이들은 크로스드레서, 트랜스섹슈얼, 드랙퀸, 인터섹스, 스톤부치에게 앞으로 싸워야 하는 투쟁을 떠맡겼다. 동성애자권리옹호자들이 퀴어함을 사랑할 수는 있었겠지만, 퀴어하게 보이거나 행동할 수 있었을까? 대답은 여전히 **아니오**였다.

새로이 나타난 '트랜스젠더 혁명'의 토대는 커뮤니티에서 가장 조용한 집단인 크로스드레서가 마련했다. 1960년대 버지니아 프린스Virginia Prince, 1912~2009***의 활동 이후, 크로스드레서들 사이에는 어마어마한 사회적 연결망이 구축됐다. 자신이 하는 일이 성적 도착이 아닐 수도 있다고 생각한 프린스는 사람들이 많이 읽지 않는 잡지 한편에 어느 호텔방에서 비공개 모임을 열자는 자그마한 광고를 냈다.

여성복이 들어 있는 가방을 든 열두 명의 남자가 나타났다.

** 이러한 볼 문화ball culture는 비백인 퀴어 커뮤니티에서 발전한 하위문화로 일종의 대안가족인 '하우스house'에 속한 이들이 다양한 젠더, 계급, 인종, 종족 등을 드랙을 통해 표현하며 서로 대결하는 것을 가리킨다. 볼 문화에서는 퍼포먼스를 선보이고 상대와 경쟁하는 것을 '걷는다walk'고 표현하고, 경쟁이 일어나는 현장을 '볼ball'이라고 부른다.

*** 버지니아 프린스는 트랜스젠더라는 표현을 대중화하는 데 중요한 역할을 했으며, 남성의 크로스드레싱을 주로 다룬 잡지 《트랜스베스티아Transvestia》를 약 20년 동안 발간한 활동가다.

수치심, 불안, 두려움으로 안절부절못하던 이들은 서로를 지켜보는 가운데 옷을 갈아입기로 정했다. 한 친구가 내게 말했던 것처럼 "버지니아 프린스는 크로스드레서가 다른 크로스드레서를 직접 마주하는 일을 가능하게 만들었다".

1970년대 무렵에는 대규모 크로스드레싱 행사가 적어도 매년 한 번 이상 개최됐다. 남자 참가자들은 한 주 내내 자기 자신으로 있으면서 자유롭게 옷을 입었다. (행사장을 벗어나지만 않는다면) 관대한 사회에 사는 평범한 사람들처럼 보였다. 1990년대에는 매달 한두 번씩 대규모 행사가 열렸고, 트랜스섹슈얼도 점점 더 많이 참가하기 시작했다.

1970년대와 1980년대를 살았던 트랜스섹슈얼에게 세상에서 가장 중요한 일은 자신이 원하는 모습으로 통하는 일이었다. 그렇지 않고서는 삶을 꾸려나갈 수 없었다. 이는 많은 경우 지금도 변함이 없다. 명백하게 트랜스젠더로 인식되는 이들에게 장보기, 화장실 쓰기, 영화관 가기, 수업 듣기 등 많은 일은 믿을 수 없을 만큼 힘든 것이었다. 파트너나 친구를 찾는 일은 사실상 불가능했다. 자신을 벽장에 가둔 채 말 그대로 괴물이라고 생각하기에 충분한 조건이었고, 결과적으로 예외 없이 자기혐오가 뒤따랐다.

[대학] 병원들이 성별재지정수술 업무에서 한발 물러나자, 전국의 민간 의사들이 이를 주도했다. 수술이 더 저렴해지고 받기 쉬워졌다는 의미에서 점차 민주적으로 변화했다. 1990년대 말까지 수술을 받은 트랜스섹슈얼은 5만 명을 넘어선 것

으로 추산된다.*

수십 명의 트랜스섹슈얼과 수백 명의 크로스드레서가 행사장에서 어울리는 현실이 펼쳐진 이상, 다른 방식으로 젠더를 실천하는 사람들이 예전과 같은 수치심을 느끼는 일은 불가능했다. 이들은 **자신을 드러내고 두려워하지 않는** 이 낯선 느낌을 반드시 일상적인 것으로 만들고 싶었다.

트랜스섹슈얼과 크로스드레서는 자신을 사회적 문제가 아니라 억압받는 소수자로 이해하기 시작했다. 정치적 인식이

---

* 성별재지정수술을 받은 첫 번째 미국인은 크리스틴 조겐슨Christine Jorgensen, 1926~1989으로 알려져 있다. 1950년대 초반 덴마크에서 수술을 받은 조겐슨의 이야기는 대중의 많은 관심을 받았지만, 당시 미국에는 수술에 필요한 역량과 조건이 갖춰져 있지 않았으며, 정신분석학에 기초한 상담이 대세를 이루고 있었다. 1950년대 후반부터 호르몬요법과 성별재지정수술을 옹호하는 움직임이 차츰 형성됐고, 1966년 성별재지정수술을 제공하는 존스홉킨스대학교 젠더 정체성 클리닉이 최초로 개설됐다. 이후 여러 대학교에서 유사한 클리닉이 운영됐으나 트랜스젠더 경험을 성별 이분법에 맞춰 해석하고 설명하는 문제, 의료 전문가와 트랜스젠더 사이의 권력관계 문제 등이 발생하기도 했다. 1979년은 트랜스젠더의 건강과 의료에 대한 상반된 의견이 제시된 해였다. 존스홉킨스대학교에서는 수술이 적절한 해법이 되기 어렵다는 이유에서 서비스 제공을 중단한 한편, 트랜스젠더건강전문가세계협회World Professional Association for Transgender Health, WPATH(당시 해리벤저민젠더위화감국제협회)에서는 외과적 조치를 비롯한 다양한 접근을 옹호하는 '표준 지침' 초판을 마련했다. 1981년 미국 보건복지부는 수술이 실험적이라는 이유로 건강보험 적용을 금지하는 결정을 내렸지만, 민간 병원에서 진행하는 성별재지정수술은 계속 늘어갔다. 이러한 변화에는 수술의 유효성에 대한 논란, 급진 페미니즘 안팎의 반트랜스 정서, 대학의 보수적인 태도, 전문가의 민간 병원 개설 등이 영향을 미쳤다. 2014년 미국 보건복지부는 33년간의 건강보험 적용 금지 정책을 폐지했다.

형성되는 강렬한 순간이었다.

인터넷과 이메일의 등장으로 트랜스젠더 집단은 다른 사람을 신경 쓰지 않으면서도 저렴한 비용으로 연락을 주고받으며 촘촘한 사회적 연결망을 갖출 수 있었다.

NOTE 트랜스젠더 정치학과 관련한 가장 초창기 간행물 중 하나인 《대담하게In Your Face》를 만들던 1995년의 일이 기억난다.* 당시에는 트랜스젠더에 관한 뉴스를 접할 방법이 없었다. 동성애자 매체와 주류 매체 모두 트랜스젠더 뉴스를 다루지 않았고, 트랜스젠더 관련 출판물도 전적으로 비정치적인 내용만 다뤘다. 나는 내가 아는 모든 활동가에게 전화를 걸어서 "당신이 있는 주에서는 무슨 일이 벌어지고 있어요?"라고 물어야 했다. 통화 내용을 녹음하고 그들의 이야기를 글로 옮겼다. 5년이 지나자 젠더와 관련한 뉴스를 찾는 데 인터넷을 활용하게 됐다.

NOTE [1990년대를 전후로] 트랜스섹슈얼은 처음으로 자신을 사회적 소수자가 아니라 정치적 소수자로 인식하기 시작했다.

---

* 《대담하게》는 트랜스 집단에게 가해지는 차별과 폭력에 대항하고 사회적 변화를 위한 정보를 제공하는 소식지로, 1995년부터 1997년까지 다섯 차례 발간됐다.

사회운동에 대한 열정이 고조됐고 시위도 발생했다. 트랜스젠더네이션Transgender Nation이나 트랜섹슈얼매너스Transexual Menace 같은 트랜스섹슈얼단체가 조직한 거리 캠페인이 최초로 진행됐다.**

[트랜스 남성] 브랜던 티나Brandon Teena, 1972~1993가 살해된 사건은 많은 트랜스섹슈얼활동가들을 급진화했고 [정의를 요구하는] 구호의 외침이 울려 퍼지게 했다.*** 살인사건에 대한 재판이 시작된 날, 마흔 명의 사람들이 전국 각지에서 찾아와 집회를 열었다. 대부분 트랜섹슈얼매너스 티셔츠를 입고 있었다. 집회를 둘러싸고 여러 종류의 경계를 가로지르는 문화적

** 트랜스젠더네이션과 트랜섹슈얼매너스는 트랜스 집단의 권리를 옹호하고 트랜스 이슈를 정치적인 문제로 만드는 데 참여한 단체다. 트랜스젠더네이션은 성소수자 커뮤니티에 트랜스 이슈의 중요성을 알리고 트랜스 집단을 포함하는 문제를 강조했으며, 트랜섹슈얼매너스는 트랜스섹슈얼의 병리화에 맞선다는 의미에서 '트랜섹슈얼'이라는 명칭을 제안하고 트랜스 가시성을 높이는 일에 나섰다.

*** 브랜던 티나는 증오범죄로 인해 21세의 나이로 사망한 트랜스젠더다. 티나는 청소년 시기 남성으로 정체화하고 다른 사람에게 자신을 남성으로 소개했다. 지역 주민 존 로터John L. Lotter와 마빈 토머스 '톰' 니슨Marvin Thomas 'Tom' Nissen은 티나의 지정성별이 여성이라는 것을 안 뒤 티나를 납치하고 폭행, 성추행, 성폭력을 저질렀다. 티나는 병원과 경찰에 범죄 피해 사실을 알렸지만 진료기록은 사라졌고, 보안관 찰스 로Charles B. Laux는 티나의 젠더 표현과 젠더 정체성에 더 많은 관심을 보였다. 이후 신고 사실을 알게 된 로터와 니슨은 티나가 머물던 집에 침입해서 티나를 살해했으며, 티나와 함께 있던 다른 두 명도 살해했다. 이후 로터는 사형을, 니슨은 종신형을 선고받았고, 보안관과 카운티정부는 손해배상 책임을 졌다. 이 사건은 성소수자, 특히 트랜스 집단을 겨냥하는 폭력과 범죄의 심각성을 알리는 중요한 계기가 됐다.

충돌이 발생했다. 마을 주민들은 이상한 무리, 즉 외부에서 온 선동가들을 달가워하지 않았다. 집회를 구경하러 온 아이들은 [우리를] 멍하니 쳐다보았다. 브랜던의 죽음에 상당 부분 우선적인 책임이 있는 보안관 사무실에서는 우리가 머물 공간을 마련하고 우리를 보호하기 위해서 노력했다.

점심시간 즈음, 지역의 네오나치들이 트럭을 타고 나타났다. 그들은 창밖으로 침을 뱉고 나치 경례를 했다. 우리 곁을 지나가며 차로 들이받으려고 [위협하기도] 했다. 킴벌리 피어스Kimberly Pierce, 1967~는 이 모든 일을 가까이에서 지켜보았다. 매우 보이시하고 단단한 몸의 피어스는 영화를 전공하고 있던 패기 넘치는 청년으로, 이후에 브랜던 티나를 추모하는 영화 〈소년은 울지 않는다Boys Don't Cry〉(1999)를 만들었다.

대중적인 트랜스젠더운동이라는 말 자체가 모순이었던 시절, **진짜**로 패싱되는 일이 전부였던 시절이 있었다. (그렇지 않은가?) 그러나 브랜던 티나가 살해된 사건 이후, 트랜스젠더가 폭력적인 죽음을 맞을 때면 거의 언제나 이들을 추모하는 집회가 열리기 시작했다.

1996년에는 동성애자 신문이 마침내 트랜스젠더 시위, 증오범죄, 경찰폭력을 다루기 시작했다. 그전까지는 무시해오던 주제였다.

1998년 시작된 '트랜스젠더 추모의 날'* 행사는 2002년에

---

* '트랜스젠더 추모의 날Transgender Day of Remembrance'은 잔혹하게 살해된 채

여러 도시에서 개최됐다. 젠더권운동이 필요하다는 절박한 인식을 공유한 이 자리는 훗날 젠더팩이 탄생하는 배경이 됐다.

'레즈비언, 게이, 바이섹슈얼LGB'에 이어 '트랜스T'를 더하려는 동성애자단체의 실질적인 노력이 전개됐다. '트랜스 집단을 포함하는 일'을 둘러싸고 활기찬, 종종 한이 서린 논쟁이 말 그대로 하루아침에 전국에서 벌어졌다. 변화는 매우 빠르게 일어나기 시작했다. 2년 만에 전미라틴계동성애자단체 National Latino/a Lesbian Gay Organization, LLEGÓ와 전미동성애자태스크포스 National Gay and Lesbian Task Force에서 단체 사명선언문에 트랜스젠더를 명시했다.

고용차별금지법Employment Non-Discrimination Act, ENDA에 젠더[권] 보호 조항을 넣을 것인지를 놓고 트랜스젠더활동가와 휴먼라이츠캠페인Human Rights Campaign 사이에 맹렬한 다툼이 발생하기도 했다.**

[1996년] 제1회 '전미 젠더[권] 로비의 날'이 의회에서 열린 후, 아메리칸항공은 대기업으로는 가장 먼저 고용기회평등 Equal Employment Opportunity, EEO 정책에 젠더 정체성을 명시했다.

발견된 아프리카계 미국인 트랜스젠더 리타 헤스터Rita Hester, 1963~1998의 죽음을 애도하는 움직임에서 시작됐다. 현재는 트랜스젠더혐오로 살해된 이들을 추모하고 폭력에 저항하는 날(11월 20일)로 기념되고 있다.

** 성소수자권리옹호단체인 휴먼라이츠캠페인은 고용차별금지법 추진 과정에서 차별 금지 사유로 성적 지향은 명시하지만 젠너 표현과 젠더 정체성은 포함하지 않는 법안에 사실상 지지 의견을 표명함으로서 많은 비판을 받은 적이 있다.

여러 도시와 지방정부는 차별금지권리보호 정책에 젠더 표현과 젠더 정체성을 명시하는 조례를 통과시켰다. 7년이 지나자 거의 모든 동성애자단체가 단체 소개나 사명선언문에 '레즈비언, 게이, 바이섹슈얼, **트랜스젠더**'를 명시했다.

그사이 지방정부, 시정부, 주정부를 포함하는 총 55곳에서 젠더권 법안이 통과됐다.* 소수의 단호한 트랜스섹슈얼활동가들이 밀고 당기며 움직임을 재촉한 끝에 얻어낸 성과였다. 그 과정에서 지역 동성애자단체의 지원을 받기도 했지만, 지역 페미니스트단체의 도움은 거의 없었다.

게다가 인텔, 애플, 나이키, IBM과 같은 대기업을 포함한 《포춘》 선정 500대 기업 중 15개 기업이 아메리칸항공의 뒤를 이어 젠더[권] 보호 조항을 신설했다. 이는 소수의 활동적인 트랜스섹슈얼, 트랜스젠더 직장인들이 사내 동성애자 모임과 힘을 모아 변화를 촉구했기 때문이다. 여기서도 사내 여성모임은 젠더권 보호 조항의 직접적인 영향을 받음에도 불구하고 좀처럼 함께하지 않았다.

조금 민망한 이야기지만 나는 1995년에 휴먼라이츠캠페인

---

* 현재 미국은 주별로 젠더권에 관한 세부 항목의 법제화 수준에서 차이가 있다. 2019년 기준 미국 50개 주 가운데 젠더 정체성에 따른 차별을 금지한 법이 마련된 곳은 고용영역 21개 주, 주거영역 21개 주, 공공시설 활용영역 20개 주, 교육영역 16개 주, 신용영역 16개 주, 배심원 선임영역 8개 주가 있다. (*2019 State Equality Index*, Human Rights Campaign and Equality Federation Institute, 2020, p. 46.)

을 규탄하는 피켓시위에 나선 적이 있으며 회의 자리에서 고용차별금지법을 입안한 차이 펠드블럼Chai Feldblum과 휴먼라이츠캠페인의 상무 엘리자베스 버치Elizabeth Birch에게 고함을 치기도 했다.

2000년, 휴먼라이츠캠페인은 젠더 표현과 젠더 정체성을 사명선언문에 명시했고, 차이는 2003년 연례 젠더법 학회를 개시했다. 엘리자베스 버치는 젠더팩 역사상 가장 성공적인 모금행사를 진행했고, 휴먼라이츠캠페인과 연대단체들은 고용차별금지법에 젠더[권] 보호 조항을 명시하는 방향으로 결단력 있게 움직였다.

젠더 정체성과 젠더 표현에 근거한 차별을 하지 않겠다는 내용을 담은 '다양성 서약Diversity Pledge'에 의원 서명을 받기 위해 젠더팩과 휴먼라이츠캠페인은 새로운 파트너 관계를 맺었다. 어느 면으로 보나 싸움의 많은 부분이 마무리된 셈이다.

물론 레즈비언, 게이, 바이섹슈얼 집단이 트랜스 집단을 받아들이는 일은 갈 길이 멀다. 그 이유 중 하나는 역사적으로 트랜스섹슈얼이 동성애자 커뮤니티에 머물러왔고, 동성애자 권리라는 대의를 위해 놀라울 만큼 기여했음에도 젠더 정체성과 성적 지향의 관계가 많은 동성애자에게 여전히 불명료한 상태로 남아 있다는 것이다.

트랜스섹슈얼활동가들은 종종 부치, 드랙퀸, 여성적인 게이의 존재를 환기하며 "자기야, 이게 다 젠더 문제잖아"라고 이야기하면서 문제를 지적하기도 했다.

그러나 대부분의 드랙과 부치가 자신을 트랜스젠더보다는 동성애자로 정체화한다는 점에서 몇몇 레즈비언, 게이, 바이섹슈얼 활동가들이 공감은 해도 확신하지는 못하고 있다. 트랜스섹슈얼을 자신의 활동에 받아들이기는 해도 여전히 젠더 정체성과 성적 지향에 대해 '관련이 있을지도 모르지만 서로 다른 문제'로 이해하고 있는 것이다.

더욱이 '트랜스젠더'라는 표현에 넘어서야 할 어려움이 여전히 남아 있다. 이 표현은 몸을 변화시키는 것을 통해서 섹스를 가로지르는 사람(트랜스섹슈얼)과 의상, 행동, 꾸밈을 통해서 젠더를 가로지르는 사람(트랜스젠더)을 구분하는 하나의 방법으로서 1990년대 중반에 생겨났다.

몇 년이 지나지 않아 '트랜스젠더'는 젠더 구분을 가로지르는 **모든 사람**을 아우르는 포괄적인 표현이 되었다. (나의 매우 단순한 이분법에 기대자면) 여기에는 단단한 해법과 무른 해법이 있다. 단단한 형태의 해법에서 [트랜스젠더는] 실질적으로 모든 사람을 포함한다. 거의 모든 사람이 삶의 어떤 순간에는 협소한 젠더 역할과 부딪히기 때문이다. 무른 형태의 해법에서 트랜스젠더는 트랜스섹슈얼과 크로스드레서뿐만 아니라 부치와 펨, '기가 센' 여성, 드랙퀸과 드랙킹, 여성적인 게이, 인터섹스 등을 아우른다. **눈에 띄게 퀴어한** 사람들이 모두 공통적인 정치적 문제에 직면해서 자연스럽게 서로의 동료가 된다는 이야기다.

앞으로 해결해야 할 과제는 많다. 첫째로 드랙퍼포머, 여성적인 게이, 스톤부치 등 개별 집단에 속하는 이들이 자신을 정치적 소수자로 여기지 않는다는 점이다. 이들은 정치적인 측면에서 충분히 조직되거나 재현되지 않고 있다. 둘째로 대다수 사람에게 젠더 구분을 가로지르는 일이 여전히 수치심을 불러일으킨다는 점이다. 따라서 다른 사람에게 내세우고 싶지 않은, 특히 정체성의 기초로는 삼고 싶지 않은 것으로 남아 있다.

자신이 바텀이라는 점에 부끄러워하던 게이들이 강의실을 가득 채운 사례를 떠올려보자. 자신과 관계가 있다고 말하기 부끄러워하는 목표를 가지고 사람들이 결집하는 일은 쉽지 않다.

분명한 사실은 대부분의 사람들이 젠더를 [성적] 지향, 인종, 성별과 같은 타당한 시민권의 문제로 이해하지 않고 있다는 것이다.

[트랜스젠더에 관한] 무른 형태의 해법에서 생겨난 것은 **젠더퀴어**운동이 아니라, 트랜스섹슈얼활동가들이 주축을 이룬 생동감 있고 활기찬 트랜스젠더운동이었다. 트랜스섹슈얼활동가들은 지역 단위의 차별금지법을 통과시키고 고용기회평등 정책을 확장하는 데 당당하게 성공했다. 또한 커뮤니티의 의식을 고양하는 굉장한 교육활동을 벌였다.

이 같은 진보는 사실상 몇몇 분노한 트랜스섹슈얼들이 참을성 있게, 대담하게, 그리고 열심히 따져 물으면서 관련 이슈를 추진해나갔기 때문에 이루어질 수 있었다.

동시에 **트랜스젠더의 권리**는 점점 **트랜스섹슈얼의 권리**를 뜻하게 됐다. 트랜스 커뮤니티에서 해결하기 위해 꾸준히 집중하는 문제는 대부분 트랜스섹슈얼을 겨냥한 증오범죄, 호르몬과 외과적 조치에 대한 접근권, 개명 관련 법률, 보험급여, 출생증명서에 관한 것이었다.

이는 모두 그간 제대로 조명되지 않던 중요한 문제였다. 그러나 동시에 이는 주로 섹스를 바꾸려는 사람들이 관심을 가지는 문제이기도 했다.

자신을 **트랜스젠더**라고 부를 수도 있었던 사람들은 대부분 [트랜스젠더를] 자신의 정체성으로 주장하지 못했고, 앞으로 주장할 것인지도 확실하지 않다. 이들이 이 새로운 운동에 정말로 포함되는지, 혹은 단지 나중에 덧붙여지는 것인지에 대해서도 논쟁의 여지가 있다. 자신을 트랜스젠더라고 부르는 이들 가운데 침묵하는 다수는 여전히 크로스드레서 집단이다. 이들의 목소리는 거의 들리지 않는다.

미국에는 10만 명 정도의 트랜스섹슈얼이 있지만, 크로스드레서는 틀림없이 수백만 명 이상 존재한다.* 이들 중 많은 수는 이성애 중산층 가족을 꾸린 아버지이거나 할아버지다.

많은 크로스드레서는 소수자를 옹호하는 정치학을 정교하

---

* 2016년 기준 미국의 18세 이상 트랜스젠더 인구는 약 140만 명으로 추정된다. (Andrew R. Flores et al., *How Many Adults Identify as Transgender in the United States?*, Williams Institute, 2016, p. 3.)

게 이해하고 있고, 트랜스젠더운동을 잘 알고 있으며, 높은 수준의 재정적 기여도 할 수 있다. 게다가 [남성] 크로스드레서는 자신이 경험하는 여성적인 느낌을 주장하고 여성적인 옷차림을 즐긴다는 단순한 이유 때문에 심한 억압과 부당한 대우를 받는다. 나의 어머니에게는 오랜 기간 별다른 문제를 일으킨 적이 없는 그 단순한 이유로 말이다.

크로스드레서는 트랜스젠더운동에 커다란 힘과 지지의 원천이어야 하지만, 현재는 그렇지 못하고 있다.

한 가지 이유를 들자면 모든 사람, 심지어 다른 소수자도 원피스를 입은 남자를 여전히 놀림거리로 생각한다는 것이다. 많은 트랜스섹슈얼 역시 크로스드레서의 실천을 일종의 선택으로 이해하면서 크로스드레서를 무시한다. 한 트랜스섹슈얼은 이렇게 이야기하기도 했다. "나는 1년 365일 이렇게 살아. 나는 불편한 일이 생긴다고 해서 나 자신을 벗어버릴 수도 없고 주중에 벽장에 걸어놓을 수도 없다고."

그러나 여성으로 여겨지는 매우 성공적인 경우를 제외한다면, 공공장소에서 원피스를 입은 남성은 십중팔구 다른 사람들의 모욕적인 언사에 시달리거나 더 나아가 물리적인 공격을 받는다. 직장을 잃을 수도 있다. 멀리 떨어진 곳에서 열리는 행사에 참여하는 주말에만 크로스드레싱을 하는 것이 아니라면, 아내와 다른 가족들과도 헤어질 수 있다. 다시 말해서 [크로스드레서에 대해] 원하는 대로 농담을 할 수 있을지도 모르지만, 복장을 전환하는 일은 실제로 용기를 필요로 한다.

여러 크로스드레서의 실천이 분명히 성적인 즐거움과 관련이 있다는 점으로 인해 문제는 더욱 복잡해진다. 다만 이 부분은 거의 논의되지 않고 있다.

동성애자권리운동의 활동가들이 젠더 위반을 중요하지 않게 다룸으로써 더 큰 정당성을 확보했다면, 트랜스젠더권리운동의 활동가들은 성적 지향을 중요하게 다루지 않음으로써 더 큰 정당성을 확보하고자 했다. 이들 모두 섹스나 젠더를 바꾸는 일이 섹슈얼리티나 성적 표현과 어떤 식으로든 연관된다면, 그것이 사회적 인정을 받을 만큼 정당하거나 가치가 있는 일로 여겨지지 않을 것이라고 정확하게 감지한 것이다.

결국 트랜스젠더운동이 등장하고 계속된 성공을 거두고 있는 상황에서도 젠더권은 논쟁적인 주제로 남아 있다. 고용기회평등위원회에 새로 접수되는 사례 7건 중 1건이 남성이 다른 남성에게 가하는 젠더 괴롭힘gender harassment(**쌍년**bitch, **계집애**she, **자기**honey로 부르기, 성적 실천을 시연하기, 여성적인 모습을 과장하고 비하하기, 성적인 위협을 가하기)이라는 사실이 《뉴욕타임스》에 보도되는 시대임을 고려하면 이상한 일이다.[3] 고등학교 시절, 미식축구나 여자아이보다 수학을 더 좋아하는 마르고 별난 남자아이에게 모욕을 주기 위해 활용하던 온갖 더러운 짓을 성인이 되어서도 계속하는 일이 벌어지고 있는 것이다.

[한편] 페미니스트들은 대체로 트랜스젠더 집단을 어떻게 이해해야 할지 여전히 의심스러워한다. 트랜스섹슈얼 남성은 단지 혼란을 겪고 있는 이들, 다시 말해서 가부장제와의 싸움

을 포기하고 상대편으로 가버린 여성으로 여겨진다. '모방은 가장 진실한 형태의 찬사'라지만 많은 페미니스트는 트랜스섹슈얼 여성과 크로스드레서가 화장, 하이힐, 틀림없이 커다란 가슴 등 성차별의 가장 끔찍한 과잉을 패러디하면서 여성인 척할 뿐이라고 수상하게 생각한다.

레즈비언, 게이, 바이섹슈얼 단체의 경우 이제는 사명선언문에 트랜스 집단을 명시하거나 정치적인 활동에서 트랜스 집단을 고려하는 일이 **필수적인 일**로 여겨진다. '레즈비언, 게이, 바이섹슈얼, **트랜스젠더**'가 하나의 표현으로(LGB'T') 널리 쓰이는 것이다. 처음에는 특정한 정체성의 모임으로 출발한 대부분의 단체가 이러한 선택을 했다. 동성애자운동이 지난 수십 년에 걸쳐 바이섹슈얼 **및** 트랜스젠더 동료를 정치적으로 받아들였다는 사실은 동성애자 커뮤니티의 깊이와 진심을 분명히 입증한다.

다만 레즈비언, 게이, 바이섹슈얼은 트랜스 집단을 포용하면서도 여전히 젠더 문제를 트랜스 커뮤니티의 문제로 국한한다. 이는 트랜스 집단을 포함하는 정치적 올바름을 추구하면서도 젠더 문제가 가져오는 사회적이고 정치적인 곤란과는 거리를 두고 싶기 때문이다. "젠더 이슈는 **저기 있는 저 사람들**한테 해당하는 거야. 우리는 저 사람들을 포함하는 올바른 결정을 내렸지만, 그렇다고 젠더 이슈가 **우리** 문제라는 건 아니야."

한편 최근 트랜스젠더활동가들은 [규준에 해당하지 않는

젠더를 뜻하는] **젠더 베리언트**gender variant와 [규범에 순응하지 않는 젠더를 뜻하는] **젠더 논컨포밍**gender non-conforming을 트랜스젠더운동에 포함해야 한다고 강조하기 시작했다. 이러한 이름이 새로운 사람들을 운동으로 초대할 수 있을까? 이 이름들은 개인의 정체성으로 주장되기보다는 정치적인 묘사로 기능할 가능성이 더 많다("엄마, 저, 그게 있잖아요, 저는 젠더 베리언트예요").* 또한 자신을 '덜 전복적인' 이등시민으로 여기는 운동에 참여하려는 사람은 거의 없을 것이다.

내가 실망한 것처럼 느껴질 수도 있겠다. 실제로 그렇기도 하다. 우리가 독립적인 트랜스젠더운동을 시작하게 된 이유는 동성애자운동과 페미니즘운동에서 이등시민으로 취급되었던 경험 때문이다. 그런데 지금은 트랜스젠더운동에서도 내부에 정치적으로 주변화된 집단을 만들고 있다. 예전에 우리는 자신을 **트랜스젠더**로 정체화하기를 원하는 누구든지 감사한 마음으로 맞이했고 나 역시 당연히 그래야 한다고 생각했다. 그러나 정당성을 따지는 새로운 기준이 마련되면서 정체성에 대한 감각을 강화하는 일이 출현하게 됐다. 어느 부치 친구는

* 저자의 예상과는 다르게 젠더 베리언트나 젠더 논컨포밍과 같은 표현은 커뮤니티나 학계뿐만 아니라 일반 사회에서도 점차 널리 사용되고 있다. 비슷한 맥락에서 고정된 이분법을 넘어서 젠더 표현과 정체성의 가능성을 확장하는 이들을 가리키는 용어로 젠더 플루이드gender fluid, 젠더 익스팬시브gender expansive, 젠더 크리에이티브gender creative 역시 쓰이고 있다.

자신을 소개하면서 본인이 "6두품 트랜스젠더에 지나지 않는다only small-T transgender"라고 이야기한 적도 있다. 마치 우리 사이에 새로운 위계가 필요하기라도 한 것만 같다.

호르몬요법을 받거나 수술을 하려는 생각이 없다는 이유로 다른 사람들에게 '진짜' 트랜스젠더가 아니라는 말을 들었다는 소식도 접하게 됐다. 처음에는 믿기 어려운 이야기였다. 한때는 다르다는 이유로 배제된 사람들을 모두 아우르는 폭넓고 실험적인 범주였던 **트랜스젠더**는 그 나름의 경계, 위계, 규범을 지닌 또 다른 정체성이 되고 말았다.

역전된 위계는 누가 **가장 많이 위반하는지**, 그래서 누가 **특권으로부터 가장 멀리 있는지**를 중심으로 새롭게 형성되고 있다. 한 친구가 말했던 것처럼 "트랜스섹슈얼이 가장 많은 억압을 받기 때문에 이들을 가장 먼저 챙겨야 한다"는 것이다.

트랜스젠더운동은 여느 운동과 마찬가지로 내부의 차별 때문에 점점 분열될 위기에 처해 있다. **트랜스젠더**를 긍정적인 것으로 만들려는 움직임 속에서 나이, 인종, 계급, 장애와의 교차성은 점차 간과되고 있다.

어쩌면 애초의 의도대로 지금도 트랜스젠더를 포괄적인 범주로 꾸준하게 활용하는 유일한 집단은 퀴어 청소년이다. 퀴어 청소년들은 젠더 이분법을 넘어서서 퀴어함을 연상시키는 무엇이든 **트랜스**라고 부른다.

NOTE 현재 퀴어 집단은 세대에 따라 젠더에 대해서 서로 다른 언어를 구사하고 있다. 미시간여성음악축제*에서 일하는 중년의 백인 레즈비언에게 **트랜스**라는 말은 테스토스테론을 투여하는 트랜스젠더 남성을 떠올리게 한다. **트랜스**라는 이유로 미시간여성음악축제에서 쫓겨난 18세 여성에게 트랜스라는 말은, 여전히 레즈비언으로 정체화하지만 그렇다고 해서 반드시 여성인 것은 아닌, **남자로 정체화하는 다이크**boy-identified dyke를 의미하기도 한다.

NOTE 트랜스섹슈얼은 의료, 법적 신분, 보험, 양육권 관련법, 성별 변경에 관한 법에서 제도적인 불평등이 독특하게 결합된 문제에 직면한다. 이처럼 트랜스섹슈얼이 특별한 사례라는 점에서 어쩌면 트랜스운동이 문제 해결을 위해 오로지 그들의 필요에 집중하는 방향으로 나아갈지도 모른다. 브랜던 티나의 이야기를 다룬 영화 〈소년은 울지 않는다〉를 끝까지 앉아서 지켜본 이들이 누구였는지, 고통스러운 시대를 견뎌낸 이들이 누구였는지 모두가 증언할 수 있다는 점에서 이는 결코 자그마한 성취가 아닐 것이다.

---

* 미시간여성음악축제Michigan Womyn's Music Festival는 1976년부터 2015년까지 열린 페미니스트 행사로 '여성으로 태어난 여성womyn-born-womyn'만 참여할 수 있었다. 이러한 정책이 트랜스 집단을 차별한다는 비판이 잇따랐고, 축제 행사장 밖에서 트랜스권리를 옹호하는 '캠프 트랜스Camp Trans' 시위가 일어나기도 했다.

하지만 젠더팩의 인턴인 세스 골드먼이 괴로움과 열정을 담아서 보냈던 이메일에 대해서도 언급해야겠다.

"대학교 '인종과 젠더' 과정의 철학 수업에서도, 트랜스 이슈가 유행인 퀴어 모임에서도, 이제야 동성애자권리, 성적 괴롭힘, 여성 문제를 다루는 여러 언론사에서도, 아무도 '젠더 고정관념'에 대해서 말하지 않는 현실에 점점 화가 나요. '젠더 고정관념이 문제라고요. 알겠어요? 여러분이 마주한 바로 그 문제 말이에요!'라고 소리 지르면서 사람들을 뒤흔들고 싶다니까요. 물론 그렇게 하진 않아요, 리키. 저는 차분한 목소리로 설명하려고 최선을 다해요. 그래도 힘이 빠지네요. 거의 모든 사람, 그러니까 동성애자든 이성애자든, 트랜스든 페미니스트든, 나이가 많든 적든 사람들 머릿속에 벽이 있다는 사실을 계속 느끼게 되거든요. 이 사람들 모두를 포함하는 더 넓은 젠더 패러다임을 인식하지 못하도록 가로막는 벽 말이에요."

2부 | 벽을 넘어

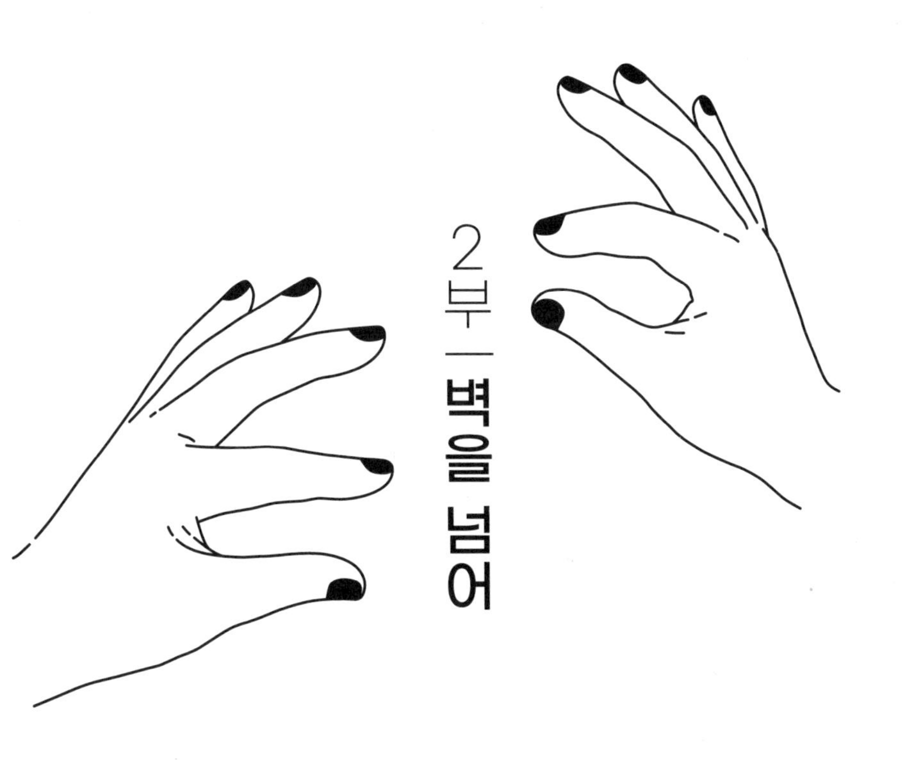

4

데리다와 의미의 정치학

푸코는 데카르트 이후로 서구 사상이 이성의 순수성을 가정했다고 주장했다.[4]

보편성을 전유하는 기술은 계몽주의의 전공 분야였다.[5]

—마크 포스터

적어도 플라톤 이래로 철학 전통은 언제나 동일성이라는 개념을 선호해왔다. 다시 말해서 철학적 사유의 목표는 두 가지 사물이 공통으로 지닌 본질적 특성을 밝히는 데 있었다.[6]

—존 맥고완

젠더 이슈가 정치적인 문제로 가시화되는 데 기폭제로 작용한 첫 번째 요인이 트랜스젠더운동의 등장이라면, 두 번째 요인은 포스트모던 젠더이론의 출현을 들 수 있다.

포스트모더니즘이 무엇이고 왜 필요한지 이해하기 위해서는 먼저 **모더니즘**의 의미를 이해할 필요가 있다.

우리는 우리가 사는 사회가 어떤 곳인지 정의하고 설명한다. [포스트모더니즘은] 우리가 세계를 해석하는 거대한 이야기를 **메타서사**라고 부른다. 이 메타서사 중에는 진리가 우리의 존재를 정의하고 지식과 과학이 우리를 안내한다는 이야기가 있다. 즉 우리는 진리, 지식, 과학이 빚어낸 존재라는 것이다.

1960년대에 유행한 티셔츠 문구("매일 모든 면에서 저는 점점 더 나아지고 있답니다")처럼, 우리는 수백 년 동안 우리가 계속 앞으로 나아가고 있다고 우리 자신에게 이야기해왔다. **모더니즘**은 바로 이런 의미다. 모더니즘은 지식과 진보, 그리고 진보**로서의** 지식에 대한 절대적인 믿음을 전제한다. 이 같은 믿음이 우리가 생각하는 방식에 깊숙이 자리를 잡고 있기에, 지식은 우리[의 이해관계]와는 무관한 것처럼, 기원도 유래도 없이 원래부터 있었던 것처럼 보인다.

[이와 같은 메타서사에] 어떠한 대안이 가능할까? 우리 자신의 무지에 수동적으로 머무르는 데 만족하는 것일까, 아니면 '세계는 절대자의 의지 안에 놓여 있으며 결코 뚜렷하게 알 수 없다'고 믿는, 신을 중심에 둔 접근으로 돌아가는 것일까?

모더니스트의 관점에서 보자면 우리는 위반하는 몸, 젠더, 욕망이 제기하는 문제를 더 많은, 더 나은 지식으로 해결해야 한다. 우리는 지금까지 대부분 이 방식을 따라왔다.

100년이 넘는 시간 동안 많은 의사, 학자, 정신의학자, 연구자는 이런저런 검사를 실시하고 결과물을 발표해왔다. 그러나 온갖 진단, 실험, 출판에도 불구하고 우리는 여전히 더 나은 이해에 가까이 다가가지 못하고 있다.

실상 이러한 과학적 열의는 유용한 지식은 거의 생산하지 못한 채 규범을 위반하는 이들을 훨씬 더 심각한 정치적 논쟁거리로 만들고 사회적으로 배제하는 일을 강화할 뿐이었다. 규범을 위반하는 이들이 제기하는 문제는 지식이 부족해서 발생한 것도 아니었고, 더 많은, 더 나은 '과학'으로 해결할 수 있는 것도 아니었다. 새로운 접근법이 필요한 것이었다. 바로 포스트모더니즘 말이다.

포스트모더니즘(그리고 이후에 '퀴어이론'으로 발전한 것의 상당 부분)의 연원은 난해한 프랑스 철학자 자크 데리다Jacques Derrida가 1966년 존스홉킨스대학교에서 했던 마찬가지로 난해한 연설에서 찾을 수 있다.[7] 데리다는 무척 복잡하고 심오하며 **심층적인** 사람이었기에, 우리가 〈둔즈베리〉*를 읽듯이 사르트르의 책을 읽는 철학자들도 데리다가 무슨 말을 하는지 이해하지 못했다.

위대하고 도전적인 지식인이었던 데리다는 대담함에서 누구와도 비교를 불허하는 인물이었다. 연설에서 데리다는 모더니즘의 종말을 선언했다. 계몽주의 이래로 500년 동안 지배적이었던 세계관이 끝나는 것 치고는 소박한 순간이었다. (최근 로스앤젤레스에서 했던 연설에서 데리다가 쓴 정확한 표현을 빌리자면, "모더니즘은 이제, 그러니까…… **끝났어, 애들아**".)

데리다는 우리가 '포스트모던' 시대에 접어들었다고 선언했다. 그러고는 전통적인 서구 사상을 근본적인 차원에서 비판하기 시작했는데, 이는 현재까지도 반향을 일으키고 있다.

지배적인 사회 규칙에 대한 그의 광범위한 재분석은 커다란 논쟁을 일으켰고, 여전히 《뉴욕타임스》나 《뉴리퍼블릭》, 대학교의 고전 입문 수업, 대학원 페미니즘 수업, CNN, 그리

* 〈둔즈베리Doonesbury〉는 미국의 시사 연재만화다.

고 당연히 폭스뉴스에서도 (때로는 격렬할 정도로) 토론이 벌어지곤 한다.

언어라는 문제, 젠더라는 언어

> '일상에서 우리가 사용하는 언어'는 순수하거나 중립적이지 않다. 일상 언어는 서구 형이상학의 언어로서, 여기에는 온갖 종류의 추정이 담겨 있다. …… 철학은 글(언어)이 가능하게 만드는 것의 일부만을 다룰 뿐이다.[8] —존 맥고완

데리다는 언어, 이성, 의미에 대한 비판에 무게를 뒀다. 이는 젠더와 퀴어함을 사유하는 데 특히 유용하다. 젠더는 **언어다.** 젠더는 **의미와 상징으로 이루어진 체계다.** 또한 젠더는 **규칙, 특권, 처벌을 수반한다. 어떤 언어를 구사하고 어떤 의미를 부여하며 어떤 상징을 사용하는지에 따라 규칙, 특권, 처벌이 뒤따른다. 이는 권력과 섹슈얼리티와도 연관된다**(**남성성과 여성성, 강인함과 취약함, 적극성과 소극성, 우세함과 연약함**). 젠더는 의미 체계이기에 거의 모든 것에 적용될 수 있다. 예컨대 프랑스어나 스페인어에서 비행기와 연필은 남성명사이고 학교와 편지는 여성명사인 것처럼 말이다.

데리다는 언어에 몇몇 문제가 내재해 있다고 주장했다. 한 가지 예를 들자면, 언어는 발화 공동체 구성원이 공통으로 지닌 것에 이름을 붙이는 경향이 있다. 다시 말해 언어는 **동일**

성을 선호하며 특별한 것, 반복되지 않는 것, 개인적인 것에는 이름을 붙이지 않는다.

우리에게 가장 특별하고 반복되기 어려우며 개인적인 것 중 하나는 몸에 대한 감각이다. 이는 우리가 몸을 어떻게 느끼는지, 젠더에 관한 감각을 어떻게 경험하는지를 뜻한다. 이러한 사실은 언어가 애초부터 젠더를 다루기에 무딘 도구라는 점을 의미한다. 그러나 문제는 여기서 그치지 않는다.

언어는 단지 어떤 것은 받아들이고 어떤 것은 배제하는 데서 멈추지 않는다. 무언가 말이 되고 의미가 통하려면 **배제의 과정**이 수반되어야 한다.

'의자chair'라는 말을 떠올려보자. 우리는 무엇이 의자가 **아닌지**를 학습함으로써 의자의 의미를 익힌다. 다시 말해서 [등받이와 팔걸이가 없는] 스툴stool, [몸을 뒤로 젖혀 기대 앉거나 누울 수 있는 기다란 형태의] 셰이즈 롱chaise longue, [두 사람이 앉을 수 있는] 러브 시트love seat처럼 의자와 비슷하면서도 의자가 아닌 것을 추려내는 것이다. 우리는 배제의 과정을 통해서 **의자**의 전형을 만들어낸다. 이는 처음부터 **의자**의 의미가 **의자가 아닌 것**을 모두 제외하는 데 달려 있다는 사실을 뜻한다.

젠더도 마찬가지다. 우리는 **여자**라는 말의 의미를 여자가 아닌 모든 것을 제외하는 것을 통해서 만들어내고, **남자**라는 말의 의미를 남자가 아닌 모든 것을 제외하는 것을 통해서 만들어낸다. 완벽하게 남성적인 것과 완벽하게 여성적인 것을 나타내는 이상적인 전형은 그에 맞지 않는 모든 것을 배제함으로써 형성된다. 배제된 것 중에는 퀴어한 이들, 차이를 지닌 이들, 다양한 인종적 배경을 지닌the mixed 이들, 그러니까 나와 같은 이들이 있다.

남자라는 말의 의미가 남자가 아닌 것, 즉 여자인 것을 배제하는 데 달려 있기 때문에 남자라는 말의 의미는 끊임없이 불안정하다. 의미는 언제나 긴장 속에서, 배제된 것들의 위협 가운데 작동한다.

이는 오늘날 이른바 '남성성의 위기'가 나타난 한 가지 이유이기도 하다. 남성다움과 여성다움의 의미(결코 알려진 것만큼 절대적일 수 없는 의미)가 새롭고 낯선 방식으로 빠르게 바뀌기 시작했기 때문이다. 여성이 총기를 소유하고, 건설 노동자로 일하고, 근력운동을 하는 변화가 생긴 것이다.

이분법을 다시 안정적으로 만들기 위해서 우리는 의미를 둘러싼 기존의 울타리를 다듬고 다시 설치한다. 제복을 입은 여자는 섹시하고 매력적이며, 근육질의 신체는 강하지만 여전히 여성적이고, 땀에 젖은 여성 노동자는 일터에서는 강인해도 집에서는 말 그대로 여성이라는 설명이 대표적이다.

NOTE 여자 운동선수가 광고에 등장할 때 얼마나 많은 광고가 하이힐, 화장, 머리 모양에 집중하는지를 보면 흥미롭다. 전미여자농구협회WNBA는 이 문제의 주범이었다. 협회에 소속된 몇몇 부치 선수는 매년 노출이 포함된 사진을 찍어야 한다는 사실을 공개적으로 비판해왔다. 여자 운동선수에 대한 이러한 재현은 운동선수로서의 전문적인 역량을 중요하지 않은 것으로 만들어버리고, '운동선수 이전에 여자'로 못박는다. 이는 여자 운동선수를 좋아하는 청소년의 보호자들에게 보내는 메시지이기도 하다. **"이 친구들이 근육질이긴 해도 레즈비언은 아니에요."**

우리는 젠더에 부여된 의미가 손상되지 않도록, 그 의미를 꾸준히 단속하고 이동시키고 새롭게 설계하는 데 엄청난 문화적 에너지를 쏟아붓는다.

NOTE 언어의 배제적 속성은 남자아이와 여자아이에게 서로 다른 의미를 부여하고 이를 구분하는 일에만 국한되지 않는다. 우리는 **어떤 행동을 퀴어하게 만들** 가능성이 있는 몸들, [정해진] 의미를 오염시키고 새롭게 조합해내는 몸들을 모두 확실하게 배제해야 한다. 여기에는 부치, 여성적인 남성, 트랜스섹슈얼, 여성적인 게이 남자아이, 인터섹스, 드랙퍼포머, 크로스드레서, 그 밖의 동료 [젠더] 여행자들이 포함될 수 있다.

언어는 투명할까

우리는 언어가 실제로 존재하는 세계에 이름을 붙인다고 생각한다. 기본적으로 진짜 세계라는 것이 **분명하게** 존재하며 언어는 단지 그러한 세계를 묘사한다고 이해하는 것이다.

우리는 언어가 **투명하다**고 믿는다. 마치 판판하고 깨끗한 유리와 같은 언어가 세계를 왜곡 없이 명료하고 정확하게 구현한다고 생각한다.

그러나 젠더에서 이러한 설명이 올바르다고 할 수 있을까? [예컨대] 자신의 남성성을 자랑하는 남자는 '박력 있다' '남자답다' '남성적이다' '마초적이다' '건장하다' '근육질이다' '굳세다' '혈기 왕성하다' '모험을 즐긴다' '대담하다' 등으로 표현된다. 반면 여성성을 긍정적으로 받아들이는 남자는 '여성적이다' '여자 같다' '남자답지 못하다' '끼순이 같다' '유약하다' '기생오라비 같다' '계집애 같다'고 표현된다. 통속적인 표현으로는 '공주님' '호모새끼' 아니면 탈의실에서 괴롭힘을 주도하는 이들이나 미식축구 감독, 군대 교관이 항상 하는 말로 '보지pussy'가 있다.

NOTE 여성적인 여자는 '여성스럽다'거나 '숙녀 같다'고 표현된다. '여자아이 같다'거나 '기품 있다'고 표현될 때도 있다. 자신의 남성성을 포용하는 여자는 '여자답지 못하다'거나 '남자 같다'는 평가를 받는다. 통속적인 표현으로는 '강부치bulldagger' '기가 센 여자ball-buster' '레즈dyke' 혹은 간단하게 '센언니bitch'도 있다. 여자가 강인하면서도 여성적일 수 있는 거의 유일한 방법은 강인한 여성에게 성적인 의미를 부여하는 것이다. 이 경우에 그녀는 '팜 파탈'이 된다.

NOTE 우리에게는 [남성적인 여성을 모욕적으로 지칭하는 표현보다] 여성적인 남성을 모욕적으로 지칭하는 표현이 더 많다. 양복을 입은 여성보다 원피스를 입은 남성을 더 두려워하고 증오하는 것과 같은 이유에서다. 남성의 젠더 위반은 젠더 정치학을 더욱 심각하게 모독하는 것으로서 훨씬 위협적으로 여겨진다.

태도, 옷차림, 성적 지향, 기질의 측면에서 남자다움을 규정하는 데 누락된 부분을 분명하게 담아낼 더 많은 표현이 필요하다. 조롱은 우리가 생각하는 것보다 힘이 세다.

NOTE 단언컨대 젠더 규범에 부합하지 않는 이들을 밝고 긍정적이며 호의적으로 평가하는 표현은 단 하나도 존재하지 않는다. 심지어 가치중립적인 표현조차 없다. 우리의 언어가 담아낼 수 있는 것이라고는 끝없는 모욕뿐이라는 점에서 젠더 고정관념에 대항할 만큼 용기 있는 사람에 대해서 그들을 조롱하거나 무시하지 않고 이야기하기란 불가능하다. 언어가 당신에게 맞서고 있다. 이는 의도된 일이기도 하다. 젠더에 관한 언어는 매우 정치적이기 때문이다.

이러한 상징과 의미가 사람의 몸에 적용되는 경우 고통스러운 상황이 펼쳐지기도 한다. 성소수자 커뮤니티에서 만난 두 사람의 이야기를 여기서 나누고 싶다. 한 사람은 키가 크고 몸에 털이 많은 근육질 남성이다. 그는 자신에게 상당히 온화하고 여성적인 내면이 있다고 생각한다. 또 다른 한 사람은 작은 체구, 균형 잡힌 몸매, 커다란 가슴을 지닌 레즈비언이다. 그녀는 자신을 똑똑하고 적극적인 부치로 생각한다. 문제는 '남성이고 체구가 크고 근육질이며 털이 많다'는 것이 '남성적이고 무뚝뚝하다'는 의미로 여겨지고, 같은 차원에서 '여성이고 체구가 작고 균형 잡힌 몸매에 가슴이 크다'는 것이 '여성적이고 부드럽고 수용적이며 관능적'이라는 의미로 여겨진다는 데에 있다. 이 같은 **의미의 파시즘**은 사람들에게 불가능한 젠더로 살 것을 강요하는 폭력이자 일종의 범죄다.

언어의 한계

데리다는 서구 사상이 그간 언어에 지나치게 많은 가치와 **특권**을 부여한 나머지 언어를 실재와 동일한 것으로 착각했다고 지적했다. 이름이 있는 것은 실재하고 그렇지 않은 것은 존재하지 않는다고 여긴다는 것이다.

데리다에 따르면 언어에 대한 우리의 순진한 믿음은 본질적으로 이기적인 욕망의 이면이다. 우리는 실재하고 현존하며 우리가 언제든 마음대로 누릴 수 있는 세계가 있다고 믿는다. 우리는 우리가 지배할 수 있는 것을 원한다. 성서의 표현을 빌리자면 '사람이 된 말씀'*을 소유하기를 바라는 것이다. 세계가 우리 너머에 존재할 수 있다는 생각은 거슬리고 좌절감을 느끼게 하며 심지어 공포스럽다.

무엇이 실재하는지 결정하는 특권을 획득한 언어는 특히 젠더를 냉혹하게 다루어왔다. 우리가 살펴본 것처럼 가장 비규범적인 젠더 경험은 언어에서 배제되어 있으며, 우리가 가진 언어 중에서 젠더 규범을 넘어선 것을 가리키는 극소수의 언어는 이를 비난하는 표현뿐이다. 더욱이 이름이 없는 젠더는 모두 존재하지 않고 가상으로 만들어낸 것처럼 여겨진다.

[또한 이처럼] 비규범적인 젠더 경험이 언어에서 배제되는 현상은 트랜스섹슈얼, 크로스드레서, 부치, 드랙퀸처럼 **젠더를 실천한다**고 여겨지지 않고 **젠더를 모방한다**고 치부되는 이들에게만 국한되는 것이 아니라 수많은 사람에게도 영향을 미친다.

예를 들어 여성형의 몸을 지닌 내 파트너는 바나나 리퍼블릭의 남성복 코너를 향하곤 하며(최근 20년 만에 치마를 하나 사기는 했다) 때로는 젊은 남자아이로 인식되기도 한다. 나와 내 파트너의 관계는 그녀를 레즈비언으로도 이성애자로도 확실하게 보장하지 않는다. 연애관계에서 그녀는 부치든 펨이든, 탑이든 바텀이든, 혹은 그 사이에 있는 어떠한 모습으로든 편안함을 느낀다.

---

* 해당 표현은 신약성서 《요한의 복음서》 1장 14절 앞부분에 등장한다. "말씀이 사람이 되셔서 우리와 함께 계셨는데 우리는 그분의 영광을 보았다."(공동번역 개정판)

우리에게는 이러한 젠더를 표현할 언어가 없다. 내 파트너가 어떠한 존재든지 그런 존재는 없는 것처럼 간주된다. 침묵을 요구받는 것이다. 그녀는 다른 사람에게 자신이 누구인지 설명하려고 할 때, 거의 늘 침묵할 것을 요구받는다.

그녀는 자신의 이야기를 담아낼 언어로부터 거부당한다. '나는 이런 사람이고, 나 자신이 이렇다고 생각하며, 당신이 나를 이렇게 이해하기를 원한다'고 다른 사람에게 전달할 아주 기본적이고 핵심적인 언어로부터 거부당한다.

그녀가 어떠한 젠더를 실천하든지 이는 **실제로 존재하고 이름이 주어진** 젠더에서 파생된 것(예컨대 **남자아이 같은 여자아이** 등등)으로 간주된다. 그녀는 그녀가 무엇이 아닌지를 통해서 설명된다. 어떤 것을 설명하는 일은 무언가를 삭제하거나 다른 것으로 대체하는 일이 되고 만다.

이러한 현실은 더욱 새롭고 급진적인 젠더를 탐색하는 청소년에게서 더욱 뚜렷하게 나타난다. 이들이 탐색하는 젠더에는 보이칙boy-chick(남자의 모습인, 남자로 정체화하는 이들boyish or boy-identified), 노호 트래니 보이no-ho trannie boy(호르몬을 하지 않는 트랜스 남성), 호모로 정체화한 다이크faggot-identified dyke, 앤드로andro(젠더 정체성이 앤드로진인 이들), 트라이크tryke(트랜스섹슈얼 다이크transsexual dyke), 바이오 펨bio-femme(지정성별이 여성이고 젠더 표현이 여성적인 이들) 등이 있다. 여자답지 않은 여자와 남자답지 않은 남자로 사는 일에는 저항하는 행동, 다시 말해서 언어, 이성, 의미를 기꺼이 위반하는 행동이 필요하다.

언어의 명백한 해악을 적극적으로 비판하는 데리다의 이야기는 우리가 이상하거나 외톨이거나 불가능한 존재가 아닐지도 모른다는 메시지를 담고 있다. 이는 우리가 구사하는 언어가 우리에게 참으라고, 무시하라고, 모른 척하라고, 숨기라고 요구해온 우리 자신의 일부를 되찾는 모험을 앞으로도 이어나갈 수 있다는 희망을 품게 한다.

이분법과 타자

앞서 논의한 것처럼 차이와 배제는 언어에 수반하는 부수적인 문제가 아니라 우리가 의미를 만드는 과정에 내재한 문제다. 데리다에 의하면 언어가 차이에 의존하는 일은 복합적인 세계를 이분법에 따라 해석하는 경향을 강화한다. 강한 것 아니면 약한 것, 흑인 아니면 백인, 물고기 아니면 새, 동성애자 아니면 이성애자와 같이 단순하기 이를 데 없는 이분법으로 말이다.

서구 사상은 모든 차이를 서로 반대되는 두 편에 할당하고 그 둘 사이에는 어떠한 의미도 남겨두지 않는다. 이분법은 세계를 마치 한 번의 칼질로 두 조각이 난 피자와 같은 것으로 취급한다. 이편도 저편도 아닌 나머지 것들은 전부 사라지거나 쫓겨나고 만다. [그러나] 남성성과 여성성, 남자와 여자, 탑과 바텀, 부치와 펨, 진짜와 가짜 같은 익숙한 이분법 사이의 공간이야말로 우리가 탐색하고 되찾고 지켜내려는 젠더 영역이다.

이분법은 언뜻 전체를 반으로 나누는 것처럼 보인다. 단 한 번의 칼질로 피자를 자를 수는 있겠지만, 그렇다고 해서 피자가 정확하게 반으로 나뉘는 것은 결코 **아니다**. 이분법을 자세히 살펴보면 그 이면에 대부분 '선과 악'의 구분이 반복되고 있다는 것을 발견할 수 있다. 언제나 한편이 정의를 내리고 다른 편은 그에 따른 파생물이 된다.

예를 들어 '인간Man의 성취' '한 인간Man의 작은 발걸음' '인류Mankind의 역사'와 같은 표현*에서 알 수 있듯이 남자Man라는 말은 [인간이라는 의미의] 보편성을 나타내는 용어로 간주된다. [반면] 여자[라는 말의 의미]는 백지상태에 놓이며, 신비롭고 이국적이며 알 수 없는 **타자**의 위치로 밀려난다. 여자에는 남자를 정의하고 남은 의미가 새겨진다. 이에 여성성, 어머니됨, 섹슈얼리티는 흔히 남자됨/인간됨Man-hood 개념을 오염시킨다고 여겨진다. 여자에게 생물학이 운명은 아닐지도 모르지만, 생물학 없이는 사실상 아무런 의미도 가지지 못하는 것이다.

남자가 강하고 단도직입적이고 독립적이라면, 여자는 약하고 신비롭고 순종적이며 의존적이어야 한다. 남자가 섹스와 종족 번식을 추구하는 모습으로 정의된다면, 여자는 욕망의

---

* 해당 표현은 인류 최초로 달에 착륙한 닐 암스트롱이 했던 말을 변주한 것이다. "이것은 한 명의 인간에게는for (a) man 작은 한 걸음이지만, 인류에게는for mankind 위대한 도약이다."

대상이자 출산의 도구로 정의되어야 한다.

남자/인간이 아닌 존재로서 여자는 남자/인간에게 의미를 부여한다. 그러나 여자는 남자 없이 스스로 독립적인 의미를 갖지 못한다. 여자는 전적으로 남자로부터 파생된 것이 된다. [무엇이 아닌지를 통해 설명된다는 의미에서] 결국 여성은 '반대의 성'이 아니라 사실상 파생된 성이고 퀴어한 성이다.

이분법이라는 폐쇄회로

이분법 문제에서 포용적인 태도를 취하는 것은 별다른 소용이 없다. 예컨대 대체로 환영받는 젠더 스펙트럼 논의를 살펴보자. 젠더 스펙트럼은 젠더를 다룰 때 더욱 포용적인 자세를 갖기 위한 노력의 결과다.

그러나 젠더 스펙트럼은 불가피하게 '남자'와 '여자'라는 두 가지 **진짜** 젠더에 기반을 두고 있다. 그 외의 모든 '기타 등등의 젠더'는 빨랫줄에 걸린 옷처럼 남자와 여자 사이에 늘어져 있거나 정해진 궤도를 따르다가 벗어난 우주선처럼 남자와 여자 주변을 맴돈다.

'두 가지 진짜 젠더와 기타 등등의 젠더가 있다'는 설명이 논의의 기본 전제가 될 때, 이분법의 첫 번째 항term은 중심으로 기능하며 질문의 대상이 되지 않는다. 이에 우리는 남자가 아니라 여자, 이성애가 아니라 동성애, 백인성white-ness이 아니라 흑인성black-ness, **일반normal** 젠더가 아니라 트랜스젠더의 의미에 대해서만 끝없이 논쟁하게 된다.

이분법은 마치 지식의 블랙홀과 같다. 어떠한 것도 거기서 빠져나올 수 없고, 새로운 어떤 것도 그 안으로 들어가 무언가 바꿀 수 없다. 결국 이분법적이지 않은 또 다른 젠더를 [세계를 물들이는] 새로운 원색primary color으로 상상하는 일은 불가능해진다.

정리하자면 이분법은 우리가 세계를 이해하는 기이한 방식 이상의 의미를 지닌다. 이분법은 정치적이다. 이분법은 권력과 관계가 있다. 이분법은 남성과 여성, 백인과 흑인, 식민 지배자와 원주민과 같은 위계를 구축하고 승자와 패자를 만들어낸다.

최종 진리로서의 섹스

언어와 의미에 대한 데리다의 비판은 서구 사상에 도전하는 그의 전체 기획의 일부다.

데리다는 서구 사상의 역사가 거대한 진리의 연속이었다고 지적한다. 이 획일적인 진리는 **초월적인 것**으로 불렸는데, 시대에 따라서 천주교회의 '한 분이신 하느님', 칸트의 완전한 '이성', 헤겔이 이야기한 정반합의 끝없는 순환과 '변증법'으로 변주됐다. 하나의 진리가 다른 진리를 뒤이었고, 진리는 모든 사람, 모든 사회, 모든 시대에 보편적으로 참된 것으로 선포됐다.

데리다는 전체주의적인 형태의 지식을 만들어내려는 서구

사상의 강박적인 경향에 분노하며 이를 일종의 이기주의로 해석했다. 다른 문화권에 속한 이들, 다른 삶을 사는 이들이 세계를 인식하는 방식을 재단하고 최종 진리를 선언하려는 포악한 욕망이라는 비판이었다.

이를 젠더 논의에 적용한다면 사소하고 독특하며 개인적인 것, 이 세계에서 살아가는 새로운 존재 방식과 우리 자신에 대한 새로운 이해를 가져다줄 수 있는 것은 무엇이든 무가치한 것으로 치부된다는 것을 의미한다.

우리는 섹스라는 거대한 체계 앞에 모두 무릎을 꿇어야 한다는 명령을 듣는다. 섹스는 개인의 소유물이 아니며, '당신의 섹스는 무엇입니까?'는 적절한 질문이 아니다. 오히려 섹스는 '성차화된 존재가 되라sex yourself'는 명령이다! 모든 사람에게 반드시 섹스가 있어야만 한다. 절대로 잃어버리거나 외면할 수 없고, 언제나 이분법적이며, 태어날 때 정해지고 죽을 때까지 뒤따르는 섹스 말이다.

미지에 대한 두려움

데리다는 보편적이고 확실한 것에 대한 본질적으로 왜곡된 탐구가 플라톤 이후 모든 서구 사상 전통에서 지배적이었다고 주장했다. 우리는 언제나 신뢰할 만하고 참된 일종의 '초강력' 지식을 원하기 때문에 초월적인 진리를 추구한다. 그것이 우리를 공허의 영역으로부터, 미지의 것으로부터 구해주기를 바라는 것이다.

서구에서 지식이 닿지 못한 공허의 영역은 고요함이 흐르고 잠재력이 넘치는 풍요로운 장소가 아니었다. 공허의 영역은 무엇도 확실하게 알 수 없는 비이성의 장소이자 심연으로 여겨진다. 그러한 곳에는 어둠, 혼돈, 광기로 치닫는 한없는 추락(그리고 아마도 이상하고 낯선 젠더) 외에는 아무것도 없다.

차이는 어떻게 사라지는가

유일하고 최종적인 진리란 별의 온도, 원자의 크기, 암석의 굳기처럼 측정 가능한 물리 현상을 다룰 때는 성립할지도 모르지만, 섹스, 젠더, 욕망, 인종과 같이 매우 정치적인 몸의 특성을 다룰 때는 거의 성립이 불가능하다. 우리는 진리를 통일성unity과 똑같은 것으로 생각한다. 여러 사물의 기저에 놓인 통일성을 발견하고 회복하려는 노력을 진리를 탐구하는 일로 받아들이는 것이다.

이는 어떤 면에서 유대-그리스도교 전통에 기인한다고도 할 수 있다. 유대-그리스도교 전통은 히브리인들의 하나님이 오직 한 분으로 참되고 선하고 어진 분이며, 다른 신을 섬기는 이들, 즉 거짓을 일삼고 겉과 속이 다른 사악한 적을 멸망시키는 신실한 분이라고 이야기한다. 이와 마찬가지로 우리는 차이를 **질서를 흐트러뜨리는 잡음**, 해소해야 하는 문제, 여러 사물 사이에 실재하는 통일성을 감추는 장막으로 치부한다.

[통일성을 지향하는] 철학에서 젠더를 살필 때, 다양성은 유일하고 실재하며 참된 것을 찾아내는 데 실패한 오류를 의미한다. 이는 **반복의 경제**, 다시 말해서 유사한 것은 무한히 순환하지만 새로운 것은 전혀 등장하지 않는 흐름을 만들어 낸다.

[따라서] 참된 것은 반복될 수 있는 것이며, 들어맞지 않거나 복잡한 것은 제거된다. 현재 우리가 젠더를 이해하는 방식 역시 그렇다고 할 수 있다.

타자성과 해체

여기서 중요한 것은 차이를 다루는 대안적인 방식이다. 이론가들은 이를 **타자성**이라고 부른다.

데리다가 언어, 이성, 의미를 비판한 이유는 그가 타자성과 차이를 질식시키는 서구의 사고방식에 크게 분노했기 때문이다. 이러한 사회질서를 옹호하는 이들은 보편적인 합리성의 언어를 구사하고 서구의 권력이 초월적이라고 주장했다. 이를 통해 권력에 대한 비판을 막아내고 권력을 확장하고자 했다.

다소 난해하게 들릴지도 모르지만 결코 딱딱하거나 학술적인 이야기가 아니다. 데리다를 비롯한 프랑스 포스트모더니스트들은 나치 독일이 기술적 '합리성'에 기대어 죽음의 수용소를 만들어낸 일에서부터 [미국이] 과학적 진보를 활용해 히로시마와 나가사키에 살던 주민들을 학살한 일에 이르기까지 최악의 도덕적 범죄에 해당하는 여러 사건이 벌어진 20세기를 살았다. 프랑스 포스트모더니스트들은 사회가 끝없이 발전하고 진보한다는 믿음이 인간의 정신에 진정으로 어떠한 의미를 지니는지 깊은 회의감을 느끼게 됐다.

이에 따라 무조건적인 복종과 파괴를 다시 불러일으킬 수도 있는 모든 종류의 전체주의적 신념을 용인하지 않는 흐름이 만들어졌다.

2차 세계대전 가운데 벌어진 대학살을 마주했던 포스트모더니스트들은 획일적인 세계관을 비판하고 사유 체계에 불확실성, 의심, 지적 개방성을 도입하는 데 나섰다. 데리다는 지식의 **탈중심화**를 촉구했다. 탈중심화를 통해 타자성이 숨을 쉴 수 있고, 배제되고 지워진 이들이 다시 나타날 수 있다는 주장이었다. 이런 면에서 포스트모더니즘은 빼앗긴 이들의 철학이자, 말할 수 없고 주변화됐으며 그저 지워져버린 몸과 젠더에 제격인 철학이다.

데리다는 탈중심화가 이루어질 수 있도록 **해체**라고 불리는 새로운 실천을 시도했다. 해체는 어떠한 진리 주장도 그 이전에 존재하는 가정 없이는 이루어질 수 없음을 드러내려는 시도다. 진리 주장이 기대는 가정은 한번 자리를 잡고 난 다음에는 '보이지' 않기 때문이다. 이 책의 뒷부분에서 우리는 동성애, 인터섹스, 반대되는 성[이라는 개념]을 가능하게 하는 가정을 해체하고, 드랙이나 트랜스 몸과 '진짜' 몸 사이의 구분을 해체할 것이다. 이 모든 진리 주장은 섹스, 섹슈얼리티, 실재성, 물질성, 자연스러움에 대한 암묵적인 가정에 상당히 의존한다.

해체는 정해진 진리Truth가 초월적이지 않다는 것, 진실에 관한 여러 이야기small-t truths에 기댄다는 것, 그리고 **문화적으로 구성된다**는 것을 드러낸다. 이에 해체는 철학적 도구인 동시에 정치적 방법론이라고 할 수 있다. 해체는 권력에 관한 것이자 보편적인 진리의 해독제다.

진짜라는 것, 구성된다는 것

원래의 계획대로 해체는 사유를 둘러싼 다툼에서 효과적인 무기임이 입증됐다. 물론 혼란을 일으키기도 했다. 어떤 것이 **문화적으로 구성되었음**을 드러내는 일이 마치 그것이 모조품이라거나 가짜라는 말과 다름없다고 이해된 것이다.

그러나 어떤 것이 구성된 것이라고 해서 그것이 진짜가 아니라는 말은 아니다. 예를 들어서 [몇몇] 페미니스트들은 젠더의 구성적 특성을 둘러싼 포스트모던 논쟁이 여성들이 실제로 겪는 고통을 간과한다고 자주 불평한다. 하지만 정확하게는 그러한 고통이야말로 우리가 젠더의 구성적 특성을 살펴보고 그것이 여성에게 어떠한 정치적 효과를 미치는지 탐색하는 작업이 중요한 이유를 제공한다. 데리다가 주장한 **구성적 특성**은 **실재**에 반내하는 것이 아니라, 실재라는 개념 자체를 비판하는 것이다.

데리다는 언어와 문화 바깥에 존재하는 특권화된 장소, 즉 우리가 세계 위에 올라서서 무엇이 참된 것인지 완벽한 확신에 차서 선언할 수 있는 장소에 이성으로 도달할 수 있을 것이라는 환상을 깨뜨리기 위해서 노력했다. 데리다는 사회가 무한정 진보할 것이라는 오만한 생각을 버리라고 이야기했다. 또한 확실성을 향한 이기적인 욕심이 상대적으로 작고 연약하며 차이를 지닌 사람들에게 실제 현실에서 어떠한 효과를 미치는지 질문하기를 기대했다.

데리다가 이야기하는 구성적 특성이란 갓 만든 밀가루 반죽을 쿠키 틀로 잘라내는 것과 비슷하다. 쿠키에는 어떤 **진리**도 없으며 특정한 모양의 쿠키가 밀가루 반죽의 본질을 나타내는 것도 아니다. 어떤 모양이든 쿠키를 하나 먹어보면 그 모양이 아닌 다른 모양의 쿠키 역시 '실재한다'는 사실도 틀림없이 알 수 있다.

새로운 전복

분명 데리다의 작업은 우리가 지닌 전통적인 사고방식과 진리에 대한 이해를 크게 뒤집어놓는다. 이는 또 다른 진리 주장이 아니라 여러 형태의 지식과 진리 주장을 무너뜨리는 [사유의] 도구에 가깝다.

우리가 우리 자신에 대해 가장 먼저, 가장 기본적으로 알고 있는 것은 섹스, 섹슈얼리티, 젠더와 같은 우리의 몸이다. 한편 우리가 가진 모든 지식 가운데 가장 억압적인 것은 섹스, 가부장제, 이성애중심주의와 같은 것이다. 이러한 지식은 가장 초월적인 것으로 내세워진다.

따라서 동성애자, 페미니스트, 젠더이론가들이 포스트모던 [사유의] 도구를 활용하지 않는 일은 불가능했다. 그리고 예상처럼, 이들은 포스트모던 [사유의] 도구를 활용했다. 그러나 결과는 예상치 못한 것이었다.

[사유의] 도구로서 포스트모더니즘은 놀라울 만큼 어떠한 정치적 주장과도 만날 수 있다. 완벽한 의미에서 양날의 칼인 포스트모더니즘은 언제나 양면적인 효과를 발생시킨다.

이론가들이 너무나 해체하고 싶었던 이성애중심주의나 가부장제와 같은 끔찍하고 억압적인 제도를 해체하기 시작하자 이들은 자신들이 달가워하지 않는 방향으로도, 다시 말해서 성적 지향, 젠더, 섹스를 해체하는 방향으로도 나아간다는 사실을 깨달았다. 남성과 여성, 남자아이와 여자아이, 동성애자와 이성애자와 같은 이분법적인 범주가 우리가 스스로를 이해해나가는 기초적인 방법의 하나라고 할 때, 이론가들은 자기 자신 또한 해체하는 곤란한 처지에 놓이게 되었음을 이내 알아차리게 됐다.

5

푸코와
자기의 정치학

"섹슈얼리티라는 용어는 19세기 초에야 비로소 등장했다."[9] 그 이전의 300년 동안 저마다 다른 욕구, 경향, 실천이었던 것이 인간 본성을 규정하는 일련의 특성과 추동으로 묘사됐다. …… 우리는 성적인 주체로 정의됐다.[10] —C. G. 프라도

'나'라는 주체의 탄생

데리다가 사유를 해체했다면, 또 다른 프랑스 철학자 미셸 푸코Michel Foucault는 사유하는 사람을 해체했다. 여러 포스트모더니즘 작업과 비슷하게 푸코도 서구 사상을 거슬러 살폈다. 푸코가 살펴본 서구 사상은 **우리 자신**을 발견하고 **우리 자신**을 이해하며 **우리 자신**에게 충실한 이야기로 가득 차 있었다.

우리는 자기 자신이라는 특별한 감각과 이 감각이 세계에서 위치한 장소인 **주체성**이 어떻게 탄생했는지에 대해 거의 질문하지 않는다.

우리는 자기 자신[이라는 개념]을 그저 변함없이 보편적으로 존재하는 초월적인 것으로 간주하고 이에 기초해서 사유를 전개한다.

푸코는 바로 이 확신을 비판하고자 했다. 우리가 세계를 이해하는 방식이 구성된 것이라고 생각한 데리다처럼 푸코는 우리가 자기 자신을 이해하는 방식이 구성된 것이라고 설명했다. 자기 자신[이라는 개념]도 꽃병, 의자, 건물처럼 문화적 산물이라는 것이다.

푸코는 다음과 같이 이야기했다. "개인은 …… 권력을 마주한 상대가 아니다. 내가 생각하기에 개인은 권력이 생산하는 주요한 효과 가운데 하나다."[11] 다시 말해서 우리는 [권력이 개인에게 작동하고 영향을 준다는 점에서] 개인이 권력의 통로라고 생각하지만, 권력은 그보다 앞서 우리를 특정한 종류의 개인으로 창조해낸다는 것이다.

어렸을 때 나는 내가 **남자아이**라고 단순하게 생각했다. 유별나고 이상하며 매우 불행한 남자아이였지만 남들과 똑같은 남자아이라고 생각했다.

사람들은 언제나 내가 퀴어인지 의심스러워했고, 실제로 나는 수년 동안 **게이**로 살고자 노력하기도 했다. 이렇게 말하기는 민망하지만 나는 훌륭한 게이로 살았다. 내게 여자 연인이 있었고 남자에게 성적으로 끌리지 않았다는 점만 제외하면, 나는 지금도 훌륭한 게이로 지냈을지 모른다.

시간이 지나면서 나는 내가 **트랜스섹슈얼**이라는 것을 깨달았다. 학술자료의 표현에 따르면 트랜스섹슈얼은 **남자의 몸에 갇힌** 여자를 의미했다. 이러한 설명은 내가 왜 항상 마음 깊이 심란함을 느꼈는지 이해하는 데 도움을 줬다.

나는 나 자신을 여자라고 생각하는 법을 익혔지만, 적대적인 사람들을 수없이 마주하면서 점차 내가 여자를 모방한 어떤 존재인 것만 같은 고통스러운 느낌을 받게 됐다.

[나 자신을 여자라고 생각하는 법을 익힌 뒤에도] 여자친구와 만났다는 점에서 내가 **트랜스섹슈얼 레즈비언**이라는 것을

알게 됐다. 몇 년이 지나자 담론이 바뀌었고 나는 **트랜스젠더**가 됐다.

[한편으로는] 이 모든 주체의 자리가 매 순간마다 진짜처럼 느껴졌다. 하지만 다른 한편으로는 어떤 것도 충분한 설명이 되지 못했다. 그게 무엇이든 **나**를 이루는 온전한 모습이 아니라, 다른 사람들이 나에 대해 중요하다고 생각하는 모습만 반영된 것으로 느껴졌기 때문이다.

나는 어떻게 나 자신을 **이러한** 특정한 자아의 존재로 생각하게 됐을까? 왜 [내게] 이러한 주체의 자리가 선택지로 주어졌을까? 이 선택지는 누구의 이익에 복무하는 것일까? 나 자신을 특정한 방식으로 생각하는 일은 어떻게 내가 자발적으로 행동을 바꾸고, 형성하고, 심지어 관리하도록 이끌었을까?

이 같은 질문이 바로 푸코가 묻고 싶은 것이었다. 우리는 모두 **우리 자신이 되기**를 원한다. 그러나 푸코는 이렇게 질문한다. **우리가 우리 자신을 아는 데 어떠한 대가를 치러야 하는가?**

푸코는 게이gay였지만 자신을 동성애자homosexual로 정체화하기를 거부했다. 푸코에게 동성애자로 정체화하는 일은 자기 자신을 정의하는 지식의 일종이었다. 푸코는 그러한 지식에 동의하지 않았다. 따라서 푸코가 자기 자신의 정치학에 대한 가장 열정적인 비판을 19세기의 악명 높은 발명품을 살펴보는 데서 시작한 것은 어쩌면 당연한 일이었다. 여기서 말하는 악명 높은 발명품이란 바로 동성애자[라는 범주]와 섹슈얼리티라는 개념 자체였다.

진리가 된 섹슈얼리티

> 우리는 성이 진리를 이야기하기를 …… 성이 우리에게 우리의 진실을 들려주기를 기대한다.[12]

> 그리스도교[의 제도화] 이후, 서구 문명은 줄곧 '섹슈얼리티를 살펴보면 당신이 어떤 존재인지 알 수 있다'고 외쳐왔다.[13]
>
> —미셸 푸코

푸코에 의하면 서구 문화는 성에 대한 정교한 지식을 수 세기에 걸쳐 보유했다. 그러나 이러한 지식은 주로 기술과 즐거움에 초점이 맞춰져 있었다.

성은 특별한 비밀이나 의미를 지니지 않았다. 성을 어떻게 더 많이 즐길 것인지에 대해서만 이야기했을 뿐이다.

물론 성적 위반에 대한 인식은 있었다. 나체 노출, 자위, 외설, 방탕, 성년자와 미성년자의 성적 관계는 올바른 공공질서와 공중도덕을 해치는 일로 간주되었으며 사법적으로도 처벌받았다.

그러나 계몽주의 시기 이후, 모든 것이 달라졌다. 천주교회는 점점 수도자와 금욕주의자의 절제된 실천에 영향을 받게 됐다. 이들에게 금욕생활을 통해 자기를 부인하는 일은 영적 헌신을 드러내는 최고의 표현이었다.

성을 대하는 교회의 접근 방식은 중대한 측면에서 변화되기 시작했다. 성은 마침내 가벼운 위반과 같은 주변적인 위치를 벗어나 도덕성의 중심 요소로 자리매김하게 됐다.

수도자에게는 아무리 잠시 스쳐 지나가는 갈망이라도 정결, 청빈, 순명의 서약에 심각한 위협으로 빠르게 자라날 수 있었다. 생각의 정결은 몸과 행동의 정결만큼이나 중요했다. 이러한 논리로 교회는 (이미 저질러서 참회해야 하는) 죄받을 행동뿐만 아니라 (바라거나 생각했을 뿐인) 죄받을 욕망의 중대함에도 주목하기 시작했다.

떠오르는 상상이나 갑작스러운 충동과 같은 부정한 생각은 실제 행동으로 옮겨지지 않더라도 죽음에 이르는 대죄에 속하는 위험한 것이 됐다. 교회는 사람들에게 섹슈얼리티에 관한 세세한 부분까지 모두 고백하라고 다그쳤다. 부끄럽고 개인적이며 말하기 어려운 이야기일수록 더 가치 있다고 여겨졌다.

이처럼 섹슈얼리티에 대한 새로운 염려는 사람들에게 새로운 형태의 경계심을 갖게 했다. 사람들은 쉬지 않고 철저하게 스스로를 돌아보고 자기 자신을 샅샅이 들여다봤다. 신중한 자세를 잃지 않는다면 즐길 수 있던 성은 이제 구원을 위협하는 것이 되어버렸다.

섹슈얼리티는 진리와 같은 의미가 됐다. 자기 자신을 안다는 것은 자신의 섹슈얼리티를 안다는 의미였다. 성에 대한 지식은 점점 더 즐거움과는 멀어졌고 죄를 짓지 않는 방법만 논의됐다.

섹슈얼리티는 때때로 무질서한 행동을 일으키는 유쾌한 욕구가 아니라 도덕적인 삶의 **가장** 핵심적인 문제로 부상했다. 부정한 생각을 채찍질로 물리치던 수도자들의 난해한 전례에 영향을 받은 교회는 섹슈얼리티를 다루는 유일한 심판관으로 등극했다.

성적 고백

새로운 형태의 자기 지식인 섹슈얼리티는 교회가 사람들의 삶에 강력한 권력을 새로이 행사하고 사람들의 가장 개인적인 생각까지 속속들이 파고들 수 있도록 했다. 더욱이 사람들이 교회의 시선이 닿지 않는 곳에 혼자 있는 경우에도 자진해서 자신의 행동을 관리하고 점검하도록 만들었다.

이제 우리는 성을 핵심적인 도덕 문제로 생각하는 데 너무나 익숙해진 나머지 성을 그저 하나의 즐거움으로 인식했던 시기로부터 얼마나 멀어졌는지 알아차리는 일조차 어려워한다. 한때 성에 대한 지식은 그저 더 많은, 더 나은 즐거움을 누리는 수단이었다.

좀 더 기초적인 욕구인 배고픔에 대해서 생각해보자. 음식을 정치적인 문제로 만드는 일은 거의 존재하지 않는다. 우리는 하루에도 몇 번씩 음식에 대한 욕구를 채우고는 한다. 그러나 비건이든 고기를 먹는 사람이든 유제품을 먹는 채식주의자든 감자튀김 마니아든 어떤 사람도 자신의 기본적인 사회적 정체성을 음식에 대한 욕구에 두지는 않는다. 음식에 대한 욕구를 자기 지식의 원천으로 생각하는 사람은 없다. 우리는 무엇을 어떻게 먹을지 토론하거나 고백해야 한다고 생각하지 않는다. 먹는 일은 도덕이나 죄의 문제와 거의 연관되지 않는다. 우리가 자신의 섹슈얼리티를 받아들이기 위해 노력할 때와는 달리 배고픔을 받아들일 때는 크게 애쓰지 않는다.*

오늘날 우리는 자신의 섹슈얼리티에 관한 모든 것을 알려고 하지만, 섹슈얼리티를 어떻게 누려야 하는지는 알려고 하지 **않는다**. 우리는 [섹슈얼리티를 누리는] 기술이나 역량에 대해서 거의 한마디도 꺼내지 않는다.

우리는 고백하는 동물이 됐다. 우리는 성적인 비밀을 사제에게뿐만 아니라 토크쇼에서, 책에서, 상담에서 고백한다. 우리가 무슨 일을 했는지는 물론이고 무엇을 하고 싶은지도 고백한다. 우리는 서로를 짓궂은 표정으로 쳐다보는 청소년들처럼 눈을 커다랗게 뜨고 킥킥거리며 서로에게 묻는다. **"그래서 어떻게 하는 걸 좋아하세요?"**

나의 친한 친구 중 한 명은 10센티미터짜리 하이힐과 미니

---

* 저자의 단언과 다르게 먹는 것에 관한 문제는 자기의 정치학과 밀접하게 연관된다. 음식은 정치적 차원(세계관과 지향을 나타내는 방식으로서 특정한 음식에 대한 선호와 욕망 또는 거부와 중단), 문화적 차원(음식을 둘러싼 사회적 인식과 각본), 경제적 차원(음식의 생산, 유통, 소비, 폐기 과정), 종교적 차원(특정한 재료, 조리법, 음식 등에 대한 권장과 지지 또는 금기와 제한), 성적인 차원(접촉 불/가능성의 의미에서 비건 섹슈얼리티) 등과 연결되면서 자신이 어떤 존재인지 탐색하도록 이끌고 다른 존재와 어떤 관계를 맺을지 고민하도록 만든다.

스커트를 입을 때마다 빛이 난다. [하지만] 남자인 내 친구는 자신의 크로스드레싱이 아무 문제없는 즐거움이라고 확신하면서도 치료가 필요한 깊고 어두운 인격 문제의 징후라는 정신과 진단을 받을 가능성 역시 매우 잘 알고 있다.

미국인들은 서로 자신의 동성애를 이야기할 수 있는 '커밍아웃의 날'까지 지정했다.* 섹슈얼리티와 젠더가 사회적 정체성의 핵심적인 기반으로 등장한 것이다.

정상성의 탄생과 일탈

> 도착의 증가는 …… 권력이 몸의 즐거움과 몸을 잠식하면서 발생한 현실의 산물이다.[14]
>
> —미셸 푸코

섹스와 섹슈얼리티가 사적인 심문과 공적인 고백의 의례에만 국한됐다면 섹슈얼리티는 그저 죄의 문제로 남아 있었을 것이다. 그러나 18세기 즈음 인간 행동에 대한 과학적 접근이 부상하면서 국민국가는 인구 변동을 국가적 의제로 새롭게 인식했다. 국가관료들은 피임, 혼외 출산, 출생률, 혼외 성관계, 가족 규모, 혼인율까지 모든 것을 추적하기 시작했다.

섹슈얼리티의 강조점은 다시 한번 바뀌었다. 이제 섹슈얼리

---

* '커밍아웃의 날'은 주로 성소수자가 자신의 성적 지향과 젠더 정체성을 공개적으로 드러내는 기념일(10월 11일)이다.

티는 공공선을 위해 관리되어야 하는 것이 됐다.

부적절한 욕망은 단지 품위를 잃거나 죽음에 이르는 대죄가 아니라 사회 전체를 위기에 빠뜨리고 국가의 소중한 자원을 낭비하며 가만히 두었다가는 확산될지도 모르는 것이 됐다.

일탈과 정상성에 대한 새로운 과학은 [성적] 도착이 특이하고 볼썽사나운 쾌락이라는 믿음을 기초로 탄생했다. 여기에 바람직하고 **자연스러운** 섹슈얼리티를 사회적으로 함양해야 한다는 과학적 논리가 뒷받침됐다. 비정상적이고 자연스럽지 못한 섹슈얼리티는 근절되어야 했다. 1800년대 후반부터 리하르트 크라프트에빙Richard Krafft-Ebing이나 해블록 엘리스Havelock Ellis 같은 의사들은 사소한 성적 일탈을 모두 강박적으로 기록하며 목록화했고, 푸코의 표현을 빌리자면 "혐오스러운 대상을 가리키는 과장된 어휘를 남발했다".[15] 자위를 하는 어린이, 성적 히스테리를 겪는 여성, 광인, 지적장애인, 노인성애자, 아동성애자, 동물성애자, 시체성애자는 모두 새로이 과학적 정밀 조사의 대상이 됐다.

즐거움과 욕망은 특별한 메시지가 담겨 있는 것으로 여겨졌으며 정보를 제공하고 설명을 제시하는 것으로 호명됐다. 섹슈얼리티는 더 이상 거대한 비밀이 아니라 과학과 이성이 밝혀낼 수 있는 거대한 의미를 지닌 것이 됐다.

존재를 병리화하기

섹슈얼리티를 해체하는 푸코의 작업에는 과학을 즐거움과 욕망에 적용하는 일에 대한 엄청난 회의감이 녹아 있다. 푸코는 섹슈얼리티의 [과학적] 구성에 특히 분노했다. 섹슈얼리티라는 새로운 형태의 자기 지식은 우리 모두에게 자기 자신에 대한 감각을 부과했다. 우리는 내면의 추동을 간직한 존재로 여겨지고, 우리 자신은 감시, 설명, 이해의 대상이 됐다.

푸코가 생각하기에 섹슈얼리티의 제도화는, 제도화 없이는 개인이 결코 그렇게 하지 않았을 방식으로 자신의 사적인 행동을 기꺼이 관리하도록 이끌었다. 이처럼 개인이 자기 관리의 명령을 순순히 받아들이는 일은 교회, 국가, 의학과 같은 커다란 제도가 개인의 삶에 파고들어 새롭게 권력을 행사하도록 했다. 새로운 과학[의 통치] 아래 가장 많은 고통과 피해를 겪은 사람들은 차이를 지닌 이들과 주변화된 이들이었다.

사디스트, 마조히스트, 트랜스섹슈얼, 크로스드레서, 인터섹스, 여성스러운 남자아이, 톰보이 여자아이는 모두 **치료**가 필요한 **일탈적인 존재**로 여겨졌다.

1970년대 초반까지만 해도 이 목록에 수많은 동성애자도 포함되어 있었다.

요즘에도 여전히 세 살 남짓한 젠더 비순응적인 어린이들이 단지 순한 성격의 남자아이라거나 톰보이 여자아이라는 이유로 '젠더 정체성 장애Gender Identity Disorder' 진단을 받는다.* 이 아이들에게는 정신과 치료나 행동수정요법이 시행된다. 이러한 치료는 [캐나다] 토론토의 케네스 저커Kenneth Zucker 같은 의사들이 보여주듯 나중에 동성애자로 자라지 않도록 예방하는 것을 목적으로 삼기도 한다.**

NOTE 여자아이에게 시행되는 행동수정요법에는 적극적인 행동이나 운동을 좋아하는 것처럼 활동적인 모습은 처벌하고, 여성적으로 보이는 행동이나 유순한 모습은 칭찬하는 일이 포함되기도 한다. 성인 남성과 어울리는 일도 칭찬을 받는다. 보상으로는 자유시간, 텔레비전 시청, 간식이 제공된다. 남자아이의 경우 인형을 가지고 놀거나 우는 행동은 처

---

* 미국 정신의학회는 1980년 《정신질환 진단 및 통계 편람Diagnostic and Statistical Manual of Mental Disorders, DSM》 세 번째 개정판에서 젠더 비순응에 대한 진단 범주인 '젠더 정체성(주체성) 장애'를 명문화했다. 이에 태어날 때 지정된 성별과 개인의 젠더 감각이 일치하지 않는 상태 자체를 정신질환으로 규정하는 데 거센 비판이 제기되었고, 미국 정신의학회는 2013년 다섯 번째 개정판을 발표하면서 해당 진단을 '젠더 위화감Gender Dysphoria'으로 변경했다. 젠더 위화감은 지정성별과 젠더 감각이 일치하지 않아서 경험하는 지속적이고 강한 불편감을 의미한다. 세계보건기구는 2022년부터 '국제질병분류International Statistical Classification of Diseases and Related Health Problems, ICD'에서의 진단명을 '젠더 불일치Gender Incongruence'로 변경할 예정이다.

** 케네스 저커는 젠더 비순응적인 어린이에 대한 진단과 처치가 동성애와 양성애를 '예방'하기 위한 도구가 아니라고 주장했다. 그러나 몇몇 성소수자단체와 전문가 집단은 그가 부적절한 치료적 개입을 옹호한다고 비판했다. 한편 아동기와 청소년기에 젠더 비순응을 보이는 이들이 이후에 자신을 트랜스젠더로 성제화하기보다 동성애자나 양성애자로 정체화하는 경향이 나타난다는 점에서 관련 진단 범주를 둘러싸고 이견이 존재하기도 한다.

벌하고, 적극적이고 지배적인 태도와 운동을 좋아하는 모습에는 칭찬이 뒤따른다.

NOTE 정말 이상하게도 페미니스트, 동성애자권리옹호자, 시민권운동에 참여하는 변호사, 학부모단체, 트랜스젠더활동가, 의사들은 이러한 처치에 여전히 주목하지 않고 있다. 미국 정신의학회가 이를 승인하고 있다는 점에서 아이에게 이러한 의료적 '치료'를 받게 하더라도 보험급여를 충분히 받을 수 있다.

이른바 '치료'의 대상으로 여겨지는 주변화된 이들은 언제나 우리 곁에 있었다. 이 사실에는 의심의 여지가 없다. 그러나 섹슈얼리티의 과학은 실제로 존재하는 것을 보는 일이 아니다. 푸코가 이야기한 것처럼 섹슈얼리티의 과학은 "진실을 이야기하는 것이 아니라 진실이 드러나지 못하게 막는 것"을 추구하는 "무지를 향한 완고한 의지"에 의해 추동된다.[16]

이 새로운 과학의 관심사는 성에 **대한** 지식이 아니라 성에 **행사하는** 권력이다. 새로운 과학은 잠재된 특성, 도착, 일탈, 비정상과 관련한 전체적인 분류 체계를 생성하고, 몸의 즐거움과 몸에 보편적인 합리성을 부여하려고 했다. 이는 우리가 우리 자신의 욕망과 맺는 관계를 근본적으로 바꿨다.

19세기에 들어서자 이전까지 법, 도덕, 종교의 영역에 있던 성은 의학, 정상성, 질병의 영역으로 옮겨졌다. 이러한 변화에서 가장 핵심적인 것이 바로 동성애자[라는 범주]의 발명이었다.

‘동성애자’라는 범주의 탄생

동성애자권리운동이 성장한 현재 시점에서 지난 100년이 넘는 시간 동안 동성애와 뗄 수 없던 공포, 불안, 역겨움을 상기하는 일은 쉽지 않다. 저명한 동성애자 역사가인 마틴 듀버먼Martin Duberman, 1930~은 자전적인 책 《치료Cures》(1992)에서 동성애를 치료한다는 명목으로 이루어진, 침습적이고 모욕적인 처치를 계속 견뎌야 했던 시기를 회고한다. 1950년대 후반에서 1960년대 초반의 이야기다.

듀버먼은 세련된 감각을 지닌 뉴욕의 지식인이었다. 많은 걸 배우고 좋은 배경에서 성장한 그 같은 사람도 큰 고통을 받았다면, 일반적인 사람에게는 분명 더욱 끔찍했을 것이다. 당시 동성애자들이 전기충격요법을 받는 것은 드문 일이 아니었다.

부모들은 교양 있는 대화를 나누는 자리에서는 동성애에 대한 어떤 이야기도 나누지 않았지만, 아이들이 ‘잠재된 욕망’의 징후를 보이는지 계속 주시하면서 ‘동성애적 경향’을 나타내는 아주 작은 기색에도 염려했다. 대중문화산업의 종사자들은 영화나 소설에 등장하는 동성애자 인물이 결말에는 반드시 (되도록 잔인하게) 죽음을 맞이하도록 이야기를 구성했다.

동성애를 발견하고 예방하는 일은 공중보건운동의 일환으로 국가 전체에서 강박적으로 이루어졌다. 마치 동성애가 아무도 모르게 전염되기라도 한다는 듯이 동성애에 대한 일종의 절제된 히스테리가 나타났다.

사실 동성 간 성적 실천은 전혀 새로울 것이 없었다. 서양의 미학과 철학에 많은 영향을 미친 고대 그리스에서 동성 간 성적 실천은 익숙한 일이었고 이에 대한 기록도 많이 남아 있다. 고대 그리스인 남성(아테네 여성은 해당하지 않았다)은 성적 경험이 없는 여성, 성판매 여성, 결혼한 여성, 남자아이, 또는 양과도 원하는 대로 관계를 맺을 수 있었다. 이러한 행동 중 어느 것도 그를 특정한 종류의 사람으로 분류하지 않았고 그의 사회적 정체성을 형성하지도 않았다.

동성 간 성적 실천이 [고대 그리스인에게] 친숙한 것이었던 반면 동성애자[라는 범주]는 그렇지 않았다. 이는 고대 그리스인이 성을 **문제삼지** 않았기 때문이 아니라 성에서 문제로 삼는 부분이 완전히 달랐기 때문이다.

고대 그리스인에게 성과 관련된 문제는 방향이 아니라 적절한 활용에 대한 것이었다. 한 남성이 성적 욕망에 지나치게 빠져 있거나 제대로 생활하지 못할 만큼 욕정에 사로잡혀 있을 때, 그제야 그에게 성적인 문제가 있는 것으로 여겨졌다.

18세기경 동성 간 성적 실천은 (미국의 여러 주에서 그랬던 것처럼) 온갖 것을 포괄하는 '남색sodomy'이라는 모호한 법적 용어로 이해됐고, 남색법은 동성 간 성적 실천이 미풍양속을 해친다고 규정했다. 동성과 성적 실천을 하는 사람은 처벌과 비난을 받았는데 이때 남색법은 개인의 존재가 아니라 개인의 행동에 주목했다.*

그러나 19세기 중반으로 접어들면서 의학이 섹슈얼리티에 대한 통제권을 행사하기 시작했다. "남색을 즐기는 사람은 일시적인 이상행동을 하는 이들이었지만, 동성애자는 하나의 종species이 됐다."[17] 재생산과 무관한 섹스를 하는 사람은 위험한 존재, 질병을 퍼뜨릴 수 있는 존재, 격리하고 진단하며 치료해야 하는 존재로 여겨졌다.

동성 간 성적 실천homosexual acts이 어떤 사람이 간혹 하는 행동이었다면, 동성애자homosexual person는 변하지 않는 **존재**였다. 마침내 누군가를 동성애자**로** 식별하는 일이 가능해지고 심지어 필요해졌다.

신체적인 측면에서 [남성] 동성애자는 지나치게 여성적이고 섬세하며 매력적인 모습인 동시에 덩치가 크고 근육질이며 과도할 만큼 잘생긴 모습으로도 그려졌다. 동성애자의 페니스는 작다고 여겨졌지만 때로는 이상할 만큼 크다고도 했다. 심리적인 측면에서 동성애자는 예민하고 까다로우면서도

---

* 남색법은 여러 형태의 성적 실천을 금지하는 법으로 경우에 따라 동성 간 성적 실천을 범죄로 규정하기도 했다. 성인 간 합의를 통해 이루어진 비상업적이고 개인적인 성적 실천을 금지하는 것은 헌법에 어긋난다는 2003년 미국 연방대법원 판결(*Lawrence v. Texas*)에 따라 남색법의 법적 효력은 상실됐다.

영리하고 창의적이라고 알려졌다. 자신의 이익을 위해 다른 사람을 이용하며 뻔뻔하게 굴지만, 다른 한편으로는 부끄러워하고 수줍어한다는 이야기도 있었다.

모든 질병이 그러하듯이 동성애에도 분명한 원인이 있었다. 예를 들어 여성 동성애의 원인으로는 다음과 같은 것들이 언급됐다. "이성에 대한 공포, 복종에 대한 공포, 삽입에 대한 공포, 거절에 대한 공포, (친숙한 것과는 대조적으로) 낯선 것에 대한 공포, 자신감 부족으로 인한 공포, 경쟁에 대한 공포, …… 나이가 많은 동성의 유혹, 사춘기 이성 친구의 유혹, …… 과도한 자위, 맹렬한 나르시시즘, 불감증, 지나친 성욕 ……."[18]

19세기 중반으로부터 150여 년이 지난 현재, 우리는 동성애자homosexual권리운동의 부상을 마주하고 있다. [하지만] 동성애자권리운동은 19세기 의사들이 동성애를 진단하고 예방한다는 명목으로 발명한 것과 거의 완벽하게 같은 용어로 정체성을 설명하고 이해하고 있다. 직장, 결혼, 입양과 같은 문제에서 동성애자 집단이 새로운 권리를 쟁취한 운동의 성과에 환호하지 않을 수는 없다. 그러나 동시에 사적인 섹슈얼리티를 사회적 정체성의 기초로 부상시켰다는 점을 질문하게 된다. 자기 자신을 **동성애자Homosexual로서** 생각하는 일이 정말 이상하지 않은 걸까?

물론 **우리가 정말 어떠한 존재인지**에 대해서 다른 사람들에게 진술할 수 있다는 것은 중요한 문제다. 하지만 **우리의 존재**를 설명할 때 우리가 누구와 자고 싶은지, 누구를 사랑하는

지에 대한 이야기보다 더 유익하고 진중한 이야기는 없을까?

당연한 말이지만 우리는 모두 평등한 권리를 가져야 한다. 그렇다면 우리가 섹슈얼리티나 젠더가 아닌 다른 것으로 정의될 권리는 어떨까?

정체성의 핵심이 된 지식을 의심하기

> 주체가 성공적으로 형성되기 위해서는 권력이 만들어낸 주체가 자기 자신이 원래부터 그러한 주체였다고 믿는 일이 필요하다. …… 효과적인 규율기술은 개인이 자신의 주체성에 대해 성찰할 때, 자신이 어떻게 주체로서 생산됐는지를 이해하는 것이 아니라 자신에게 주어진 특성만을 발견하도록 만든다.[19]
>
> —C. G. 프라도

데리다와 마찬가지로 푸코는 언어와 의미가 참된 것을 만드는 방식에 대해, 지식과 과학이 사실은 매우 정치적인 문제라는 것에 대해 생각하도록 이끈다. 푸코와 데리다 사이에 중요한 차이가 있다면, 푸코는 우리가 누구이고 어떠한 존재인지에 관한 기본적인 감각인 자기 자신[이라는 개념]에 해체를 적용한다는 것이다.

푸코에 대해 논의할 때면 혼란스러워하며 불편한 마음을 털어놓는 동성애자를 여러 명 만나게 된다. "드디어 레즈비언인 저 자신과 화해하고 부모님에게 커밍아웃했던 경험은 제인생에서 가장 강렬한 순간 중 하나였어요. 그 순간을 잊어버려야 하는 걸까요?" 푸코의 요점은 우리가 모든 정체성에서 벗어나야 한다는 것이 아니다. 정체성에서 벗어나는 일이 정체성에 끼워 맞추는 일보다 더 해방적이지도 않다.

푸코가 **정말로** 하려던 말은 그저 자신을 동성애자로 인식하는 일로는 충분하지 않다는 것이다. 그러한 인식이 개인에게 아무리 큰 힘을 선사한다고 하더라도 말이다.

200년 전에는 존재하지 않았지만 현재는 개인의 정체성의 핵심을 이루는 지식에 기대어 자기 자신을 이해하는 것, 푸코는 이것이 무슨 의미를 지니고 있는지 우리가 한 걸음 더 나아가 질문하기를 원했다. 또한 이 같은 정체성이 어떻게 만들어졌는지, 우리에게 어떠한 효과를 미치는지, 누구의 이익에 복무하는지 묻기를 원했다.

푸코는 자기 자신[이라는 개념]을 초월적인 것으로 이해하는 우리의 순진한 믿음을 흔들고자 한다. 푸코는 자기 자신이라는 주관적인 감각에 역사와 계보가 있다는 것을, 특정한 문화적 필요와 요구가 있었기 때문에 이 주관적인 감각이 등장했다는 사실을 알려준다. [다시 말해서] 푸코는 주체성이 일종의 정치학이라는 점을 우리에게 이야기하는 것이다.

동성애자권리를 옹호하는 이들이 몇몇 사람을 위한 평등을 실현했을지 모르지만, 수없이 많고 다양한 즐거움이 여전히 질병으로 진단된다는 사실은 동성애의 정치학이 계속해서 많은 사람을 놓치고 있다는 점을 시사한다. 일탈적인 존재를 생산하는 구조는 변함없이 은밀하게 작동하고 있다.

6

푸코와 규율사회

> 중요한 문제는 …… 성을 긍정할지 반대할지를 결정하는 문제가 아니다 …… 이야기되고 있는 사실이 무엇인지, 누가 이야기하는지, 어느 위치에서 어떤 관점을 가지고 이야기하는지, 사람들이 성에 관해 이야기하도록 부추기며 이야기한 것을 수집하고 퍼뜨리는 제도는 어떻게 작동하는지 설명하고 밝혀내는 일이다. 쟁점이 되는 것은 …… 성이 '담론으로 구체화되는' 방식이다.[20]
>
> —미셸 푸코

담론, 새로운 형태의 권력

푸코가 이야기하는 새로운 형태의 권력은 **담론**이라고 불리는 것이다. 담론은 포스트모더니즘을 이해하는 데, 더 중요하게는 젠더를 이해하는 데 핵심이 된다. 일상적인 차원에서 **담론**은 두 사람 사이에서 이루어지는 논의나 대화를 뜻한다.

그러나 푸코가 말하는 담론은 사회적인 차원의 대화에 가깝다. 담론은 사회가 어떤 곳인지 우리가 정의하고 설명하며 스스로와 나누는 대화다. 다시 말해서 일련의 담론은 **의미를 만드는 실천**이다.

담론은 지식 생산에 관한 일종의 규칙으로 작동한다. 이 규칙은 주어진 **사유의 경제** 안에서 유통될 수 있는 인식 가능한 이야기가 무엇인지 결정한다. 젠더 담론을 예로 들자면, 우리는 두 가지 형태의 몸에 대해서만 의미 있는 말을 할 수 있다. 두 가지 형태의 몸 외에 성립 가능한 이야기는 존재하지 않는다. 그 외의 다른 젠더를 언급하는 일은 비현실적이고 터무니없으며 그저 아무런 의미가 없는 말처럼 여겨질 뿐이다.

담론은 [4장에서] 데리다의 논의를 살펴보며 이야기했던 쿠키 틀과 같다. 우리가 젠더에 대해 알고 있는 사회적 진리는 몸이 아니라 틀에 관한 것이다.

담론이 만들어내는 젠더 위반

젠더 위반이라는 '문제'는 두 가지 거대한 담론과 맞닿아 있다. 하나는 의학/정신의학 담론이고 다른 하나는 학술/페미니스트 담론이다.

NOTE 세 번째 담론[법 담론]은 조만간 등장할 것이다. 젠더 고정관념을 고수하는 일이 굳건한 사회적 관습으로 자리를 잡고 있었기 때문에 법원과 의회는 그간 젠더 고정관념을 다루어야 할 필요를 거의 느끼지 않았다. 결과적으로 젠더에 대한 법 담론은 아직도 초기 단계에 있다.
이에 관한 적절한 사례가 있다. 젠더팩에서 일하는 한 인턴이 각각의 주에서 법이 성별을 어떻게 정의하고 있는지 찾아보자고 제안한 적이 있다. 좋은 제안이었다. 우리는 놀랍게도 텍사스주 외에 어떤 주에서도 법적인 차원에서 성별을 어떻게 정의할 것인지 결정한 게 없으며, 텍사스주조차 단지 몇 달 전에 결정했다는 사실을 발견했다. (조사를 진행하고

1년이 지나자 법적인 차원에서 성별을 정의한 주는 텍사스주를 포함해서 4개 주로 늘어났다. 이 가운데 2개 주에서는 성별 변경을 지지하는 결정을, 다른 2개 주에서는 지지하지 않는 결정을 내렸다.)*

하지만 우리가 일상에서 크로스드레싱을 하는 트럭 운전사, '남자답게 행동하는 것'을 거부하는 게이 노동자, 양복을 입는 여자, 트랜지션 과정에 있는 트랜스섹슈얼을 더 자주 만나게 되고 이들이 목소리를 내게 되면서, 젠더 고정관념에 대한 법적인 담론이 극적으로 확장되는 변화를 마주하고 있다.

의학/정신의학 담론과 학술/페미니스트 담론은 크로스드레서, 젠더퀴어 어린이, 트랜스섹슈얼, 인터섹스를 표적으로 삼고 이들의 젠더 규범 위반을 병리적인 것으로 규정해왔다. 두 담론 모두 주장에 권위를 부여하는 데 특화된 수법을 사용한다. 주로 다음과 같은 것들이다.

• 전문화된 어휘 쓰기: 젠더 위화감, 동성애자로 성장할 조짐을 보이는 행동, 이성 복장 착용 페티시즘, 수술을 통해 남성

---

* 법에서 '성별sex'이 무엇을 의미하는지를 둘러싼 논쟁은 계속되고 있다. 이에 관해 2020년 미국 연방대법원은 고용영역에서 성별에 근거한 차별을 금지하는 민권법 제7조가 성적 지향과 젠더 정체성에도 적용됨을 판시했다.

으로 재지정된 사람, 모호한 성기

• 전문적인 절차 만들기: 예후, 신체검사, 현장연구, 정신의학적 진단, 사례연구

• 기록하기: 학술논문, 임상기록, 연구활동, 심리치료일지

이러한 담론은 젠더 위반을 **연구하지** 않는다. 오히려 특정한 인구 집단을 요주의 집단으로 지목함으로써 젠더 위반을 **만들어낸다**. 논쟁적이고 문제적인 존재로 지목된 이들은 연구, 설명, 이해의 대상이자 나아가 예방의 대상이 된다.

NOTE 특정 인구 집단에 관한 연구, 설명, 이해, 예방은 사람들이 의학과 정신의학에 기대하는 작업인지도 모른다. 의학과 정신의학에는 차이를 병리적인 것으로 낙인찍어온 길고 불편한 역사가 있다.
그러나 특히 마음이 무너지는 건 차이를 병리적인 것으로 낙인찍는 페미니스트 연구자들의 모습을 마주할 때다. 지워지고 침묵당하는 것, 이상하고 신기한 문제로 취급된다는 게 무엇인지 이해하는 이들이 그래도 되는 것일까 싶다.

NOTE [젠더 논의에서] 강조점은 젠더 체계가 차이를 정당한 것으로 인정하지 않고 침묵시킨다는 사실을 드러내는 일이 아니라, 젠더 규범을 위반하는 이들이 **본질적인 차원에서 실제로** 어떤 존재인지 규명하는 일에 놓이곤 한다. 필연적으로

젠더 이분법은 그대로 남아 있다.

"트랜스섹슈얼 여성은 **실제로는 남자**다." "[남성] 크로스드레서는 **여자를 모방하는 페티시즘**이 있다." "'여성스러운 남자아이'는 뭔가 착각하고 있거나 제대로 성장하지 못한 것이다." "부치는 **억압자와 동일시하고** 있다." "인터섹스 아이는 사실 인터섹스가 아니다. **자세히 살펴보면** 분명 여자아이거나 남자아이이다." 이 모든 이야기는 트랜스섹슈얼, 드랙킹, 여성스러운 남자아이, 톰보이 여자아이, 크로스드레서, 인터섹스가 자기 자신에 관해 스스로 한 말이 아니다. 다른 사람들이 이들을 대신해서, 이들에 대해서 말한 것이다. 이들은 담론**에** 참여하는 사람이 아니라 담론**의** 대상이기 때문이다.

진짜와 가짜의 구분과 의미의 소유권(**남성적인 태도, 여성 의류**와 같은 표현)을 강조하는 움직임은 이분법적인 젠더라는 진리를 재건하고 다시 중심에 위치시킨다. 이러한 주장이 의학, 학문, 과학, 논리의 이름으로 제기되고는 하지만, 여기에는 어떠한 타당성도 객관성도 없다.

이 문제는 대학원에서의 진부한 논쟁처럼 [사회학, 생태학 같은] '연성'과학이 [물리학, 화학 같은] '경성'과학만큼 객관적일 수 있는지 묻는 것이 아니다. 젠더화된 몸에 대한 지식은 어떤 의미에서도 객관적일 수 없다는 뜻이다. 젠더화된 몸에 대한 지식을 추구하는 일은 진짜가 무엇인지에 대한 온갖 가정, 젠더의 이분법적인 속성, 정상적인 것의 범주 등을 필요로

하기 때문이다.

객관성은 젠더와 퀴어함을 이야기하는 데 무의미하다. 퀴어함이라는 개념, 어떠한 젠더를 퀴어한 것**으로** 생산하는 일, 퀴어한 젠더의 기원과 의미를 탐색하는 작업이 **이미** 권력의 작동이기 때문이다.

NOTE 데리다가 지적했듯이, 여기서 혼란을 일으키는 것 중에는 무언가를 언어로 표현하기 위해서 **사실과 존재를 의미하는**to be **동사**를 활용하는 방식이 있다. 우리는 사실과 존재를 의미하는 동사를 '기온이 35도다'처럼 객관적으로 증명 가능한 사실을 가리킬 때 쓰곤 한다.

그러나 우리는 강한 주장을 내세울 때도('남자아이들은 남성적이다' '젠더는 두 가지뿐이다') 무언가를 단지 추정할 때도('여성 전용 공간이 더 안전하다') 같은 동사를 활용한다.

서로 매우 다른 형태의 진술임에도 모두 똑같이 **사실과 존재를 의미하는 동사**를 활용한다는 점은 혼란을 일으킨다.

담론권력의 작동 방식

진보적인 정치학에서 보자면 권력은 국가가 소유한 것으로 개인을 향해 위에서 아래로 행사된다. 권력은 단단하고 구체적이며 가시적이다. 권력의 작동은 경찰, 군대, 법원을 살펴보면 확인할 수 있다.

이는 억압적 권력, 즉 침묵시키고 상처를 입히며 처벌하는 권력이다. 우리는 억압적 권력과 그러한 권력으로 개인에게 고통을 가할 수 있는 국가를 두려워한다.

그러나 담론권력은 완전히 다른 방식으로 작동한다. 젠더와 관련해서 이야기하자면 담론권력이 작동하는 주된 방식은 억압이 아니라 **생산**이다. 담론권력은 특정한 몸, 즐거움, 성을 지닌 특정한 종류의 개인을 생산해낸다.

예를 들어 이 세계에서 자신의 몸과 정체성이 가진 의미가 남성성이라는 **사실**을 남자가 이해한다면, 남자를 남자다워지도록 만드는 일은 훨씬 수월해진다. **남자답다**는 말조차도 남자 정체성과 분리되지 않는다.

마찬가지로 여자가 가슴과 엉덩이의 모양, 월경과 임신, 체구, 근육조직, 심리 등의 측면에서 자신이 여성적이라는 점을 이해한다면, 여자를 여성적이게 만드는 일은 훨씬 수월해진다. 여기서도 **여자답다**는 개념은 여자 정체성과 분리되지 않는다. 남성적인 여성의 존재보다 말이 안 되는 것, 현실에 전혀 맞지 않는 것이 어디 있을까?

이 같은 담론권력은 위에서 아래로가 아니라 아래에서 위로 작동한다. 정부나 기관이 소유하지도, 중심에 모여 있지도 않으며 마치 모세혈관처럼 널리 퍼져 있다. 담론권력은 누구도 소유하지 않지만, 실질적으로 누구나 행사할 수 있다.

담론권력은 야경봉을 든 경찰관이 행사하는 전통적인 권력이 아니다. 철학자 낸시 프레이저Nancy Fraser가 지적한 것처럼,

개인의 권리에 관한 [기존의] 서사는 "여전히 해방적인 힘을 갖고 있지만 …… 맞서 싸울 대상이 독재자가 아니라" 진단표를 가지고 상담하는 "정신건강 사회복지사"이거나 사내아이는 울면 안 된다고 말하며 다섯 살 난 아이를 규율하는 교사일 때는 "권리와 존엄성에 대한 [기존의] 논의가 무용하다".[21]

우리에게는 억압적 권력을 대하는 수백 년의 경험과 정치이론이 있지만, 생산적 권력을 대하는 경험과 정치이론은 사실상 전무하다. 생산적 권력은 우리가 인식해온 형태의 권력이 아니라는 점에서 이에 대해 생각하는 일조차 쉽지 않다.

따라서 우리에게는 담론권력에 도전하는 새로운 형태의 정치학이 필요하다. 담론권력은 비단 결혼, 투표, 고용기회평등에 관한 권리 같은 시민적 권력이 아니다. 단순히 담론권력에 대항하는 법을 제정한다고 해서 문제가 해결되지 않는다.

담론에 대한 비판은 범주 자체에 대한 비판을 수반한다. 대부분의 권리 투쟁은 특정한 집단의 이름으로 전개된다. 어떤 집단이 권리 투쟁을 통해서 권력과 정당성을 확보할 수도 있고 그렇지 못할 수도 있지만, 담론이 형성한 범주는 싸움의 양측 모두에 암묵적으로 받아들여지곤 한다.

예를 들어 흑인 집단, 여성 집단, 동성애자 집단, 트랜스젠더 집단은 저마다 흑인, 여성, 동성애자, 트랜스젠더**로서의** 권리를 주장한다. 그런데 만약 앞으로 다가올 젠더권 투쟁이 남자와 여자**로서의** 권리뿐만 아니라, 반드시 남자나 여자일 필요가 **없는** 권리를 담고 있다면 어떨까? 성별 이분법이 한없이 지속되는 사회를 끝장낸다는 목표를 갖고 있다면 어떨까? 태어날 때 의무적으로 성별을 지정하는 일을 중단하고, 운전면허증이나 여권 같은 법적 신분증에 성별을 기재하는 일도 그만둔다면 어떨까? 성별 이분법에 따라 공간을 구분하는 공공시설에 대안을 마련하고, 이분법적이지 않은 섹스와 젠더를 모색하는 이들이 받는 정신의학에서의 차별을 끝장낸다면 어떨까?

앞으로 다가올 젠더권 투쟁은 시민권civil rights뿐만 아니라 일종의 **사회권social rights**을 주장해야 한다. 다시 말해서 다를 수 있는 권리, 다른 형태의 주체성에 대한 권리, 기존의 이분법적 범주 밖에서 우리 자신을 경험할 권리를 주장해야 한다.

NOTE 다를 수 있는 권리는 뜻밖의 기관을 통해 이미 확장되고 있다. 바로 미국 인구조사국이다. 사람들은 점차 익숙하지만 협소한 인종 범주를 넘어 자신을 이해하고 있다. 예를 들어 [골프선수] 타이거 우즈는 자신의 정체성을 백인Caucasian, 흑인Black, [아메리카 원주민Indian], 아시아인Asian을 아우르는 '캐블리네시언Cablinaisan'이라고 재치 있게 설명하기도 했다. 1990년 미국 인구조사국은 조사 참여자가 스스로 정체화하는 인종적 범주를 표기할 수 있도록 했다. 사회 전체가 이렇게 수용적이라면 얼마나 좋을까.

NOTE 다를 수 있는 권리는 인권의 근간을 이루는 표현의 자유와 맞닿아 있다. 우리가 원하는 대로 이야기하고 생각하며 믿을 수 있다는 기본권이 단 한 영역, 바로 진정한 자신으로 사회에서 살아가는 데 핵심적인 젠더 영역에서만 보호받지 못한다니 얼마나 이상한 일인지 모르겠다.

획일적인 주체를 만들어내는 또 다른 권력

담론권력이 우리를 제한할 뿐만 아니라 특정한 사회적 행위자로 생산하는 힘이라고 할 때, 우리가 젠더 체계 안에서 마주하는 여러 효과, 다시 말해서 우리가 사회와 만나는 거의 모든 접촉면에서 나타나는 효과에 관해 설명하는 것으로는 충분하지 않다. 이러한 고민이 중요한 이유는 거의 보편적인 불변성을 자랑하는 젠더를 설명하기에 담론만으로는 부족하기 때문이다. 담론권력의 효과는 우리가 우리 자신과 몸을 살펴보는 가장 내면적인 순간에도 파고든다.

우리가 모두 완전한 인간으로 탄생해서 태어날 때부터 모든 젠더화된 감정, 정체성, 표현을 경험할 수 있다고 한번 상상해보자.

만약 우리가 특정한 역할에 순응하기 위해 노력한다고 하더라도, 마치 무언가를 체로 거를 때와 마찬가지로 우리에겐 걸러지지 못하고 '새는 부분'이 존재할 수밖에 없다. 매 순간, 심지어 가장 내면적인 경험을 하는 순간에도 자신의 일부분을 억누를 수 있는 사람이 어디에 있을까? 순응한다는 것은 말 그대로 불가능할 것이다.

그런데도 10대가 되면 남자아이들은 자신의 여성성을 나타내는 모든 것에 대해서, 심지어 혼자 있을 때도 깊은 수치감을 느끼는 남성적인 존재가 되고, 여자아이들은 자신의 모든 남성적인 모습을 멀리하는 여성적인 존재가 되고 만다.

최근의 연구에 따르면 11세에서 12세의 여자아이 중 운동을 하는 이들의 비율은 96퍼센트에 이르지만, 6년이 지나 17세에서 18세가 되면 5퍼센트 이하로 떨어진다고 한다. 이 같은 경향은 인종이나 경제적 배경이 달라도 대체로 비슷하게 나타났다.

이 모든 변화를 자연의 법칙으로, 호르몬과 염색체가 가져온 필연적인 효과로 이야기할 수도 있다. 그러나 결코 충분한 설명은 되지 못한다.

광범위하게 나타나는 강력한 권력, 혼자 있을 때도 다른 사람과 있을 때도 확실하게 작동하는 권력, 외모, 행동, 옷차림에서 너무나도 획일적인 주체를 만들어내는 권력을 설명하기 위해서 푸코는 더 나은 해석과 더 효과적인 도구를 제시할 필요가 있었다. 이상하게 생각할 수도 있지만, 푸코는 그것을 감옥에 관한 이야기에서 발견했다.

끝없는 감시, 내면화된 규범

개인을 무겁게 내리누르는 시선은 결국 개인이 자신의 감독

관이 될 정도로 그 시선을 내면화하는 일로 이어진다. 개인은 자신을 향해서, 자신에 대항하면서 감시에 나선다.[22]

—미셸 푸코

푸코에 따르면 위법의 핵심적인 문제는 원래 처벌이었다. 처벌의 방식에는 왕의 지하 감옥에 갇혀 고문을 당하거나 광장 한복판에서 공개적으로 당하는 매질이 있었다. 그러나 이러한 처벌 방식은 잔인하기만 했을 뿐 법의 위반을 막는 데 그리 효과적이지 않았다.

[처벌이 효과가 없다고 여겨진 데는 몇 가지 이유가 있다.] 우선 [대중의] 공포는 단속하는 사람이 있을 때만 고조되고 이내 사라졌다.

둘째, 사형을 예로 들자면 사형수가 누구인지 모두 알고 있고 주민들의 이동이 빈번하지 않은 작고 외진 마을에서는 효과가 있었을지 모르지만, 19세기경에는 많은 사람이 익명으로 생활하고 이동이 빈번하게 발생하는 도시가 대세를 이루게 됐다.

셋째, 민주주의의 확산 가운데 법을 위반하는 일은 점차 사회에 반하는 범죄로 이해됐고, 이에 따라 처벌이 아니라 사회적 규범의 각인이 해법으로 제시됐다.

이 같은 맥락에서 감옥이 발명됐다. 감옥은 고문이나 매질에 대한 인도주의적인 대안이었을 뿐만 아니라 행동에 대한 내면화된 규범을 주입해서 인구를 관리하는 새로운 기술의 집합체였다.

[특히 파놉티콘(원형감옥) 형태의] 감옥은 엄격한 일정과 끝없는 훈련을 통해 개인을 끊임없이 감시하는 것을 주요 기법으로 삼았다. 수감자는 개방된 개인 공간에 갇히는데, 이 공간은 중앙의 통제초소에서 언제나 보이는 일종의 작은 극장이었다.

하루의 모든 일정이 정해져 있고 모든 행동이 감시를 받았다. 수감자들은 군대의 **훈련**과 비슷하게 반복적인 명령을 따라야 했고, 사소한 규칙 위반으로도 처벌을 받고 권리를 박탈당했다.

수감자들이 언제 자고 언제 일어나는지, 씻는 데 얼마나 시간을 쓸 수 있는지, 언제 어디에 있어야 하는지, 감방을 정리하는 규칙은 무엇인지, 매일 진행되는 점검은 어떻게 이루어지는지 등 모든 것이 빈틈없이 규격화되어 있었다.

더딘 행동, 불성실, 소음, 부주의, 게으름, 더러움, 지나치게 빠르거나 느린 움직임 등 부적절한 행동은 아주 자그마한 것이라도 관찰, 정상화, 처벌의 대상이 됐다.

감옥 체계를 구성하는 원칙은 더 이상 단순히 처벌을 가하거나 이를 공개적으로 드러내는 일이 아니었다. 감옥은 수감자가 자기 자신을 인식하는 방식을 바꾸어놓기 위해서 설계됐다. 감옥의 목적은 수감자들이 끝없는 감시와 통제 아래에서 언제나 자신을 의식하고 통제하도록 만드는 데 있었다.

감옥은 새로운 시민이 될 수감자에게 자신의 과거 행동이 일탈적이고 비정상적이었다는 감각을 부여하는 곳일 뿐만 아니라 그들 **자신**이 일탈적이고 비정상적인 존재라는 믿음, 단지 법을 **준수하는** 것을 넘어서 자신의 존재를 **변화시켜야** 한다는 믿음을 심는 곳이었다. 시간이 지나면서 **교도관의 시선**을 내면화한 수감자는 사소한 일탈도 경계하며 자신의 행동을 규제하게 된다.

문제적인 사회적 **행위**에 대한 물리적 처벌은 사회적 **행위자**의 의식을 재구성하는 과정으로 바뀌었다. **처벌**에 대한 공포를 통해서 작동하던 통제는 **비정상적인** 존재가 될 수 있다는 공포로 대체됐다. 비정상에 대한 공포는 처벌에 대한 공포보다 강력한 효과를 발휘했다.

감옥은 전과자가 아니라 **정상화된 시민**을 새로이 생산해냈다. 이 정상화된 시민은 다른 사람의 시선이 닿지 않는 곳에 혼자 있을 때도 아주 사소한 부분까지 스스로 단속할 준비를 마쳤다.

규율사회, 일상에서 계속되는 젠더 훈련

[문화는 개인의 여러 측면을 규제하는 방향으로 조직됐다.] 여기에는 시간의 활용(더딘 행동, 미적거림, 과제 중단에 대한 처벌), 활동(부주의, 태만, 무관심에 대한 처벌), 말하기(잡담, 무례함, 불경함에 대한 처벌), 몸(바르지 못한 자세, 비위생, 정해진 대로 움직이지 않은 것에 대한 처벌), 더 나아가 섹슈얼리티(불

순함, 외설, 비정상적인 행동에 대한 처벌)가 해당한다.[23] [첨언은 저자]

—제임스 밀러

감옥의 구성 방식과 규칙으로 구현된 기술은 시간이 흐르면서 조금씩 일반 사회에 스며들기 시작했다. 대표적인 예로 군대가 있다. 훈련소에서 신병의 개성을 무너뜨리고 다른 사람의 시선을 신경 쓰도록 하며 복종심을 심는 일은 군인을 만드는 과정의 핵심이다.

감옥의 운영기술은 학교, 공장, 사무실에도 적용됐다. 집단의 일원으로 갖춰야 하는 행동 규범, 책임감, 다른 사람을 의식하는 법을 효율적으로 주입해야 하는 곳이라면 어디서든 환영받았다.

예를 들어 학교에서 모든 학생은 정해진 자리에 앉아야 한다. 책상은 균등한 간격으로 정연하게 교실에 배치된다. 권위를 지닌 중앙의 존재는 모든 학생을 지켜볼 수 있다. 등교 시간, 조회·종례 시간, 수업 시간, 다른 교실로 이동하는 시간, 식사 시간 등 모든 일정이 정해져 있다. 교실, 강당, 매점 등 학교의 모든 공간에는 저마다의 규칙이 있다. 세부적인 차이는 있지만 비슷한 모습은 사무실에서도 나타난다.

NOTE 푸코의 이야기는 [철학자] 이언 해킹Ian Hacking의 논의와 매끄럽게 연결된다. 이언 해킹은 감옥이 등장한 시기에 질서 있고 합리적이며 신이 창조한 세계라는 과거의 이상이 물러나고 우연, 가능성, 통계가 지배하는 세계관이 힘을 얻게 되었다고 주장했다. 이러한 세계관은 신의 완벽하고 완전한 계획 안에 세계가 놓여 있다고 믿었던 불과 몇 십 년 전까지만 해도 완전히 생소하고 심지어는 이단적으로 여겨지던 것이었다.

그러나 1800년대 즈음, 신이 창조한 세계, 즉 이미 예정되어 있고 정해진 운명이 있는 세계에 대한 이해는 점차 "확률이라는 말로 표현되는 새로운 법칙"으로 대체됐다. "새로운 법칙은 **규범으로부터의 일탈**과 **정상성**이라는 개념을 동반했다. 계몽주의 시기의 심리학에서 주요 개념은 그저 인간의 본성이었지만, 19세기가 끝날 무렵에는 정상인이라는 다른 개념으로 대체됐다."[24][강조는 저자]

NOTE 행동의 문제뿐만 아니라 순응의 문제도 점차 중요해졌다. 순응을 강조하는 사회에서 다르게 행동하는 사람은 이내 도드라졌으며 더 나아가 그 자신이 그것을 금세 고통스럽게 인식하게 됐다. 일본 속담에서처럼 '튀어나온 말뚝이 망치질을 당하는' 것이다.*

푸코는 **규율**discipline이라는 용어를 통해 권력의 새로운 배치

* 뛰어난 능력이 있거나 주변과 다른 모습을 지닌 사람이 미움을 받는다는 의미의 일본 속담으로 '모난 돌이 정 맞는다'라는 한국 속담과 뜻이 통한다.

를 설명하며, 근대사회가 '끝없는 규율'을 시행했다고 주장했다.[25] 감옥에서 쓰이던 기술이 순응적인 사람을 만들어내기 위한 핵심적인 사회 구성의 원리가 된 것이다.

규율사회는 "유순한 몸docile bodies"을 생산하는 데 집중했다.[26] 여기서 유순한 몸은 개인의 가시성, 다른 사람의 시선, 사회적 규범에 대한 감각을 내면화한, 빈틈없고 획일적인 시민을 의미한다. 결과적으로 가장 내밀한 순간에도, 특히 성적 실천을 하는 내밀한 순간에도 자신이 **비정상적인** 존재가 되거나 그렇게 여겨지는 일을 가장 두려워하는 개인이 만들어졌다.

사회는 새로운 배치 양식을 습득했다. 차이는 처벌할 필요가 있는 것이 아니라 실제로 예방할 수 있는 것으로 이해됐다. 차이를 예방하려는 노력은 정부가 아니라 개개인 스스로가, 가끔이 아니라 꾸준히, 다른 사람이 있을 때만이 아니라 혼자 있을 때도 이루어졌다.

푸코의 논의는 현대사회의 일상생활에서 젠더를 둘러싼 메커니즘이 어떻게 작동하는지 잘 설명해준다. 우리는 일상에서 계속되는 **젠더 훈련**에 시달린다. 계속되는 명령에 따라 억양, 시계 크기, 굽 높이, 머리 길이, 전체적인 근육의 모양 등 크고 작은 모습 하나하나에 젠더화된 의미가 부여된다. 우리는 발을 모으고 섰는지 벌리고 섰는지, 다리나 발목을 꼬고 앉았는지, 새끼손가락을 든 채로 컵을 들었는지 습관적으로 살핀다. 우리가 어떤 담배를 피우는지, 셔츠 단추를 잠그거나 벨트를 맬 때 어느 쪽에서 어느 쪽으로 하는지, 어떤 색을 좋아하는지, 어떤 운동을 하는지, 붉은빛이 도는 두툼한 스테이크를 먹는지 살짝 데친 채소를 먹는지 스스로 확인하기도 한다. 질문을 던지는지 주장을 제시하는지, 손톱을 살펴볼 때 손을 펴는지 오므리는지, 무언가를 가리킬 때 손목을 곧게 펴는지 구부리는지 역시 점검한다.

공적인 공간에 있을 때, 우리는 우리의 행동을 판단한다. 다른 사람의 시선을 의식하고 우리 자신이 계속 가시화된다는 것을 신경 쓴다. 우리는 스스로를 살펴보고 평가함으로써 우리를 주시하는 다른 사람의 행동에 동참한다. 더 나아가 우리는 사적인 공간에서도 스스로를 감시한다. 마치 다른 사람들이 쳐다보고 있다는 듯 열심히 우리 자신의 행동을 단속하고 규제한다.

젠더 순응은 다른 사람이 언제나 우리를 주시하고 있다는 감각, 다른 사람 앞에서 수치를 당할지도 모른다는 강렬한 의식, 우리의 몸에 특정한 의미가 부여되어 있으며 그 의미가 전적으로 명료하다고 생각하는 굳은 믿음, 우리 삶의 모든 영역에 이분법적인 의미를 가져다 붙이는 끝없는 잔소리를 통해서 가능해진다.

섹스를 해체할 수 있을까?

섹스는 우리가 젠더에 대해 논의할 때 마주하는 모든 문제의 핵심이다. 젠더, 순응, 규범은 문화적 실천의 산물일 수도 있고, 담론권력을 통해서 생산되는 것일 수도 있다. 그렇다면 이 같은 점이 섹스에 대해 우리에게 이야기하는 것은 무엇일까?

섹스는 문화의 효과가 가닿지 않는 (버틀러의 인상적인 표현을 빌리자면) "언어 너머"에 속한 것처럼 보인다.[27] 절대적이고 보편적이며 정해진 것으로서의 섹스는 우리가 젠더에 대해서 아무리 떠들어도 여전히 몸에는 고정되고 생물학적인 기초가 있다는 점을 떠올리게 만든다.

그런데 만약 섹스가 몸을 인식하는 이미 젠더화된 방식이라면 어떨까? 섹스가 이미 젠더라면, 그래서 둘 사이의 구분이 전혀 의미가 없다면 어떨까? 원래부터 정해진 것이자 초월적이고 보편적인 [것으로 여겨지는] 섹스가 해체될 수 있다면 어떨까?

7

서로 반대되는 섹스라는 말은 가능할까

섹스에 역사가 있을까? 각각의 섹스에는 서로 다른 역사 혹은 역사들이 있을까?[28]

—주디스 버틀러

섹스에는 역사가 없다. 섹스는 자연적인 사실이다 …… 역사와 문화 밖에 놓여 있다.[29]

—데이비드 핼퍼린

18세기 어느 시점에, 우리가 아는 의미의 섹스가 발명됐다.[30]

—토머스 라커

섹스는 무엇인가?

많은 사람이 내게 이 장을 책에 넣지 말라고 충고했다는 점은 심상치 않다. 그들의 충고는 섹스 자체를 해체하려는 어떠한 노력도 터무니없으므로 책의 신뢰성만 저해되고 독자들이 멀어질 수 있다는 걱정에서 비롯된 것이었다.

정해진 것으로 바로 인식되는 피부색이나 섹스의 초월성을 비판하는 일은 처음에는 다소 믿기 어려운 이야기처럼 들린다. 예를 들어 피부색은 사람들의 주의를 강하게 끌기 때문에 어떤 몸을 마주하는 대부분의 경우 인종을 인지하지 않을 수 없다. 섹스와 마찬가지로 몸이 문화, 언어, 담론을 넘어선 근본적인 차원에서 특정한 인종에 속한 것처럼 보이는 것이다.

그런데 19세기경 미국으로 이주한 동유럽인들은 **백인**으로 간주되지 않았다. 피부색은 분명 **존재**했다. 그러나 적어도 미국에서 통용되는 백인성은 미국의 독특한 개념이었다.

흑인성 역시 마찬가지였다. 미국 역사에서 유례가 없을 만큼 악의적이었던 '한 방울 규칙one-drop rule'*은 아프리카계 미국인의 피가 한 방울이라도 섞인 사람을 모두 비백인으로 간주했다.

현재도 대부분의 백인Caucasian 미국인은 인종을 백인과 비백인으로만 구분한다. 반면 많은 아프리카계 미국인은 백인과 비백인으로 단순히 구분되지 않는 흑백 혼혈의 다양한 인종 스펙트럼을 인지한다. 인종차별적인 체계 안에서 특권에 접근하는 데 인종적 구분이 매우 중요하기 때문이다.

1940년대에 이루어진 한 연구는 흑인 청소년들이 피부색을 설명하는 데 쓰는 표현이 150여 개에 달한다고 지적하며 반half 백색, 황색, 밝은 갈색, 중간 밝기의 갈색, 갈색, 초콜릿색, 검푸른색 등의 표현에 각각의 현실과 의미가 담겨 있다고 밝혔다.[31]

인종과 피부색은 어딘가 **분명히** 존재하지만 백인 미국인과 흑인 미국인은 같은 것을 인지하지 않는다. 색이 존재하기는 하지만 백인성과 흑인성을 인식하는 방식에서 서로가 이야기하는 것은 전혀 다르다.

인종이 해체될 수 있다고 주장하는 비판적 인종이론가와 같은 연구자들은 점점 우리의 관심을 끌고 있다. 어쩌면 섹스

---

* 조상 중에 단 한 명이라도 흑인이 있으면 흑인으로 간주하는 인식과 정책으로, 역사적으로 노예제와 인종 위계를 강화하는 수단으로 사용됐다.

또한 조금이나마 해체할 수 있을지 모른다는 기대는 지나친 바람이 아닐 수도 있다.

젠더에 대해 아무리 많은 이야기를 하더라도 그 이야기 바로 뒤편에 섹스가 숨어 있어서 모든 논의를 [이른바] 불변하는 생물학으로 후퇴시키는 것이 젠더이론이 마주한 핵심적인 문제라고 할 때, 인종 개념의 해체 가능성은 중요한 의미를 지닌다.

한 대학교 행사에서 어느 학생은 내게 이렇게 말했다. "재생산을 놓고 보자면 남자의 몸과 여자의 몸에는 어떻게 할 수 없는 불가피한 차이가 있어요." 물론 그렇다. 그러나 문제는 늘 그 차이가 얼마나 큰 차이를 만들어내느냐, 하는 것이다.

섹스는 단지 재생산에 대한 것이거나 적절한 때에 함께 몸을 부대끼면 아이를 낳을 수 있는 몇몇 사람들의 흥미로운 특성만을 가리키는 것이 아니다.

오히려 섹스는 모든 사람이 지닌 기본적인 특성을 의미한다. 어린이, 청소년, 트랜스섹슈얼, 노인, 완경 이후의 사람, 불임이거나 난임인 사람, 정관절제수술을 받은 사람, 자궁절제수술을 받은 사람, 매우 병약한 사람, 인터섹스 등 현재 생식에 참여하지 못하거나 앞으로 참여하지 않을 이들도 지닌 특성이라는 것이다.

섹스는 오로지 재생산에 관련된 것도, 유전자, 염색체, 호르몬에 관련된 것도 아니다. 섹스는 골격구조, 적성, 자세, 감정적 기질, 미학적 선호, 체지방, 성적 지향, 성적 반응성, 운동

능력, 사회적 지배력, 체형, 체중, 정서적 안정성, 소비 습관, 심리적 기질, 예술적 능력을 설명할 때도 활용된다. 게다가 섹스는 '본능'이라고 불리는 온갖 종류의 것, 예를 들어 둥지본능, 모성본능, 심지어 특정 브랜드의 맥주만 찾는 본능까지도 설명해준다고 여겨진다.

섹스라는 진리

때로는 우리 문화가 한시도 쉬지 않고 섹스를 생산하는 데 몰두하는 새로운 섹스산업을 만들어온 것만 같다. 이 새로운 산업의 종사자들은 길거리에서 가벼운 옷을 입고 호객행위를 하는 것이 아니라 환한 실험실에서 하얀 가운을 입고 일하며 대학과 재단에 연구기금을 요청한다.

새로운 섹스산업의 연구기관에서는 한 달이 멀다 하고 남자와 여자의 차이를 확고히 하는 논문을 발표한다. 연구기관에서 생산한 논문은 대중문화에서 끝없이 다시 언급되고, 우리는 이를 모든 몸이 근본적인 차원에서 두 가지로 구분된다는 사실을 확인하고 안심하는 근거로 소비한다.

예를 들어 내가 이 책을 쓰는 동안 TV 채널 디스커버리에서는 한 시간짜리 특별 프로그램 〈섹스의 과학Science of the Sexes〉을 재방영하고 있었다.[32] 프로그램은 **서로 반대되는** 섹스를 만들어내는 신생아 시기의 생물학에 초점을 맞춘다. 그러나 무엇을 '다르다'거나 '반대된다'고 할 것인지 정의하는 문제나 신생아 시기의 압도적인 생물학적 유사성에 대해서는 침묵한다. 누구도 **그런 것**에는 관심이 없다고 생각하기 때문이다.

내레이터는 보호자와 가림막을 두고 분리된 여자아이와 남자아이가 얼마나 다르게 행동하는지 보여주는 실험을 적당히 잔잔한 어조로 묘사한다. 남자아이는 가림막을 넘어뜨리려고 하고, 여자아이는 도와달라고 우는 모습이 화면에 나온다.

하지만 많은 남자아이와 여자아이가 분명 서로 비슷한 반응을 보였을 것이다. 여러 반응을 동시에 보이거나 정말 독특하고 예상치 못한 방식으로 반응한 아이도 있었을 것이다.

그러나 남자아이와 여자아이의 유사성에 대한 이야기는 거의 주목받지 못한다. 우리는 나와 같은 남자아이의 사례도(주저앉아서 울었을 것이다), 레슬리 파인버그*나 마르티나 나브라틸로바** 같은 여자아이의 사례도(벽을 부숴버렸을 것이다) 접할 수 없다. 왜일까? 우리와 같은 존재는 중요하지 않기 때문이다. 우리는 가치 있는 자료가 아니다. 우리는 문제다.

나는 지금까지 살면서 신생아 시기의 성적 발달을 다루는 수백 편의 프로그램을 시청했는데, 그중에서 남자아이와 여자아이의 근본적인 유사성을 설명한, 아니 잠깐이라도 언급한

---

* 레슬리 파인버그Leslie Feinberg, 1949~2014는 《스톤부치 블루스Stone Butch Blues》(1993), 《트랜스젠더 전사Transgender Warriors》(1996) 등의 저자로서, 트랜스젠더를 젠더 규범을 넘어서는 모든 이를 포괄하는 범주로 제안했다.

** 마르티나 나브라틸로바Martina Navrátilová, 1956~는 그랜드슬램 단식 우승 18회를 기록한 세계적인 테니스 선수다.

프로그램은 단 하나도 떠오르지 않는다. **차이**를 기대하면 **차이**를 발견하게 된다.

[생물학자] 앤 파우스토스털링Ann Fausto-Sterling이 지적했듯이 남성과 여성의 차이에 관한 증거를 찾지 못한 연구는 **폐기된다**. 논문으로 **출판할 수 없기** 때문이다. 유사성에는 아무런 관심이 없는 상황에서 연구자들은 유사성 연구를 위한 기금조차 신청할 수 없다.

반면 (섹스에 기반을 둔 신뢰할 만한 차이가 1만 명의 어린이 가운데 세 명에게서 나타난 경우처럼) [차이에 따른] 효과가 너무 작아서 실질적인 가치는 없고 단지 통계적 유의성만 있을 뿐이더라도 그 연구는 소중하게 다뤄진다.

펜과 종이만 있으면 누구나 성적 유사성에 대한 수없이 많은 증거를 들 수 있는데도 우리는 성적 차이를 만들고 입증하는 데 수백만 달러의 돈을 쏟아붓는다.

'서로 반대되는 섹스'라는 표현은 그 자체로 새로운 섹스산업을 움직이는 과열된 문화적 충동을 시사한다. 새로운 섹스산업은 지식의 질서를 뒤집어놓았다. 섹스가 몸에 대한 것이 아니라, 몸이 섹스에 대한 것이 되고 말았다.

버틀러가 지적한 것처럼 젠더와 달리 "'신체적 특징'은 어떤 면에서 사회 체계에 표식되지 않은 채 언어 너머에 존재하는 것처럼 보인다".[33] 신체적 특징은 변하지 않고 이견의 여지가 없으며 절대적인 것으로 여겨진다.

[이러한 관점에서 보면] 섹스를 해체하는 일은 불가능하다.

섹스는 타자가 전혀 존재하지 않는 중심이며, 몸은 언제나 한 가지 방식으로만 해석되는 텍스트가 된다.

섹스에 대한 어떠한 문제 제기도 수상하게 여겨진다. 섹스에 문제를 제기하려면 얌전하게 설명해야 하고 꼼꼼하게 다듬어야 하며 자신이 틀릴지도 모른다는 잠정적인 태도로 주장해야 한다. 섹스는 그 자체로 어떠한 설명도 필요로 하지 않는다. 섹스야말로 완벽하게 초월적이고 정해져 있는 것으로, 원래부터 존재했고 근원적이며 이견의 여지가 없는 것이다.

섹스도 구성된 것이라면?

> 언어는 사회적 몸에 현실이라는 뭉치를 던져서 몸을 짓이기고 폭력적인 방식으로 형성해낸다.[34] —모니크 비티그

그런데 만약 섹스가 그렇게 명백하고 자연스러운 몸에 대한 사실이라면, 왜 어린이에게 반드시 가르쳐야 하는 걸까? 어렸을 때 병원놀이를 하며 얻은 자그마한 배움이 성인이 되어서도 유효하고 압도적이며 광범위한 의미를 지닌다면, 성차화된sexed 지식을 이해하기 위해서 왜 그렇게 많은 시행착오를 거쳐야 할까?

만일 섹스가 피부색이나 젠더와 마찬가지로 실제로 존재하는 **동시에** 구성된 것이라면 어떨까? 섹스가 구성되는 일은 어떻게 이루어지는 것일까?

NOTE 구성된 섹스 역시 설득력을 가질 수 있다. 내 친구 토니가 바지를 내리고 새롭게 얻은 3만 3,000달러짜리 페니스를 꺼내서 자랑하던 일이 생각난다. 내가 흥미롭게 쳐다보자 그는 "내 좆"이라거나 "빨아볼래" 같은 말을 섞어가며 유혹이라도 하는 양 장난치기 시작했다.

평소 구강성교에 대해 복잡한 견해를 갖고 있던 나는 이내 생각에 잠겼다. 그러다 이윽고 그의 몸에 새로 자리를 잡은 부분의 출처가 된 그의 팔뚝을 입으로 애무해보는 생각을 했다.

NOTE [인류학자] 에밀리 마틴*의 작업을 통해서 섹스의 구성에 대해 잠시 살펴볼 수 있다. 마틴은 섹스와 재생산에 관련된 의학적이고 과학적인 사실을 찾던 중에 젠더를 발견했다. 마틴의 원래 계획을 뒤엎어놓은 젠더는 디스커버리 채널의 특별 프로그램에서는 절대 다루지 않는 요소였다.

재생산의 기초를 이루는 생식세포부터 시작해보자. 정자는 언제나 정력, 적극성, 이동성의 서사에 기대어 설명된다.

난자는…… 그러니까 수술을 받은 나와는 달리 여러분에게 기본적으로 주어진 난자는 보통 '잠자는 숲속의 공주'[의 이미

---

* 에밀리 마틴Emily Martin은 몸, 젠더, 재생산 등에 관한 과학적 언어를 페미니즘 관점에서 비판적으로 조명한 인류학자다.

지]와 '공략하기 쉬운 목표'[의 이미지]가 합쳐진 무언가로 묘사된다. 포동포동하고 동그랗게 생겼으며 [정자를] 받아들이는 [것으로 그려지는] 난자는 촉촉하고 떨리는 세포막을 뚫고 정자가 들어올 때까지 수동적이고 무력하게 기다릴 뿐이다.

수정 자체[에 대한 설명]도 마찬가지로 주목할 필요가 있다. 힘없는 난자에 맹렬하게 돌진하는 정자들이 있고, 마침내 그중 하나가 무방비 상태에 놓인 따뜻한 세포 깊숙이 침투한다는 식이다.

사실관계가 틀렸다는 이야기를 하려는 게 아니다. 오히려 그 반대다. 다만 우리가 사실에 부여하는 의미가 통속적인 연애소설과 영화 〈더티 해리〉의 혼종을 만들어내는 식이라는 것이다. [이 혼종적인 연극에서] 44구경 매그넘 총('세계에서 가장 강력한 권총') 역할은 베테랑 연기자 페니스가 맡고, "오늘 밤 나를 주인공으로 만들어줄" 난자를 찾는 거침없는 클린트 이스트우드 역할은 정자가 맡는다.**

배역은 틀림없이 이렇게 정해질 것이다. 이 연극은 권력과 젠더에 대한 문화적 서사로 기능한다. 우리가 성적 재생산을 성차별적이고 이성애 중심적인 문화 가운데서 이해하기 때문이다. 단순한 사실은 별다른 의미를 지니지 않는다. 생식세포

** 〈더티 해리Dirty Harry〉는 영화배우 클린트 이스트우드가 주인공을 맡은 다섯 편의 액션영화 시리즈물이다. 저자가 인용한 대사는 〈더티 해리 4: 서든 임팩트〉(1983)에서 나온다.

가 하는 일, 염색체가 하는 일, 몸 자체는 단순한 사실이다. 그러나 우리가 성적 재생산에 관한 사실에 의미를 부여하는 서사와 맥락을 불어넣을 때, 단순한 사실은 비로소 의미를 갖게 된다.

의학 텍스트에서 생식세포의 생산은 앞서 이야기한 방식대로 표현된다. 남성의 정소에서 편모운동을 하는 세포가 셀 수 없이 많이 생산되는 일은 활동성, 창조성, 생명활동의 기적과 같은 비유로 묘사된다.

이에 반해 난자 생산[에 대한 서술]은 기적보다는 커다란 실망에 가깝다. 여성은 태어날 때 이미 모든 난자(난모세포)를 갖고 있다. 여성이 나이가 들면 난자도 나이가 든다. 난자는 한 달에 한 번 매장에 진열되는데(따분해라), 판매되지 않고 남아 있는 기간이 길수록 상태가 나빠진다. 정소가 해병대 교육 훈련단이라면, 난소는 창고에 재고가 쌓여 있는 마트로 묘사된다.

임신을 설명하는 방식도 비슷하다. 월경은 상실, 잔여, 실패의 서사를 통해 설명된다. 티스푼 몇 숟갈 분량의 미적지근한 체액을 만났다면 우리들(음, 그러니까 여러분)과 같은 모습으로 자라날 수도 있었을 잠재적 인간 형태 세포의 반쪽을 낭비한 셈이기 때문이다.

사정 또한 충분한 수의 인간 형태 세포를 지닌 체액, 다시 말해서 지구를 비롯한 여러 행성을 채울 존재가 출현할 수 있는 티스푼 몇 숟갈 분량의 미적지근한 체액을 상실하는 일과 관련된다. 그러나 사정은 언제나 생명을 선사하는 현상으로, 힘 있고 활기 넘치며 원기 왕성한 현상으로 묘사된다. 낭비라는 개념이 들어설 자리가 없는 것이다.

체온이나 인종처럼 사실은 분명히 존재하지만, 사실에는 **의미**가 더해진다. 사실에 부여된 의미는 사실과는 다른 영역에 속한 지식으로, 이해를 넓히기 위해서가 아니라 특정한 정치학에 복무하기 위해서 만들어진다. 재생산의 경우에는 차이에 관한 서사, 남성성과 여성성에 관한 서사로 해석하기 위해서 의미가 만들어진다.

재생산이 구성되는 것이라면 성차화된 몸 또한 구성될 수 있지 않을까? 섹스 자체에 대한 이해도 우리가 의미, 이미지, 비유를 활용한 것에 따른 결과일 수 있지 않을까?

이 질문에 대답하려면 우리에겐 토머스 라커Thomas Laqueur가 필요하다.

'서로 반대되는 섹스'의 역사를 찾아서

> 섹스라는 개념은 해부학적 구성 요소, 생물학적 기능, 행동, 감각, 즐거움을 인위적으로 결합해서 하나로 묶어내는 데 성공했다. 섹스는 이러한 허구적인 결합을 인과의 원리, 어디에나 존재하는 의미, 어디서나 발견할 수 있는 비밀로 만들었다. 즉 섹스는 특별한 기표인 동시에 보편적인 기의로 기능할 수 있었다.[35]
>
> —미셸 푸코

라커는 섹스에 역사를 부여하고 숨겨진 가정을 밝히며 섹스에 대한 우리의 이해가 인위적으로 만들어진 것임을 드러내려는 작업을 진행했다. 라커는 여성 오르가슴의 문제부터 시작했다. 과거에는 임신이 이루어지는 데 여성 오르가슴이 필수적이라고 여겨졌다. 자연히 초창기 의학 텍스트에는 여성 오르가슴에 대한 사실을 다루는 부분이 많은 비중을 차지했다.

그러나 19세기에 접어들면서 여성 오르가슴은 사라지고 만다. 수십 년이 지났을 뿐인데 의사들은 여성 오르가슴이 실제로 존재하는지를 둘러싸고 달뜬 논쟁을 벌였다.

NOTE 혼란스러워하는 독자를 위해서 빠르게 덧붙이자면 여성 오르가슴은 1960년대 후반에 재발견된다. 그전까지는 안타깝게도 지스팟G Spot이나 무례하기 이를 데 없는 여성 사정 논의와 같은 불청객을 만났다.
여성 사정[이라고 불리는 현상]은 이전에도 존재했지만 대개 소변이나 다른 분비물로 여겨졌다. 남성은 사정을 하지만 더 조신한 성별[인 여성]은 그렇지 않다는 것이었다. 여성 사정에 대한 과학과 대중문화의 재발견은 더 많은, 더 나은 지식 때문이 아니라 여성의 몸을 새로운 방식으로 살펴보도록 만든 관점의 변화에 따른 것이었다.

NOTE 라커가 '잃어버린' 여성 오르가슴을 찾아 나설수록 고정되고 이분법적인 섹스라는 유령, 사람들에게 확신을 안겨 주던 유령은 멀어져갔다. 라커는 유령이 출몰하던 자리에서 전적으로 정치적인 문제로 설정된 몸, 문화적으로 순응적인 몸, 윤곽, 기능, 의미가 역사 속에서 극적으로 변화해온 몸을 발견했다.

사실은 만들어졌다가 파기되었고, 강조점은 옮겨졌다. 범주를 구획하는 방식이 변화했고, 몸의 기관[을 나타내는 그림]은 다시 그려졌으며, 헷갈리지 않도록 기관의 이름도 달라졌다. 정리하자면 라커는 '서로 반대되는 섹스'의 역사를 찾기 시작했다.

하나의 몸, 하나의 섹스

라커에 의하면 4,000년 전에 활동했던 최초의 그리스인 해부학자들 이래로 [서구 역사에는] 하나의 몸과 하나의 섹스가 있었다. 바로 남성이었다. 여성의 몸은 남성의 몸과 기본적으로 유사하지만 열등한 것으로 여겨졌다. 여성의 몸에는 핵심이 되는 본질이 없으므로 더 작고 연약하며, **밖으로 나온 것**이 아니라 **안으로 들어간 것**을 갖게 되었다고 간주한 것이다.

이는 당시의 그리스인 의사나 이후 시대의 유럽 의사들이 어리석었기 때문이 아니다. 이들이 몸을 열어봤을 때 눈앞에 놓인 것을 보지 못했기 때문도 아니다.

과학이 찾고 있던 것이 유사성이었기 때문에, 과학은 남성형이든 여성형이든 몸을 살펴볼 때마다 유사성을 발견했다. 지난 몇 세기 전까지 과학을 지배하는 패러다임은 유사성을 이해하는 것이었다.

예를 들어 자연사 연구는 사물의 전체적인 모습, 사물이 질서 속에서 맺는 관계, 전체로서의 온전함에 무게를 두었다. 고양이와 개는 비슷한 외모, 예술과 문학에서의 문화적 지위, 반려동물로서의 공통점 때문에 하나로 묶였다.

남성과 여성의 몸에도 곳곳에 많은 차이가 있었지만 이때의 차이는 사회적 역할이나 문화적 관습의 측면에서 이해됐다. 남성과 여성의 차이는 몸 자체에 깊이 자리잡은 유기체적 차이가 아니라 신체적 행동 방식, 사물의 질서 가운데 놓인 자리, 문화적 역할의 문제로 설명됐다.

남성과 여성의 몸이 기본적으로 유사하다는 사고방식은 단일하고 신성하며 자연스러운 세계에 대한 사회의 믿음을 반영했다. 과학의 책무는 사물 사이의 본질적인 관계성을 찾아내고 기록하는 일이었다.

그러나 지난 300년에서 400년에 걸쳐 다른 방식으로 세계를 이해하는 새로운 패러다임이 등장했다.

세계는 신의 것이 아니라 인간의 것으로 이해됐고, 과학의 책무는 사물의 설계에 내재한 신성한 유사성을 찾아내는 일이 아니라, 인간이 사물을 이해하고 활용하며 통제하는 데 도움을 주기 위해 사물 간의 차이를 목록화하고 분류하는 일이 됐다.

이 계몽주의 과학은 유사성보다 차이에, 전체보다 부분에, 연결성보다 분리와 구분에, 맥락보다 개별성에, 외견의 전체적인 특성보다 골격과 같은 내부구조의 분할에 무게를 두었다. 종의 분류표를 마련한 린네Linnaeus 생물학이 출현하면서 과학의 책무는 모든 생명체를 독립적으로 구분되는 종으로 나누고 이를 적절하게 분류하는 일이 됐다.

보는 방식에 따라 달라지는 차이의 자리

> 그래도 음경과 질은 근본적으로 달라요. 그건 어떻게 할 수 없다니까요. —이 장의 초고를 읽은 어떤 사람

> 두 개의 섹스는 재생산과 관련된 몸의 구조에 따라 구분되기보다 공통분모를 통해 연결되어 있었다.[36] —토머스 라커

그렇다면 우리에게 음경과 질이라는 성적 차이의 자리는 어디일까? 음경이나 질은 반대와 차이를 나타내는 명백한 증거가 아닌가? 라커의 주장은 증거 앞에서 무력해지는 것 아닌가?

사실 대부분의 기록된 역사에서 질은 별도로 불리는 이름을 가진 적이 없다. 질이 장기와 연결되어 있고 그 자체로 가시적 형태를 지니지 않는다는 점에서 음경과 거의 똑같은 모양으로, 단 밖이 아니라 안을 향하는 모습으로 그려졌다. 음경

과 질은 그저 공통의 기관이 두 가지 모습으로 나타난 것으로서 서로 잘 맞는다고 여겨졌다.

이는 우리에게 다소 이상하게 들리긴 하지만 결코 터무니없는 주장은 아니다. 음경과 질, 그리고 그 주변 조직은 똑같은 태아조직에서 발달한 것으로 신체에서 같은 위치를 차지하며 기본적으로 공통의 구조를 갖추고 있다(음핵-음경, 음순-음낭 등). 또한 재생산 과정에서 공통의 기능을 지니며, 쓰다듬었을 때 자극을 일으키거나 분비물이 생기거나 오르가슴에 이르게 하는 등 유사한 방식으로 작용한다.

유사성의 패러다임에서 살펴보자면 음경과 질을 원초적인 차이의 증거가 아니라 근원적이고 내재적인 몸의 유사성에 대한 강력한 증거로 이해하는 것은 너무도 타당하다.

'서로 반대되는 섹스'의 발명

그렇다면 도대체 섹스는 무엇인가? 자연인가, 해부학인가, 염색체인가, 호르몬인가? …… 섹스에 역사가 있을까? 각각의 섹스에는 서로 다른 역사 혹은 역사들이 있을까? 섹스의 이원성이 확립된 과정에 대한 역사가 있을까?[37]

—주디스 버틀러

[라커가 이야기했듯이] 18세기 어느 시점에 우리가 아는 의미의 섹스가 발명됐다. [심리학자] 캐럴 태브리스Carol Tavris의 이

야기처럼 차이의 문제가 희미해지기 시작하는 바로 그때 차이에 대한 이론이 넘쳐난 현상은 절대 우연이 아니다. [성별에 따른] 사회적인 역할이 통합되고 역할 구분이 희미해지기 시작하면서 "예전에는 차이가 [사회적 관습이라는 의미에서] 젠더를 통해서 나타났다면, 이제는 차이가 섹스를 통해서 나타나게 됐다".[38] [첨언은 저자] 유사성의 언어가 완벽한 차이의 언어로 대체되기 시작한 것이다.

남성은 지배적이고 획일적인 중심으로 존재하고 여성은 타자로 규정되면서, 여성이 남성과 구별되는 정도는 남성이 여성과 구별되는 정도보다 커지게 됐다. 여성은 온갖 새로운 진실이 적힐 수 있는 백지로 활용되었고, 차이라는 개념은 장막처럼 여성의 몸을 뒤덮었다.

역사적으로 정소와 마찬가지로 그저 **생식샘**으로 알려졌던 난소에는 별도의 이름과 의미가 부여됐다. 질에도 이름이 주어졌고 이는 음경과의 차이를 더욱 확실하게 드러냈다.

월경혈은 다른 체액이나 분비물, 특히 다른 모든 종류의 혈액이나 출혈과도 구분됐고 엄청난 무게의 문화적 의미가 더해졌다. 난소와 더불어 월경혈은 여성의 의미를 정의하는 것이자 여성성을 나타내는 즉각적이고 가시적인 상징이 됐다.

1600년대 후반, 여성의 뼈를 조립한 표본이 처음으로 만들어졌다. 이는 커다란 엉덩이, 좁은 흉곽, 작은 두개골, 조그만 손과 발, 가느다란 손목과 발목 등으로 대표되는 가장 여성화된 시신을 활용한 연구의 일환이었다.

해당 표본은 새로운 뼈를 발견했기 때문이 아니라 차이를 전시하고 고정하기 위해서 만들어졌다. 그때부터 해부학자들은 남성 골격과의 차이를 극대화하는 방식으로 여성 골격을 그리곤 했다. "다시 말하면 두 개의 섹스는 젠더의 새로운 기반으로서 발명됐다."[39]

과학의 문제, 정치학의 문제

> 지각으로 파악되는 몸에 우선하는 '신체적인' 몸이 있을까? 결론을 내리기 불가능한 질문이다. 여러 속성을 섹스라는 범주 아래 모으는 일이 의심스러울 뿐만 아니라 '특성' 자체를 식별하는 일 역시 의심스럽다. 음경, 질, 가슴 등을 성적인 부위로 부르는 일은 …… 제약하는 것이자 전체로서의 몸을 파편화하는 것이다. 섹스 범주가 몸에 부과한 '통합성'은 실제로는 '분할'이고 파편화이며 구획화이다.[40]
>
> "끝없이 해체되는 덩어리"[41]로서 몸은 언제나 포위되어 …… 가치와 의미의 생산에 따른 …… 파괴를 겪고 있다. …… 이는 몸의 종속을 필요로 하는 실천이다.[42] ―주디스 버틀러

우리가 어떤 의의를 찾기로 마음먹는다면, 서로 반대되는 섹스에 관한 이야기는 현대 과학이 제 역할을 해낸 단순한 사례로 이해되기 쉽다. '과거의 과학자들은 무지했고 현재의 우

리는 더 많은 것을 알고 있다'는 결론을 내리는 것이다.

그러나 두 개의 성차화된 몸의 등장은 우리가 더 많은 것을 아는 데서 비롯되지 않았다. "어떤 발견도 두 가지 섹스 모델의 등장을 이끌지 못했다."[43] 우리가 동성애에 관한 새로운 과학의 등장에서 살펴봤던 것처럼 특정한 모델은 수 세기 동안 이어진 평범한 지식을 배경으로 탄생했다.

두 개의 성차화된 몸의 등장을 이끈 것은 더 많은, 더 나은 과학이 아니었다. "성적 차이의 본질이 경험적 차원의 검증에 취약하지 않다"라는 단순한 이유와도 무관하다.

각각의 모델은 몸을 체계화하고 맥락화하는 모델일 뿐이며 "논리적인 차원에서 생물학적 사실과는 무관하다. 과학의 언어가 문화적으로 통용되는 성적 차이에 대한 어떠한 해석에 적용되든 과학의 언어에 이미 젠더의 언어가 내재해 있기 때문이다".

더 많은 사실과 더 나은 과학은 논쟁의 양편에 선 이들에게 각자의 주장을 강화하는 정보만을 제공한다는 점에서 논쟁을 전혀 해소하지 못한다. 결국 몸, 장기, 체액이 무엇을 의미하는지, 유사성의 잔이 반만큼 찼는지 아니면 차이의 잔이 반만큼 비었는지는 과학의 문제가 아니라 정치학의 문제다.

라커는 분명한 질문을 던진다. 왜 섹스인가? 왜 여러 요소가 모인 이 특별한 집합인가? 왜 이 특별한 조합인가? 왜 우리는 섹스가 모든 몸에, 재생산에 참여하지 않는 이들이나 (나처럼) 재생산이 영원히 가능하지 않은 이들의 몸에도 언제나 있기를 원하는가?

우리가 가진 지식이 이미 많음에도 불구하고 섹스가 우리에게 들려주기를 바라는 이야기는 무엇인지, (섹스가 노출되는 안타깝고 깜짝 놀랄 일을 원치 않으면서도) 모든 사람에게 있기를 바라는 이유는 무엇인지 끝내 모호한 채로 남아 있다.

몸의 언어는 투명하지 않다

서로 반대되는 섹스에 대한 라커의 주장을 받아들이지 않는다고 하더라도, 어떤 면에서 그의 주장이 문자 그대로 맞는지 아닌지는 중요한 문제가 아니다. 요점은 라커의 역사 연구가 몸을 이해하는 대안적인 방법의 기초를 제공한다는 것이다. 라커는 우리가 서로 반대되며 차이가 있는 두 개의 섹스 외의 다른 몸의 형태를 구조화할 수 있도록 돕는다.

이를 통해서 우리는 섹스가 반드시 불가피하거나 본질적인 것이 아니며 인간의 역사를 담고 있다는 사실을 알게 된다. 여기서 섹스는 재생산 능력이 아니라 우리 몸의 모든 부분에 스며들어 있으며 인간을 두 개의 구별되는 집단으로 나누는 무한한 특성을 의미한다.

라커는 우리가 두려워하고 혼란스러워하는 생각을 직면하도록 했다. 글로 표현되는 언어뿐만 아니라 시각적으로 나타나는 몸의 언어 역시 투명하지 않다는 것이다. 다시 말해서 몸의 각 부분은 반드시 우리가 보는 그대로 그렇게 존재하지는 않는다. 믿는 것이 달라지면 보는 것도 달라지기 때문이다. 우리는 사물을 바라보는 특정한 방식을 습득하고, 그러한 방식으로 바라봄으로써 무엇이 근본적으로 **진실한지**, 무엇이 근본적으로 **존재하는지** 알려주는 특정한 관점을 받아들이며 그 관점에 대한 믿음에 의지한다.

아무것도 알 수 없고 어떤 것도 명확하지 않은 심연과도 같은 비합리성과 불확실성을 주장하는 것처럼 들릴지도 모르겠다. 그러나 앞서 살펴보았듯이 약간의 혼란, 더 나아가 현저한 비합리성은 우리가 자유를 누리기 위해 치러야 할 대가다. 그 대가를 치르는 가운데 새로운 방식의 지식이 출현하고 살아남을 수 있다.

어쩌면 푸코의 이야기가 진실에 더 가까울지 모른다. "자신을 인식하거나 다른 사람을 이해하는 데 기초가 될 만큼 충분히 안정적인 것은 인간에게 존재하지 않는다. 그의 몸 역시 예외가 아니다."

8

포스트모더니즘 속의 불만

포스트모더니즘은 주장을 무너뜨리고 감춰진 가정을 밝혀내며 주장에 실린 권력을 약화시키는 강력한 도구를 발전시키면서 차이가 나타날 수 있도록 만들었다. 포스트모더니즘은 젠더권 투쟁에 큰 힘이 된다. 그러한 작업이 바로 우리가 하려는 것이기 때문이다.

젠더 체계는 '이건 여자아이 거고 저건 남자아이 거야' 같은 억압적인 사고방식으로 남아 있는 것을 넘어서 꿈쩍도 하지 않고 있다. 지난 30년 동안 여성, 동성애자, 트랜스젠더 집단에 새로운 권리가 주어진 변화를 마주했지만, 이 새로운 접근성과 특권은 남성성과 여성성 같은 기본적인 젠더 문제를 여전히 뒷전으로 미루어둔 채 거의 다루지 않고 있다. 젠더 고정관념은 예전과 다름없이 자연스럽고 불가피하며 광범위하게 펴져 있는 것처럼 보인다.

어쩌면 이분법적인 젠더가 사회 현실에서 너무나도 근본적이기 때문에 **담론을 진전시키는 일**이 불가능할 수도 있다. [따라서] 우리가 해야 하는 일은 담론이 완전히 힘을 잃어버리도록 **강하게 공격**하는 것인지도 모른다.

이는 지식과 의미에 대한 보편주의적 주장을 전복시키는 데 주목하는 포스트모더니즘이 잘 해내는 작업이다. [하지만] 동시에 포스트모더니즘은 자체적인 한계가 있다는 이유로 비판을 받아왔다. 우리는 포스트모더니즘의 강점을 알고 있다. 그렇다면 약점은 무엇일까?

"그래서 하고 싶은 말이 뭐예요?"

최근에 나는 대학생들과 두 시간 동안 섹스, 성적 지향, 젠더 표현, 젠더 정체성에 대한 개념을 비판하고 해체해보는 매우 생동감 넘치는 자리를 가졌다.

토론이 막바지에 접어들었을 때, 말없이 지켜보던 한 학생이 결국 손을 들고 화를 내면서 질문했다. "그래서 하고 싶은 말이 뭐예요? 뭘 밝히겠다는 건데요?"

그 학생이 느낀 답답함은 포스트모더니즘을 처음 접한 많은 사람들이 겪는 것이기도 하다. 우리는 무엇이 진실하고 참된 것인지 나름의 주장을 제시하는 이론에 익숙하다.

푸코가 이야기한 것처럼 우리는 사회를 이루고 살아가기 위해서 진실을 만들어내야 한다는 운명에 처해 있다. 우리는 부를 생산하듯이 반드시 진실을 생산해야 한다.

포스트모더니즘이 제시하는 나름의 진리 주장이 있다면, 이는 **여러 진리 주장이 지닌 속성**을 비판하는 것이다. 이른바 '한 단계 위에서'의 작업을 통해 포스트모더니즘은 보편적인 진리와 규범적인 가정을 옹호하는 일에서 벗어난 것처럼 보인다. 보편적인 진리와 규범적인 가정은 포스트모더니즘이 비판하는 바로 그 문제이기 때문이다. 그러나 포스트모더니즘도 이 문제에서 전혀 자유롭지 않다.

때때로 포스트모더니즘은 순환 논리를 구사하거나 핵심이 없는 것처럼 보인다. **무엇이 실제로 어떠한지** 나름의 주장을 펼치기보다 다른 사람의 주장을 무너뜨리는 도구를 제공하기 때문이다. 그 예로 사유를 정치적인 문제로 만든 데리다는 우리가 몸에 대해 객관적으로 사유하는 사치를 부릴 수 없다고 이야기했다. 데리다는 우리가 몸에 적용하는 언어, 논리, 의미에 대해 생각하도록 이끈다.

지식을 정치적인 문제로 만든 푸코는 우리가 몸에 **대해서** 알고 싶은 여러 가지 것들(즐거움, 차림새, 재생산 능력 등)이 어떻게 우리가 몸에 **행사하는** 권력을 만들어내는지 생각하도록 이끌었다. 푸코는 순수한 진리라는 사치를 부릴 수 없다고 이야기하면서, 우리가 진실이라고 믿는 것이 정치적 맥락 속에 놓여 있음을 인식해야 한다고 주장했다.

[이처럼] 포스트모더니즘을 마주했을 때 많은 사람이 느끼는 답답함은 '한 단계 위에서' 사유하는 작업의 모호함에서 비롯하는지도 모른다. 이 답답함은 사유에 대해 사유해야 하는 어려움, 의미가 지닌 의미를 질문하는 어려움, 이성, 진리, 언어를 더 이상 고민 없이 활용할 수 없는 어려움이 만들어내는 결과이기도 하다. 그러나 이 답답함은 실패를 가리키는 표지가 아니라 연습이 이루어지는 지점이다.

비판의 한계

포스트모던 연구자들은 인류학, 여성학, 문학비평, 퀴어이론 등 다양한 분야에서 억압적인 담론을 **문제화하고 복잡하게 만드는 일**에 열심이다. 이들은 엄청난 비판 문헌을 계속 생산하면서 이성애중심주의, 백인성, 식민주의, 서구 문학 정전까지 모든 것을 해체하고 있다.

데리다에게 비판을 편애하는 경향은 포스트모더니즘의 밑바탕을 이룬다. 데리다는 칸트와 같은 전통적인 철학자들이 이성에 두었던 것과 같은 믿음을 비판에 두었다.

비판은 새로운 것, 적어도 다른 것을 가능하게 한다는 점에서 진보로 이해됐다. 이에 비판은 그 자체로 더 나은 것을 위한 정치적 실천이 됐다.

때때로 비판이 효과를 거두기도 했다. 젠더 체계에 대한 활기찬 비판은 트랜스섹슈얼, 인터섹스, 크로스드레서와 같이 주변부에 놓인 이들이 새로이 정당성을 얻는 데 도움이 됐다.

한편으로 동성애의 주류화를 비판하는 일은 퀴어함의 가치에 다시 활기를 불어넣도록 이끌었다. 특히 끼순이, 부치와 펨 관계, 트랜스, 드랙퍼포머가 재조명됐다. 그러나 비판에 대한 강조는 때로 정치학에 대한 포스트모던 접근 방식이 전복 자체를 목표로 삼는 것처럼 보이는 일로 이어졌다.

특히 페미니스트 이론가들은 여성 정체성을 **해체하고 전복하는 작업**이 동일노동에 따른 동일임금을 제공하지도, 가정폭력 피해 여성을 위한 쉼터를 마련하지도 못한다는 점을 불쾌한 마음으로 재빨리 지적했다. 이러한 지적은 분명히 맞는 말이고, 이들이 언급한 이슈는 확실히 중요한 문제다. 그러나 여성건강을 위한 더 나은 의료서비스의 제공이 가부장제를 무너뜨리지 못한다고 주장하는 것처럼 핵심을 잘못 짚은 비판이기도 하다.

누구도 더 나은 의료서비스가 가부장제를 무너뜨리기를 기대하지는 않는다. 더 나은 의료서비스가 여성의 건강을 증진하기를 기대할 뿐이다. 《성 정치학Sexual Politics》에서 가부장제를 비판한 케이트 밀렛Kate Millett의 획기적인 작업이 임신중단을 선택할 수 있는 여성의 권리 보장과 곧바로 연결되기를 기대한 페미니스트가 별로 없었던 것처럼 말이다.

같은 차원에서 여성 정체성에 대한 포스트모던 비판은 가정폭력 피해 여성을 위한 쉼터를 마련하기 위해서 이루어진 것이 아니다. 이는 남성적인 남자와 여성적인 여자라는 고정관념을 뒤엎기 위해서 고안된 것이다.

밀렛은 가부장제가 남성적인 남자와 여성적인 여자를 문화적으로 생산하는 일이 너무나 보편적이어서 대안을 상상하기 어렵다고 지적했다. 주어진 현실을 상대화하고 더 나아가 비판할 대안이 없는 것이다. 밀렛이 남성우월주의에 대해서 정확하게 분석한 것처럼, 이러한 보편성은 우리가 앞으로 나아가기 위해서 해야 하는 일이 무엇인지 알려준다. 우리는 먼저 불가피한 것처럼 보이는 가부장적 사유를 비판하고 자연의 법칙이라는 거짓말을 물리쳐야 한다.

이는 포스트모더니즘의 전공 분야다. 더욱이 남성의 남성성과 여성의 여성성이 지난 30년 동안 현대 페미니스트 혁명을 거치면서도 거의 변화하지 않았다는 말은 과장이 아니다. 그 이유 중 하나는, 일반 사회가 그랬던 것만큼이나 전통적인 페미니즘이 남성의 여성성과 여성의 남성성을 끌어안는 일을 멀리했기 때문이다. 새로운 것이 나타나기 위해서는 젠더에 대한 급진적 비판이 절실히 필요하다.

커뮤니티에 대한 반사적 의심

포스트모더니즘은 차이가 나타날 여지를 만드는 일 외에도 규범에 대한 불신이 특징이다. 규범은 선을 가장한 채 다시 동일성을 부과하는 억압과 똑같은 것으로 여겨진다. 구조와 의미에 대한 공유된 규범 없이 사회적 집단이 존재할 수 없다는 점에서 포스트모더니즘은 때로 커뮤니티를 반사적으로 의심스러워하고 종종 폭압과 동일시하는 것처럼 보이기도 한다. 비슷한 모습은 제도와 관료제를 규범, 기준, 절차로 이루어진 것에 불과하다고 이해하는 데서도 나타나는 듯하다.

따라서 포스트모더니즘이 긍정적이고 바람직한 집단행동이라는 개념을 제안하는 일은 불가능하다. 포스트모더니즘이 그리는 자유는 단절과 분리를 통해 나타나고 철저히 사적인 행동과 의미에서 발견되는, 순수하게 소극적인 자유를 뜻한다.

마찬가지로 법원이나 시민권단체 같은 사회적 기구와의 어떠한 상호작용도 상상하기 어렵다. 그러나 이들과의 상호작용은 낡은 억압을 다시 부과하는 일이 아니라 자유[를 증진하는 일]로 이어지기도 한다. 여기서 우리는 포스트모더니즘이 건설적인 사회 참여와 정치적 행동에 대한 어떠한 비전도 제시하지 못한다는 점을 알게 된다. 실제로 포스트모더니즘은 정치적 행동을 위해 커뮤니티를 조직화하는 일에 본질적인 의심을 품고 있다. 정치적 행동을 조직하는 일이 과제인 활동가들에게 이는 심각한 결점으로 다가온다. [철학자] 마사 누스바움Martha Nussbaum이 지적했듯이 규범 일반에 대한 포스트모더니즘의 적대감은 젠더 규범을 전복하는 일이 이를테면 예절에 관한 규범을 전복하는 일보다 조금이라도 더 나은 이유가 무엇인지 알려주지 못한다.

NOTE 물론 이는 다소 과장된 주장이다. 포스트모더니즘은 모든 규범에 적대적인 것이 아니라 보편적인 것으로 가장하는 초월적인 규범에 적대적이기 때문이다.

NOTE 또한 이 같은 비판은 특정한 주체를 상정하는 것처럼 보인다. 섹슈얼리티와 젠더 규범을 부과하는 것은 잘못이지만 예절이나 언론의 자유와 같은 규범을 부과하는 것은 올바르다고 (누군가 알려주지 않아도) 인식하는 이들, 이해력과 분별력을 갖춘 청중 말이다. 즉, 전적으로 모더니즘적인 추정이라는 점을 짚고 넘어갈 필요가 있다.

해체가 일으키는 불협화음

> 만일 진리가 존재하지 않는다면, 능력이 단지 권력의 표현이라면, 객관적인 사실이 없다면 의미 있는 담론은 불가능하며 정의롭고 평등한 사회에 대한 희망은 거짓에 불과하다.[44]
>
> —알렉스 코진스키*

푸코의 비판에 대한 흔한 불평으로 푸코가 다른 사람의 비판이 가닿지 않는 곳에서 설교를 늘어놓는 것처럼 보인다는 지적이 있다. 진리를 주장하는 다른 사람의 작업은 모두 허물어뜨리면서도 정작 푸코 자신의 진리 주장은 침묵한 채 내놓지 않는다는 것이다. 사람들은 **푸코가** 말하는 **진리**는 무엇인지 물었다. **푸코가** 제시하는 대안은 무엇인가? 물론 그것이야말로 푸코가 제공하지 못하는 것이다.

푸코는 보편적인 진리 주장이 정치적인 문제라고 이해했다. 푸코에게 보편적인 진리 주장이란 자신을 비판에서 면제하는 한편 권력을 획득하기 위해서 보편의 목소리를 빌리는 지적인 파시즘이었다. 푸코의 논의를 따르는 일은 실질적으로 모든 것을 해체하면서도 거의 아무것도 구성하지 못하는 일종의 일방통행처럼 보인다.

---

* 알렉스 코진스키Alex Kozinski는 전직 미국 연방항소법원 판사로, 2017년 미투운동이 전개되는 가운데 직장 내 성폭력 가해자로 지목되고 판사직을 그만뒀다.

NOTE 어느 호의적인 비평가가 이야기했듯이 포스트모더니스트들은 자신이 틀렸다는 비판보다 **순진하다**거나 심하게는 **부르주아적**이라는 비판을 더 두려워한다. 이들은 자신의 숨겨진 가정이 드러날까 봐 말하기를 꺼린다.

푸코가 보편적인 진리를 제시할 수 없다면, 푸코가 객관성의 목소리로 우리에게 이야기할 수 없다면, 푸코는 어떠한 진리도 제시할 수 없는 것일까? 이는 활동가들에게 중요한 질문이다. 활동가들은 자신의 작업을 통해서 이 세계가 어떤 곳인지, 앞으로 어떻게 변해야 하는지 개념화하고 이를 사람들에게 전해야 하기 때문이다.

세계에 대한 객관적인 관점 없이, 무엇이 참된지에 대한 견해 없이 어떻게 우리가 올바르게 사유하고 행동하고 있는지 확신할 수 있을까? 그렇다면 도대체 왜 우리는 사유하고 행동해야 하는가?

NOTE 객관적인 진리와 가치에 관한 또 다른 문제는 다문화주의를 반영한 교육과정을 둘러싸고 학계에서 벌어지는 문화 전쟁이다.
한쪽에서는 전통적인 서구 정전에 특권적인 지위를 부여하는 일이 '죽은 백인 남성Dead White Males, DWM'의 작업만을 가치 있게 평가하는 최악의 지적 식민주의를 은폐하는 것이라고 주장한다.

다른 한쪽에서는 다문화주의가 정치적 올바름이라는 명목으로 예술과 문학의 가치를 평가하는 유의미한 기준을 파괴하는 끔찍한 상대주의를 뜻하며, 모든 문화 생산물을 대등하게 취급함으로써 결과적으로 배움을 무력하게 만들 것이라고 주장한다.

보편적인 목소리나 초월적인 진리를 포기한다는 것이 진리를 완전히 포기한다는 것과 같은 의미는 아니다. 20세기의 가장 위대한 철학자 중 한 명인 아이자이어 벌린Isaiah Berlin이 말했던 것처럼 해답은 상대주의가 아니라 다원주의에 있다. 타자를 위한 자리를 마련하는 것이다.

젠더가 전적으로 구성되는 것이라는 점에서 우리는 세상에 단 두 개, 아니 100개, 혹은 그 이상의 젠더가 있다고 선언할 수도 있다. 그러나 우리는 우리가 내세우는 주장이 현실에 대한 것일 뿐만 아니라 정치적이기도 하다는 점을 이해하며 다듬을 필요가 있다. 주장은 특정한 의제에 복무하기도 하고 특정한 몸에 힘을 불어넣거나 몸을 삭제하기도 한다. 우리가 선의를 가지고 활동할 때도 그러하다. 특히 우리에게 단 하나의 진리가 있다고 생각할 때는 더욱더 그러하다.

저항은 어떻게 가능할까

포스트모던 이론가들은 담론이 우리가 무시하기 어려운 힘을 발휘한다는 것을 이해해야 한다고 강조한다. 담론은 이분법적인 사유나 "유순한 몸"에서부터 언어의 투명함과 동성애자[라는 범주]까지 모든 것을 만들어낸다. 하지만 이러한 주장에는 한계가 있다. 우선 담론이 그렇게 막강하다면 자유는 존재할 수 없다. 우리는 주체성에서 벗어날 수 없듯이 담론권력에서도 벗어날 수 없다.

주체성과 담론권력의 문제를 살펴보자. 우리 자신에 대한 내면의 감각인 주체성이 담론에 의해 형성된다면, 우리에게 담론 밖으로 나갈 방법이 있기는 할까? 만약 우리가 언제나 우리 자신을 여성, 동성애자, 트랜스젠더로 이해할 수밖에 없다면 투쟁이 무슨 소용일까? 더 나아가 우리가 자유롭게 생각하는지 아니면 그저 여성, 동성애자, 트랜스젠더로서 **정해진** 대로 생각하는지 도대체 어떻게 알 수 있을까?

포스트모더니스트들은 분명히 우리가 맞서 싸우기를 바라지만, 담론이 그렇게 막강하다면 우리가 왜 사서 고생을 해야 하는지 이유를 찾기 어렵다. 데리다나 푸코 같은 이론가들이 어떻게 담론의 손아귀에서 벗어나 담론에 대한 분석을 이루어낼 수 있었는지, 어떻게 하면 우리가 비슷한 일을 해낼 수 있을지 설명하는 것 역시 어렵다.

담론은 영화 〈스타트랙〉에 나오는 종족 보그Borg의 대사를 떠올리게 한다. "저항은 무의미하다." 포스트모더니즘은 우리를 담론의 쿠키 틀이 빚어낸 쿠키로 만들면서 우리가 **행위자성**을 가질 기회를 빼앗는 것처럼 보인다. 우리 자신의 힘으로 행동할 수 있는 모든 능력이 사라지는 것이다.

NOTE 《젠더 트러블》에서 버틀러는 모순을 끌어안는 것을 통해서 이 같은 접근을 뒤집으려고 한다. 여성, 동성애자, 트랜스젠더 등 다양한 정체성을 가정할 때에야 우리가 비로소 행위자성을 얻을 수 있으며 인식 가능한 사회적 행위자가 될 수 있다는 것이다. 버틀러에 따르면 구성된다는 것은 행위자성에 반하는 것이 아니라 행위자성을 이루는 필수적인 요소다.
현명한 해석이지만, 행위자성을 둘러싼 많은 질문이 여전히 그대로 남아 있는 것은 아닌가 싶기도 하다.

NOTE 그러나 1950년대 이후 동성연애자homosexual, '계집애girls', 허리 아래가 혼란스러운 사람the genitally confused, '깜둥이Negroes' 집단은 새로운 시민권을 쟁취했을 뿐만 아니라 동성애자gay, 여성, 트랜스젠더, 아프리카계 미국인(혹은 흑인)이라는 새로운 존재로 등장했다. 이는 동성애혐오, 성차별, 트랜스혐오, 인종차별 담론이 전혀 의도하지 않았던 일이다.
다시 말해서 이들은 **담론을 바꿨다**. 문제는 이에 대해 포스트모더니즘이 논리적인 설명을 제시하지 못한다는 점이다.

NOTE 물론 포스트모더니스트들은 여전히 담론이 결정적인 힘을 발휘한다고 지적할 수도 있다. 앞서 언급한 이들이 담론을 바꿔냈을지는 몰라도 동성애자, 여성, 트랜스젠더, 흑인으로 **존재해야 한다**는 조건은 아직 바꿔내지 못했다. 여자아이는 여전히 여자가 돼야 하고, 여자는 여전히 여성적이어야 한다. 동성애자gay는 여전히 동성과 성적 실천을 하는 사람homoseuxal으로 커밍아웃해야 하고, 트랜스섹슈얼은 '진짜' 남자 또는 '진짜' 여자라는 측면에서 이해되어야 한다. 언뜻 생각하기에 우리가 개인으로서 더 많은 평등을 얻은 것 같지만 우리는 다른 모습의 개인으로 **존재**하지는 못한다. 사회가 우리에게 요구하는 정체성에 머무는 일에 먼저 동의하지 않는다면, 우리는 권리를 가질 수 없다.

해체를 넘어 구성으로

포스트모더니즘의 또 다른 문제는 주체성을 다루는 방식에 있다. 여기서 주체성은 우리가 개인으로서 겪는 마음속의 경험을 의미한다. 포스트모더니즘이 이룬 주목할 만한 성취 중 하나는 주체성을 정치화했다는 것이다. 이제 우리는 우리가 누구이며 우리 자신을 어떻게 이해하는지를 문화와 담론이 형성한다는 것을 깨달았으며, 우리의 존재와 우리 자신에 대한 이해를 더 이상 당연한 것으로 받아들이지 않는다.

문화가 우리를 특정한 개인으로 만들어낸다는 확신은 포스트모던 이론가들이 개인의 의식에 집중하는 이론을 따르는 것을 꺼린다는 뜻이기도 하다. 개인의 의식은 우리가 실제로 어떤 느낌을 갖는지, 느낌을 어떻게 마주해야 하는지에 관한 복잡한 영역으로, 살아 숨 쉬는 인간에게 실질적으로 유일한 관심사다.

이는 포스트모던 이론가들을 모순적인 자리에 둔다. 포스트모던 이론가들은 우리의 사유와 느낌이 담론을 통해서 어떻게 구성되는지를 설명해야 하지만, 담론이 이미 모든 것을 결정한다고 주장한다는 점에서 우리가 어떻게 생각하고 느끼는지에 개입하려는 별다른 마음이 없다.

이는 행위자성을 둘러싼 문제와 매우 비슷하다. 주체성을 해체하는 것으로는 충분하지 않다. 이론은 개인으로서 구성된 우리에게 어느 지점에서는 개입해야 한다. 개인이 **유순한 몸**을 살아내고 **젠더 훈련**을 받는 과정이 어떻게 **경험되는지를** 다루지 않고서 유순한 몸과 젠더 훈련 개념을 해체하는 것만으로는 충분하지 않다.

예를 하나 들자면, 나는 최근 [의류매장] 갭Gap에서 블라우스를 사려고 했다. 그때의 경험은 옛날 TV 광고의 한 장면을 떠올리게 했다. 누군가 "E.F. 허튼"이라고 말하자마자 테니스 경기장 전체가 조용해지면서 선수, 관중, 스태프 모두가 귀를 기울이는 그 광고 말이다.*

가벼운 마음으로 나선 쇼핑에서 그 광고와 같은 일이 벌어

---

* E.F. 허튼은 미국의 증권사로, 'E.F. 허튼이 말하면 사람들이 듣습니다'라는 카피의 TV 광고로 유명하다.

졌다. 내가 블라우스를 입어보려고 할 때마다 다른 고객, 점원, 매장에 있는 모든 사람이 하던 일을 멈추고 '남자'가 '여성용' 블라우스를 입는 모습을 구경하려고 쳐다보는 상황이 펼쳐졌다.

위협적이고 두려운 상황이었다. 아무도 나를 직접적으로 괴롭히진 않았지만, 안전하다고 느껴질 리도 만무했다. 얼마 지나지 않아 땀이 흐르고 심장이 빠르게 뛰기 시작했다. 나는 너무도, 너무나도 우스꽝스러워 보이는 사람이었다.

매장을 나오면서 가만히 생각해보았다. **나는 왜 두려움을 느꼈을까? 왜 내가 우스꽝스러워 보인다고 생각했을까?** 물론 나는 잘 **알고 있다**. 이런 무례한 경험을 이겨내도록 돕는 일이 내 직업이다. 조롱은 젠더 문제에서 왜 그토록 자주 상대를 공격하는 무기로 선택되는가? [젠더 표현과 젠더 정체성을] 인정받지 못하면 부정적인 사회적 결과가, 때로는 물리적 결과마저 벌어질지 모른다는 위협은 왜 그토록 자주 무기로 선택되는가? 왜 위협과 조롱은 그다지도 효과적으로 작동하는가? 우리는 이에 맞서 우리를 지키기 위해 무엇을 할 수 있는가?

이는 포스트모던 이론가들이 여전히 대답하지 못하거나 대답을 꺼리는 문제다. 물론 쉬운 문제는 아니다. 그러나 우리가 **해체**를 넘어 젠더권운동과 같은 것을 **구성**하는 데 필요한 질문이기도 하다.

상아탑을 넘어서 거리로

이 책은 앨리스 출판사에서 일하는 편집자인 앤절라 브라운과 나눈 대화에서 출발했다. 우리는 책 《젠더퀴어》에 대해서 이야기를 나눴는데, 앤절라는 대학에서 "이런저런" 이론을 배웠지만 졸업하고 나니 잊어버리고 말았다고 말했다.

앤절라의 말에 나는 젠더권운동에 참여한 이후로 퀴어이론과 젠더이론에 대해 생각하지 않거나 이론을 활용하지 않은 날은 하루도 없었다고 답했다. 그러나 내 경험보다는 앤절라의 경험이 더 많은 사람의 이야기에 가까울 것이다.

페미니스트 이론은 우리에게 페미니즘을 선사했고, 동성애자 이론은 우리가 동성애자권리를 얻는 데 도움을 줬다. 그러나 우리가 젠더이론을 상아탑에서 끌고 나와 거리에서 실제로 활용하지 않는 한, 모든 것을 정치화하는 데는 성공하더라도 조직적이고 체계적인 사회 변화를 일으키는 데는 사실상 쓸모없는 거대한 철학운동의 탄생만을 마주해야 할지도 모른다. 그건 정말 안타까운 일이다.

비판의 목소리가 보편을 대신할 위험을 경계하기

포스트모더니즘에 관한 마지막 주요 비판점을 살펴볼 필요가 있다. 여기까지 읽었다면, 보편적인 목소리를 비판하는 작업이 침묵과 삭제를 드러내고 차이와 특수성이 나타나도록 하는 일을 목표로 삼는다는 점을 이해했을 것이다. 그러나 이미 지적한 것처럼 포스트모더니즘이 지닌 비판의 목소리가 종종 그 자체로 보편적인 것처럼 들리지는 않는지 의심스러운 순간이 있다.

이는 포스트모더니즘이 대항진리counter-Truths를 진리truths로 제시한다는 뜻일 뿐만 아니라 그렇게 함으로써 자신의 계보와 관점을 살펴보는 작업을 때로 소홀히 한다는 뜻이기도 하다.

예를 들어 포스트모더니즘은 대체로 개인성과 차이를 보편적인 가치로 상정하는데, 이는 유럽 문화권에서만 통용되는 이야기인지도 모른다. 아시아 문화권처럼 집단이 주요한 사회적 단위이며 집단에 포함되는 일이 기본적인 사회 목표인 곳에서는 매우 다를 수 있다는 것이다.

더욱이 포스트모더니즘이 타자성을 증진해야 한다고 주장하면서도 정작 그 주장에 타자성에 대한 인식이 결여된 경우도 있다. 나이, 계급, 성별, 인종 등을 고려하지 않는 것이다.

이는 자주 인용되는 푸코의 **유순한 몸**에 대한 논의에서도 확인할 수 있다. 푸코는 건축구조, 시간 배치, 조직화 원리, 규율 문화가 개인에게 행사되는 새로운 형태의 권력을 만들어낸다고 분석했다.

그러나 인종적 소수자, 여성, 트랜스젠더, 보육시설에 있는 어린이, 요양원에 있는 노인은 저마다 매우 다른 규율 체계를 마주하며 서로 다른 형태의 규범에 의해 호명된다고 이해하는 것이 합리적이다.

같은 맥락에서 나는 6장에서 다음과 같이 이야기한 바 있다. "푸코의 논의는 현대사회의 일상생활에서 젠더를 둘러싼 메커니즘이 어떻게 작동하는지 잘 설명해준다. 우리는 일상에서 계속되는 **젠더 훈련**에 시달린다."[145쪽] 여기서 나는 문제가 되는 메커니즘이 나이, 인종, 계급의 구획에 따라서 달라질 수 있다는 사실을 무시한 채 일반화된 진리를 보편적인 목소리로 말하는 것처럼 보인다.

젠더화된 주체성의 감각이 13세의 여자아이와 73세의 성인 남자에게 정말 똑같을까? 흑인 남성, 아시아인 남성, 아메리카 원주민 남성이 남성성이나 **퀴어함**을 모두 같은 방식으로 이해할까? 웨스트버지니아주의 탄광촌과 월스트리트의 어느 임원 회의실에서 여성 동성애에 대한 담론이 정말 같은 의미를 지닐까?

요컨대 포스트모던 이론가들은 때로 중산층, 중년, 유럽 문화권의 진리를 상상하고는 이를 타자성의 자리를 만들기 위해서 다시금 성실하게 해체한다. 포스트모던 이론가들이 세계를 이해하는 방식 자체에 내재한, 진리에 대한 특정한 상상은 이미 타자성을 놓치고 있다.

인종을 경유하는 질문: 그렇다면 인종은 본질적인가?

인종에 기반을 둔 과거의 협소한 정치학과 근본적으로 결별하는 일이 필요하다. …… 우리는 우리가 마주한 정치적 현실을 이해하고 생각하는 데 활용하는 …… 핵심적인 사회적 범

주를 재사유하고 재구성해야 한다. 우리는 '흑인성'을 재정의해야 한다.[45]

—매닝 매러블

이 시대를 사는 우리의 목표는 우리가 어떤 존재인지 규명하는 것이 아니라 우리가 어떤 존재인지 [정의하는 일을] 거부하는 것인지도 모른다.[46]

—미셸 푸코

이 문제를 해결하기 위해서는 이론가들이 다양한 차원, 특히 인종을 고려하는 방식으로 해체를 활용하는 일에 나서야만 한다. 몸에 관한 첫 번째 진실이 섹스라면 두 번째 진실은 분명히 인종이다. 어쩌면 그 **반대**가 맞을지도 모른다. 우리가 몸에 대해서 확실히 알아차리고 발견하는 첫 번째 문제가 아마 인종일 것이기 때문이다.

젠더와 섹슈얼리티는 인종보다 더 불안정하고 논쟁할 여지가 있는 것으로 여겨진다. 인종을 해체하는 일은 받아들여지지 않더라도 젠더를 해체하는 일은 받아들여지기도 한다.

자신을 다른 젠더, 심지어 다른 섹스의 존재로 설명하는 사람은 자신의 이야기가 존중받기를 웬만큼 기대해볼 수도 있지만 금발에 푸른 눈을 가진 사람이 자신을 이누이트라고 설명하는 경우라면 비슷한 상황을 기대하기는 쉽지 않다.

인종화된raced 몸의 정치학은 성차화된 몸의 정치학과 달리 확고하게 성립되어 건드릴 수 없는 것일까? 심지어 섹스가 본질적인 것으로 다루어지지 않을 때에도, 인종은 본질적인 것이 되는 걸까? 아니면 섹스를 해체하는 작업이 인종을 해체하는 작업보다 더 많이 이루어진 것일까?

자유를 얻기 위해서 진리 개념을 해체해야 한다면, 인종[정치학]에서도 비슷한 의미의 자유를 쟁취하는 일이 가능할까? 인종차별이 존재하는 상황에서 새로운 형태의 담론적 자유를 추구하는 일이 적절할까? 아니, 도덕적으로 올바르기는 할까?

퀴어이론이 기본적으로 개인이 대답을 요구받는 자기 이해에 대한 질문과 개인의 진실을 탐구하는 것이라면, 그리고 이 모든 것이 인종차별적인 체제를 가능하게 만드는 필수 요소라면, 인종 문제를 제외하고 넘어갈 수 없다. 인종[이라는 개념]의 해체를 외면하는 일은 도덕적으로 옹호할 여지가 없을 것이다. 그런데 만약 푸코의 말, 즉 **"자신을 인식하거나 다른 사람을 이해하는 데 기초가 될 만큼 충분히 안정적인 것은 인간에게 존재하지 않는다. 그의 몸 역시 예외가 아니다"**라는 말이 맞는다면, 우리는 인종화된 몸을 어떻게 이해해야 할까?

관점의 전환

이러한 질문은 인종을 둘러싼 공적인 논쟁이 중요한 순간을 맞을 때 나타나고는 한다. 히스패닉과 라틴계 미국인은 제일 많은 수를 차지하는 인종적 소수자로 부상했다. 한편 아랍계 미국인과 같은 '새로운' 소수자는 더 많은 인정을 요구하고 있다.

전통적으로 인식되던 인종적 소수자[범주]에 대한 정치적 위치 설정 방식이 변화하면서 인종 정체성 자체가 커다란 전환을 겪고 있다. 2000년 인구조사에서는 처음으로 '다인종' 항목이 마련됐고, 미국 전체 인구의 약 2.5퍼센트에 해당하는 7백만 명이 해당 항목을 선택했다. 서로 다른 인종의 사람이 결혼한 사례는 지난 50년 동안 두 배로 늘었으며 계속 증가하고 있다. 자신을 다양한 인종적 배경을 지닌 사람mixed-race으로 정체화하는 미국인은 21세기에 가장 빠르게 증가하는 인종적 소수자가 될 것으로 보인다.

전통적인 범주를 거부하는 미국인은 점점 많아지고 있다. [앞서] 타이거 우즈가 자신의 정체성에 대해 백인, 흑인, 태국계 [아시아인], 아메리카 원주민을 아우르는 '캐블리네시언'이라고 재치 있게 대답했던 일화는 이를 잘 보여준다.

다인종 정체성을 새로이 강조하는 일은 대부분 자신의 정체성이 비가시화되는 문제를 제기하는 다인종 정치 집단으로부터 출발했다. 반면 전통적인 소수자 단체는 인종 정체성의 분화가 인종적 [소수자] 집단 **모두**의 가시성(그리고 정치적 권력)이 약화되는 일로 이어질 것을 우려한다.

이 같은 문화적 흐름과 구분되는 작업도 이어진다. 생물학자들은 다음의 두 가지 기본적인 사실에 대해 설득력 있는 증거를 꾸준히 제시하고 있다. 하나는 인종 구분을 뒷받침하는 확고한 과학적 기반이 없다는 것이고, 또 다른 하나는 현재를 살아가는 모든 인류가 [지구 전체로 봤을 때] 상대적으로 작은 지역인 아프리카에서 살던 같은 (흑인) 집단을 조상으로 두었다는 것이다.

인종은 사람들이 짐작하는 것보다 더 문화와 밀접한 관련이 있는지도 모른다. 특히 새롭게 등장한 이론가들이 젠더, 섹스, 욕망을 넘어 해체의 지평을 넓히려고 하면서 인종의 실체에 대한 질문도 점점 늘어갈 것이다.

인종이란 무엇인가?

> 19세기 후반 …… 미국에서 '흑인' 몸과 '백인' 몸의 구분을 적극적으로 만들어내고 단속하던 시점에 …… '동성애자' 몸과 '이성애자' 몸을 분류하기 시작했다는 것은 단순한 역사적 우연이 아니다.[47]
>
> —시오번 서머빌

> 섹슈얼리티에 관한 서구의 개념은 …… 이미 인종차별을 포함하고 있다 …… '미개인'의 인격은 문명의 타자로서 형상화되었다. 이 타자성의 첫 번째 '증거'는 옷을 입지 않는다는 것, 즉 가시화된 섹스였다.[48]
>
> —코베나 머서, 아이작 줄리언

인종이란 무엇인가? 생물학의 문제도, 과학이나 유전학에 기반을 둔 것도 아니라면, 인종은 공유된 경험과 문화적 기억이 만들어낸 정체화의 문제인가?

만약 그렇다면 경험이 사라지거나 기억이 단절되었을 때 정체성은 어떻게 보존될 수 있는가?

[비교문학 연구자] 데이비드 엥David Eng이 지적했듯이 중국계 미국인으로 정체화한다는 것은 아시아인이라는 것Asianness에 관한 두 가지 의미 중 하나를 선택하는 일과 같다. 하나는 자신은 한 번도 가본 적이 없는 나라에 대해 가족들이 간직하는 오래된 기억 속에 녹아 있는 것이다. 다른 하나는 찰리 챈, 푸 만추, 브루스 리*처럼 대중매체에 재현되는 전형적인 **오리엔탈리즘**의 이미지와 열심히 일하고 법을 준수하는 '모범적인 소수자'의 이미지가 뒤섞인 것이다.[49]

[페미니스트 소설가] 맥신 홍 킹스턴Maxine Hong Kingston은 다음과 같이 질문한다. "중국계 미국인인 당신이 자신에게 있는 중국적인 것이 무엇인지 이해하려고 할 때, 당신은 어린 시절, 가난, 광기, 가족, 당신의 성장기에 중국에 관한 이야기를 들려준 어머니 등의 독특한 모습과 중국적인 것을 어떻게 구분할 수 있는가? 어떤 게 중국 전통이고 어떤 게 영화와 같은 것인가?"[50]

---

* 찰리 챈Charlie Chan은 미국 작가 얼 데어 비거스의 소설에 등장하는 중국계 미국인 탐정으로, 뛰어난 직관력과 추리력으로 사건을 해결하는 인물로 묘사된다. 푸 만추Fu Manchu는 영국 작가 색스 로머 소설에 나오는 중국인 인물로, 세계 정복을 꿈꾸는 악당이자 온갖 범죄를 저지르는 테러리스트로 등장한다. 브루스 리Bruce Lee는 한국에 이소룡이라는 이름으로 알려진 중국계·독일계 미국인 액션영화 배우다.

아시아계 미국인 저자들이 어느 방향으로 향하든 그들이 찾으려는 아시아계 미국인으로서의 구체적인 속성은 잡힐 듯이 잡히지 않는 것처럼 보인다.

어쩌면 [심리학자] 베벌리 테이텀Beverly Tatum이 《왜 흑인 아이들은 식당에서 모여 앉아 있을까?What Are All the Black Kids Sitting Together in the Cafeteria?》에서 시사한 것처럼 인종 역시 이분법적인 대립 구도에 기반한다고 할 수 있다. [책에 등장하는 흑인 청소년들은] 자신을 백인, 중산층, 주류가 **아닌** 존재, 다시 말해서 억압자가 **아닌** 존재로 인식한다.

백인 저자들이 지적했듯이 이분법적 대립 구도는 역으로 정체성을 만들어내기도 한다. 백인성은 흑인성이 **아닌** 바로 그만큼만 백인성**이다**. **인종화된** 존재로서의 부담은 소수자들만 짊어지기 때문에, 백인 **존재**를 가리키는 기본적인 표지는 인종의 **부재**가 된다. 이 부재는 자신을 인종화된 존재**로서** 인식할 필요가 없는 자유, 굳이 인종적 주체성을 형성할 이유가 없는 자유를 통해서 경험된다.

어떤 면에서 인종은 정치학에 관한 문제인 만큼 정체화에 관한 문제이기도 하다. 몇몇 연구자들이 주장한 것처럼 인종은 단지 지배 문화가 규정한 것, 혹은 강제한 것에 지나지 않을지도 모른다.

이는 인종이 (젠더와 섹슈얼리티와 마찬가지로) **문화적으로 구성된다**는 의미일 뿐만 아니라 특정한 시기에 특정한 방법으로, 소수자의 삶의 경험과는 전혀 상관없이 매우 특정한 필요에 부응해서 구성된다는 의미다. 예컨대 앞에서 우리는 인종 범주와 정체성의 변화를 설명하기 위해서 미국 인구조사국의 사례를 살펴보았다. [인종에 대한] 대중의 이해와 이를 반영한 인구조사국[의 사례] 모두 시대에 따라 달라져온, 인종에 관한 길고 고통스러운 이야기를 반영한다.

원래 대부분의 아프리카계 미국인들은 그저 시민 0.6명에 해당하는 존재로 간주됐다. [미국의 세 번째 대통령이었던] 토머스 제퍼슨Thomas Jefferson, 1743~1826은 노예의 몫까지 더해서 투표했던 남부 지역 노예 소유주들의 지지로 당선되어 '깜둥이 대통령'이라고 불렸다. 백인성을 '수호'하기 위해서, 다양한 인종적 배경을 지닌 미국인을 계속 노예제에 종속시키기 위해서, 백인의 미국은 흑인의 피가 '한 방울'이라도 섞인 사람을 흑인으로 간주하는 악명 높은 한 방울 규칙을 도입했다.

심지어 오늘날에도, 미국의 백인과 흑인 **모두** 이 특이하고 지나치게 넓은 정의를 수용하며 다른 문화권에는 존재하지 않는 피부색 구분을 유지하고 있다. 어떤 이의 표현을 빌리자면, 한 방울 규칙은 "트라우마를 남기는 개인적 경험, 개인적 정체성의 딜레마, 10억 명이 넘는 인구에 대한 인종적 분류 방식의 오류, 가족과 흑인 커뮤니티에서의 갈등"을 계속 초래하고 있다.[51]

노예제의 여파가 이어지는 상황에서 진행된 1890년 인구조사는 [인종] 범수를 백인, 흑인, 흑인 계통과 백인 계통이 각각 반을 차지하는 흑백혼혈mulatto, 흑인 계통이 1/4을 차지하는 흑백혼혈quadroon, 흑인 계통이 1/8을 차지하는 흑백혼혈octoroon로 분리했다.* 누가 봐도 알 수 있듯 이는 비백인 시민이 백인과 얼마나 멀리 떨어져 있는지를 더욱 정확하게 밝혀내려는 노력의 일환이었다(당연히 백인 계통은 흑인 계통처럼 세분화되지 않았다). 1930년 인구조사에서는 세분화된 흑백혼혈 범주가 모두 '흑인Negro' 범주로 재설정됐다.

그러다 다시 한번 [인종 분류 방식에 대한] 주류 문화의 필요가 바뀌었다. 엘리스 섬Ellis Island**을 통해 미국으로의 유럽인 집단 이주가 이루어진 시기, 지금으로서는 이상해 보이지만 아일랜드 이주자와 이탈리아 이주자는 흑인으로 여겨졌다. 현재도 여전히 많은 미국인은 **유대인**Jewish을 푸른 눈에 붉은 머리카락을 한 이스라엘 사람부터 에티오피아의 흑인까지 모두 아우르는 종교적 범주가 아니라 비백인을 가리키는 인종적 범주로 생각한다.

1977년 인구조사국은 하나의 종족 범주와 네 개의 인종 범주(아메리카 원주민과 알래스카 원주민, 아시아인과 태평양 지역 거주민, 흑인, 백인, 히스패닉 계통 여부)를 마련했다.[52] 물론 현재는 각자가 원하는 대로 여러 개의 범주를 선택할 수 있다.*** 다

---

* 이외에도 중국인, 일본인, 원주민Indian이 인종 범주로 명시됐다.

** 엘리스 섬은 19세기 말부터 20세기 중반까지 유럽에서 미국으로 향하는 이주자를 심사한 곳이다.

*** 2020년 인구조사국의 응답 지침에는 응답자가 자신이 정체화하는 방식에 따라서 인종에 관한 문항에 답변할 것을 기대한다는 내용이 담겨 있다. 인종

만 몇몇 연구자들은 이러한 변화를 미국이 얼마나 진보했는지를 보여주는 역사가 아니라 지배 문화가 특정한 방식의 인종적 구분을 얼마나 많이, 그리고 언제 필요로 했는지를 알려주는 역사라고 해석한다.

특권 구조를 유지하기 위해 인종적 범주화를 활용하는 사례는 다수자인 백인이나 주류 문화에서만 나타나지 않는다. 예를 들어 [아메리카 원주민] 세미놀족Seminole과 체로키족Cherokee은 자신의 원주민 [계보와] 유산을 되찾으려는 백인 구성원을 대체로 환영한다. 그러나 마찬가지로 [계보와] 유산을 되찾으려는 흑인 구성원은 대부분 조직적으로 거부한다. 종족 공동체의 의사결정 과정에 참여할 수 있는 권리가 박탈되고, 종족 공동체가 제공하는 혜택에 대한 요구도 적극적으로 가로막힌다.[53]

인종 고정관념과 젠더 고정관념

인종 개념을 뒷받침하는 근거가 전혀 없다면, 인종이 적어도 일정 정도는 담론적으로 구성된다면, 인종은 나이, 섹스, 계급, 성적 지향, 젠더와 같은 다른 차원의 문제와 떼려야 뗄

범주의 항목으로는 '백인' '흑인·아프리카계 미국인' '아메리카 원주민과 알래스카 원주민' '아시아인' '하와이 원주민과 태평양 지역 거주민' '기타'가 제시되며, 이 중 여러 항목을 복수 선택하거나 주관식으로 응답할 수도 있도록 했다.

수 없다. 예컨대 문화, 계급, 피부색 사이의 복합적인 관계에 관한 대화를 나누다 보면 **히스패닉 미국인**이란 정확히 무슨 뜻인지, (**앵글로색슨계 미국인**의 입장은 차치하더라도) 그런 소수자가 존재하는지, 누구에게 이 표현을 적용할 것인지를 두고 열띤 논쟁이 벌어지곤 한다.

어떤 이들에게 **히스패닉**은 스페인을 기원으로 삼는 문화, 강력한 영향력을 지닌 문화, 대부분 하얀 피부를 지닌 사람들의 문화를 기리는 '노예의 이름'이다. 이 문화는 상대적으로 빈곤하고 갈색 피부를 지닌 원주민이 살아온 아메리카 대륙과 카리브해 지역을 침공하고 수 세기 동안 식민화했다.[54] 어떤 이들은 스페인의 침공에서 살아남은 남아메리카 지역 원주민의 유산을 상기하며 라티나Latina 혹은 라티노Latino라는 표현을 선호한다. 그 밖에도 치카나Chicana 혹은 치카노Chicano라는 표현을 선호하는 이들도 있다. 이 표현에는 때로 조롱이나 비속어로 쓰인 정체성을 미국 남서부 지역에서 살아가는 멕시코계 이주자와 멕시코-원주민계 이주자를 지칭하는 정치적이고 종족적인 자부심의 용어로 되찾는다는 의미가 있다.*

---

* 히스패닉은 스페인과 관련된 이들을 가리키는 단어로 제국주의 시기 스페인이 침공하고 지배한 지역에서 사는 이들을 지칭하는 말로 활용된다. 라티노, 라티나, 라티넥스Latinx는 라틴아메리카 배경을 지닌 이들을 가리키는 용어로 각각 남성명사, 여성명사, 성중립명사로 사용된다. 치카노, 치카나, 치카넥스Chicanx는 멕시코계를 의미하는 용어로 각각 남성명사, 여성명사, 성중립명사로 쓰인다. 히스패닉, 라티넥스, 치카넥스 모두 제국주의와 식민주의 역사를 시사한다는 점에서 어떤 표현으로 자신을

인종과 계급이 밀접하게 얽혀 있듯이 젠더 역시 멀리 떨어져 있지 않다. 인종과 젠더 고정관념을 해소하려는 많은 연구자가 이를 별개의 문제로 다루곤 하지만 데이비드 엥이 지적했듯 인종적 이상은 결코 젠더중립적이지 않다. 예를 들어 아시아인에 대한 고정관념은 아시아인 여성들을 초여성적, 수동적, 성적으로 신비로운 모습으로 재현하는 젠더 고정관념과 분리되지 않는다.

비슷한 차원에서 흑인 '폭력배' 남성에 대한 인종적 이미지는 초남성성, 감정적 강인함, 성적 능력이라는 젠더 고정관념을 심는다. 흑인 남성을 원시적인 형태의 이성애와 상대를 압도하는 성적 능력의 존재로 재현하는 인종차별적인 고정관념은 [흑인과 백인의] 인종 구분에서 맞은편에 있는 [백인] 여성을 흑인 남성이 쳐다보았다는 이유로 [흑인 남성에게] 린치를 가하는 일을 정당화하던 20세기에 적극적으로 활용됐다.

흑인 남성에 대한 정형화된 이미지 반대편에 놓인 것은 백인 남성에 대한 고정관념이다. [그 고정관념에 따르면] 백인 남성은 예일대학교를 졸업하고 월스트리트에서 일하면서 경제적으로는 성공했다. 그러나 젠더 요소를 고려하자면 매력이 없고 적극성이 부족하며 성적으로 자신감이 없는 데다 (말할

정체화하고 다른 사람에게 나타낼지 결정하는 문제는 과거와 현재를 어떻게 이해하며 동화주의 정치와 어떤 관계를 맺을 것인지에 대한 문제와 연결된다. 이들 용어는 맥락에 따라 때로는 자긍심을 나타내는 표현으로, 때로는 경멸과 비하를 함의하는 표현으로 쓰인다.

필요도 없이) **춤을 못 춘다**.

모든 인종 고정관념은 어떤 면에서 젠더 고정관념을 내재하고 있다. 따라서 인종이 이해되는 방식을 이해하는 작업은 젠더와 때로는 성적 지향까지도 고려해야 비로소 가능하다. 흑인 **불량배**라는 인종 고정관념은 그가 100퍼센트 이성애자라는 확신을 기초로 한다.

마찬가지로 아시아인 남성이 얌전하고 유순하다는 고정관념은 그의 성적 지향을 나타내는 표지로 활용된다. 일반적으로는 남성성과 성적 능력의 부재를, 구체적으로는 타고난 동성애를 암시하는 것이다. [미디어 아티스트] 리처드 펑Richard Fung이 〈내 페니스를 찾아서Looking for My Penis〉에서 이야기했듯이 사람들의 머릿속에서 "아시아인은 항문과 같은 말이다".[55]

인종을 다시 생각하기

'어떻게 행동해야 하지? 뭘 해야 하지?' 같은 질문에 답을 제시하는 이들은 동료 집단이다. 식당에 모여 있는 다른 아이들에게 그 질문의 답이 있는 것이다. 이들은 흑인이 되는 법을 알고 있다. 이들은 대중문화에서 [묘사하는] 흑인 청소년의 정형화된 이미지를 받아들이고 그 이미지를 자기 표현에 반영한다.[56]

—베벌리 테이텀

우리는 모두 지배적인 역사와 기억을 빌린 사람들이며 이에

> 순수하지 않다. …… 정체성과 정체화는 절대 같지 않다. 필연적으로 모든 정체화는 실패한 정체화다.[57] —데이비드 엥

어떤 면에서 인종 고정관념이나 인종 정체성에 담긴 인종적인 특징은 언제나 계급, 남성성과 여성성, 이성애자의 특성straightness과 동성애자의 특성gayness 같은 개념과 밀접하게 연관된다. 따라서 인종만을 분리해서 분석하는 작업은 항상 불완전할 수밖에 없다. 인종이 "진정성이라는 환상, 순수한 자아를 향한 불가능한 탐구"[58]라고 할 때, 인종[적 특징]에 대한 탐색은 결국 환영에 지나지 않을지도 모른다. 교외에 사는 백인 남자아이들이 자신을 **하얀 깜둥이**wiggers라고 부르고, 도시에 사는 흑인 남성의 옷차림, 남성성, 으스대는 모습, 스타일을 차용하며 **흑인성을 수행**하려고 하는 것은 하나의 예라고 할 수 있다.

한편 교외에 거주하는 중산층 흑인 청소년은 자신이 **충분히 흑인**이 아니며 [겉으로는 흑인처럼 보이지만 속으로는 백인처럼 생각한다는 의미의] **오레오**라고 놀림을 당할 수도 있다는 점을 걱정하기도 한다. 이는 '백인처럼 행동하는' 아시아계 미국인 청소년과 아메리카 원주민 청소년이 각각 [겉으로는 아시아계처럼 보이지만 속으로는 백인처럼 생각한다는 의미의] **바나나**, [겉으로는 아메리카 원주민처럼 보이지만 속으로는 백인처럼 생각한다는 의미의] **사과**라는 꼬리표가 붙을까 봐 두려워하는 것과 같다.

이러한 관점에서 살펴보자면 사람들은 단지 어떤 인종으로 존재하는 것이 아니라 특정한 인종이 **되는** 법을, 주어진 상황에서 특정한 인종으로 **통하는** 법을 배워야 하는 것에 가깝다. 한 청소년은 "근데 너는 왜 백인처럼 말해? 네가 백인인 줄 아나 봐?"라는 말을 들었던 경험을 회고했다. "중학교 3학년 때였어요. 하나도 좋아하지 않는 랩 음악을 듣기 시작했어요. 정말 끔찍했죠. '나는 흑인이 될 거야' 그렇게 생각했어요. 1년 동안은 진짜 지옥 같았어요."[59]

모든 소수자 정체성은 학습되는 것일까? 정체성은 몸과 문화에 기초한 것일 뿐만 아니라 우리에게 요구되는 모습을 모방하고 수행하는 과정에 기초한 것일까? 한 청소년이 **흑인처럼 행동하는** 것을 배웠던 것처럼 어떤 사람은 **남자답게 행동하는** 법이나 **동성애자처럼 행동하는** 법을, 또 어떤 사람은 **진짜 여성처럼 보이고 통하는** 법을 배우기도 한다.

모든 정체성은 특정한 모습으로 통하는 일에 관한 것일까? 엥의 견해를 참고하자면, 진짜 흑인, 아시아인, 치카노가 되는 일은 항상 자아 밖에 있는 이상에 가까워지도록 노력하는 것이라는 점에서 진짜 남자 또는 진짜 여자가 되는 일과 매우 유사하다. 절대 완벽할 수도 완벽하게 일관적일 수도 없는 불가능한 일을 벌이는 것이다. 젠더가 성기에 완전히 기초하지 않듯이 특정한 인종이 되는 **실천**doing 역시 피부색에 완전히 기초하지 않는다. 그런데 만약 이 모든 이야기가 진실이라면 **인종화되지 않은 인종**, 즉 백인의 경우는 어떠할까?

참을 수 없는 존재의 백인성

> 계몽주의 시기 이후 [백인성이] 비백인성을 맞닥뜨리는 일은 합리주의의 용어로 설명되고는 했다. 백인성은 질서, 합리성, 자기통제를 의미하고, 비백인성은 혼돈, 비합리성, 폭력을 의미했다 …… 백인성과 이성이 하나로 합쳐짐에 따라 백인의 인종차별주의와 식민주의는 도덕적으로 정당화됐다 …… 푸코가 주장했듯이 이성은 일종의 담론권력이다.[60]
>
> —조 킨첼로, 셜리 스타인버그

미국의 주류 담론에서 흑인성은 언제나 타자를 상징하는 것이었다. 백인성이 합리적인 것, 문명화된 것, 파악된 것으로 가장할 수 있도록 **퀴어한** 인종으로서 흑인성은 이국적인 것, 원시적인 것, 신비한 것을 상징했다. 지나치게 단순화된 인종 이분법(모든 이분법은 본질상 지나치게 단순화된다는 점을 떠올려보자) 안에서 **여성**이 **남성**에 대해, **동성애자**가 **이성애자**에 대해 수행하는 기능과 비슷한 것을 **흑인**이 **백인**에 대해 수행한다. 여성과 동성애는 각각 남성과 이성애가 평범한 것, 정상적인 것, 당연한 것으로 여겨지도록 별난 것, 비정상적인 것, 설명이 필요한 것으로 의미화됐다.

[역사학자] 조너선 네드 캐츠Jonathan Ned Katz는 동성애자가 의식할 수밖에 없는 성적 지향을 이성애자에게도 선사하기 위해 《이성애의 발명The Invention of Heterosexuality》(1995)에서 이성애자라는 것straightness의 의미를 해체하는 작업을 진행했다. 같은 맥

락에서 백인성 연구Whiteness Studies로 알려진 영역의 연구자들은 백인이 된다는 것의 의미를 해체하는 작업에 나서고 있다.

예를 들어 [사회학자] 루스 프랑켄버그Ruth Frankenberg는 인종차별이 존재하는 세계에서 백인이 되는 경험이 어떤 것인지 백인에게 물었다.[61] 프랑켄버그는 이들의 내면적인 경험에 백인이 **되는 것**에 관한 고요한 인식이 있음을 발견했다. 이 인식은 매일매일의 상호작용, 추측, 동일시와 관련된 일상적이고 구체적인 경험을 통해서 형성됐다.

어떤 면에서 프랑켄버그와 같은 연구자들은 담론의 **미시정치학**을 통해서 백인 주체성이 **아래에서 위로** 형성되는 과정을 드러냈다고 할 수 있다. 이들은 미국의 비백인들이 역사적으로 감당해야 했던 인종화된 존재로서의 감각을 미국의 백인에게도 부여함으로써 백인성이 가진 보편적인 것으로서의 특권적인 지위를 무너뜨리고자 했다.

이러한 작업은 특권이 작동하는 방식 때문에 생각보다 훨씬 더 어렵다. 차별을 받는 경우에는 차별을 알아차리기가 쉽다. 그러나 특권을 누리는 경우에는 특권을 알아차리기 어렵다. 기본적으로 특권은 부재를 통해서 정의되기 때문이다. 특권은 인식할 수 있는 차별이 존재하지 않는 상태를 뜻한다. 만약 당신이 주택자금대출을 받을 수 있는 것에서부터 가게 주인이 택시를 잡아줄 만큼 친절하게 대우하는 것까지 지금까지 한결같이 특권을 누렸다면, 당신이 세계를 경험한 방식이 세계가 움직이는 **평범한** 방식이라고 생각할 것이다. 인종차별은 구조적인 문제가 아니라 일탈적인 상황으로, 분명 잘못된 것이긴 하지만 널리 퍼져 있다고는 할 수 없는 것쯤으로 느껴질 것이다.

백인성 연구자들은 유럽계 백인들이 인종차별을 **구조적인 문제**로 이해하도록 안내하고 있다. 또한 대다수 비백인 미국인들이 또 다른 **평범한 삶**에서 매일같이 인종차별을 경험한다는 사실을 알리기 위해 나서고 있다. 백인성 연구는 **불이익을 받는** 집단으로 비백인 집단을 조명하는 방식에서 **이익을 누리는** 집단으로 백인 집단을 조명하는 방식으로 문제의 초점을 옮겨내고자 애쓰고 있다. 이를 통해 **평범한** 경험이 실제로는 백인의 경험일 수 있음을 다시 살피려는 것이다.

또한 이는 특정한 계급의 경험일 수도 있다. 백인에게 주어진 특권은 대부분 특정한 계급에 주어진 특권이기 때문이다. 헨리 루이스 게이츠 주니어Henry Louis Gates Jr.와 코넬 웨스트Cornel West가 《인종의 미래The Future of the Race》에서 이야기했던 것처럼 흑인 교수와 빈곤한 흑인 사이의 격차는 흑인 교수와 정년이 보장된 백인 교수 사이의 격차보다 훨씬 크다.[62] 계급은 인종만큼이나 중대한 차이를 만들어낸다.

NOTE 비슷한 측면에서 많은 사람은 젠더 고정관념이 일으키는 차별과 폭력이 성인 대부분에게 별 문제가 아니라고 생각한다. 차별과 폭력을 인식하지 못하기 때문이다. 아동기를 지나고 나면 대부분은 결국 젠더 규범에 순응하고 만다. 그러나 어떤 식으로든 확실하게 **선을 넘는** 순간, 완벽하게 다른 세계가 펼쳐진다. 혼란, 경멸, 냉담이 당연하고 진짜 **평범**[한 삶]은 멀리 떨어진 것처럼 느껴지는 세계 말이다.

법이 '평범한 일'이라고 판단하는 것

전통적인 자유주의 정체성 정치학이 추구한 역설적인 목표는 능력주의였다. 모든 사람에게 인종이 있지만 모든 인종은 평등하다는 것, 인종차별은 인식하지만 피부색에 따른 구분은 하지 않겠다는 것race-sensitive but color-blind이었다. 우리는 이 역설적인 목표가 힘을 잃은 지점에 도달했다. 체제 내에서 법과 운동을 통해 점진적이지만 불가피한 변화를 추구하는 자유주의 서사 역시 진부해 보일 뿐이다. 주목할 만한 변화가 (특히 사법부에서) 있기는 했지만 인종차별은 지울 수 없는 흔적으로 미국 사회에 남아 있다.

몇몇 이들이 **시민권 이후 시대**라고 부른 지난 20여 년 동안 새롭게 등장한 저술가, 이론가, 법학 연구자들은 인종에 대한 논의를 새로운 방향으로 이끌어가고 있다. 이들 사상가는 자유주의적이고 전통적인 법학 연구에도, 매우 느리게 형성되는 반anti인종차별 법학 체계와 더딘 입법 과정에도 불만을 표한다.

비판적 인종이론을 따르는 이론가들은 인종과 인종적 정체성을 새롭게 상상하고 동성애 논의나 퀴어함과의 교차점을 다시 살피고 있다. 이들의 작업을 추동하는 힘은 인종차별적인 행동이 단지 예외적인 사례가 아니라 강력한 문화적 규범이라는 단호한 믿음이다. 강력한 문화적 규범은 인종차별적이라고 할 수 있는 행동 대부분을 문제가 없는 것처럼 보이게 만든다. 담론의 영역에서 특별한 문제로 여겨지지 않는 것은 법에서도 문제로 다루어지지 않는다.

의회와 법원에서 다루는 사안은 극악무도한 차별 사례뿐이다. 나머지 대다수를 차지하는 **일상적인 인종차별**은 엄청난 고통과 상처를 남김에도 가시화되지 않고 있다.

비판적 인종이론가들은 인종을 구성하는 핵심 개념에 질문을 던진다. 이들은 인종적 계층화가 왜 존재하는지, 계층화가 어떻게 적용되는지, 계층화로 인한 영향을 개선하는 데 가장 큰 책임이 있는 법, 종교, 철학, 과학과 같은 제도가 어떻게 오히려 계층화를 공고하게 만들어왔는지 등을 묻는다. 진보적 사상의 **제2의 물결**을 구성하는 이들은 포스트모더니즘을 통해 몸의 또 다른 측면을 해체하면서도 제1의 물결이 빠뜨린 것을 바로잡는다.

비판적 인종이론가들은 자신들이 살아내고 있는 정체성을 해체하는 작업을 기꺼이 감행함으로써 논의를 진전시킬 수 있는 새로운 조건이 나타날 희망을 제시한다. 리처드 델가도 Richard Delgado나 킴벌리 크렌쇼Kimberlé Crenshaw처럼 법학을 배경으로 하는 많은 이들은 법원이 **피부색으로 사람을 구분하지 않았다**고 판단하는 것, **평범한 일**이라고 판단하는 것에 사실은 사회에 깊이 뿌리내린 백인 문화와 백인 정상성이 은연중에 반영되어 있음을 드러내려고 한다.

만약 법이 우리가 사회를 정의하고 설명하는 이야기에 근거한다면, 법이 기초로 삼는 이야기는 [구체적으로] 누구의 것인가? 누가 말하는 역할을 맡고 누가 듣는 역할을 맡는가? 복지 수급권자의 증가는 흑인 남성을 마구잡이로 감옥에 가두기 때문인가, 아니면 악착같이 제도를 이용하는 '복지 여왕'* 때문인가? O.J. 심프슨O.J. Simpson은 질투에 찬 분노로 아내를 살해한 범인인가, 아니면 인종차별적인 로스앤젤레스 경찰국이 파놓은 함정에 빠진 것인가?** 아시아계 미국인은 인종차별이 만든 엄청난 장벽을 마주하고 있는가, 아니면 언뜻 보이는 경제적 성취가 이들이 '성공한 소수자'라는 점을 증명하는가?

주류 문화는 법을 정체성에 구애받지 않는 중립적인 심판

---

* '복지 여왕'은 수십 개의 가명을 이용해서 정부로부터 많은 복지 혜택을 받아 고급 승용차를 몰고 다니는 가상의 인물을 가리킨다. 복지 여왕 담론은 빈곤계층 흑인 여성을 도덕적으로 비난하는 정형화된 이미지를 만들어냄으로써 인종적 편견과 성차별을 조장하고 사회적 소수자에 대한 공격을 정당화했다. 1976년 미국 대통령 선거에 출마한 로널드 레이건이 복지 여왕에 대한 비난을 앞세운 캠페인을 벌인 이후 빈곤계층 흑인 여성에 대한 고정관념이 대중적으로 강화됐다.

** O.J. 심프슨은 저명한 흑인 미식축구 선수로 1994년 전 배우자인 백인 여성 니콜 브라운Nicole Brown과 지인 론 골드먼Ron Goldman을 살해한 혐의로 기소되어 재판을 받았다. O.J. 심프슨의 재판은 1992년 인종차별을 배경으로 발생한 무력 충돌인 로스엔젤레스 사건Los Angeles Riots의 여파 가운데 치러졌으며 재판 과정 전체가 전국적인 주목을 받았다. 재판은 O.J. 심프슨에 대한 무죄 선고로 종결됐고 사건은 미해결 상태로 남아 있다.

관으로 생각한다. [반면에] 비판적 인종이론 연구자들은 법과 입법 과정이 지배 문화의 영향을 받는다고 해석한다. 지배 문화는 자신의 가치와 필요를 반영하고 확장하는 특정한 담론을 만들어낸다. 그러나 지배 문화는 자신이 발명한 담론을 마치 보편적인 것으로 제시하며, 이로써 권력을 유지한다.

예를 들면 다른 어떤 사회적 재화보다 사유재산의 가치를 높이는 일, [크랙]코카인 의존자는 열심히 처벌하지만 알코올 의존자는 처벌하지 않는 일,*** 일자리를 늘리는 법은 제정하지 않은 채 복지 수급권자를 줄이는 법을 제정하는 데 몰두하는 일이 여기에 해당한다. 법은 대개 동등한 권리를 가진 동등한 행위자를 가정하지만, 인종차별적인 체계 속에서 소수자들은 결코 동등한 지위와 권리를 가지지 못한다. 그럼에도 법이

*** 1970년대 리처드 닉슨 대통령이 선포하고 1980년대 로널드 레이건 대통령이 가속화한 '약물과의 전쟁'은 약물 소지, 판매, 유통, 구매에 연관된 모든 이를 형사처벌하고 대규모로 수감한 정책이었다. 이 과정에서 비백인, 특히 흑인 남성의 수감률이 급증하는데, 여기에는 약물 단속이 비백인 커뮤니티에 집중되는 구조적 인종차별, 사회경제적 계층 이동성이 경직된 소수자 커뮤니티의 물적 조건, 신자유주의로의 전환에 따른 교도소 민영화와 감산복합체의 탄생 등이 영향을 미쳤다. 특히 형사처벌 기준에 반영된 인종차별은 소수 인종을 겨냥한 감금 정치를 심화시켰다. 예를 들어 가격이 높아 백인 고소득층이 많이 이용하는 분말코카인 관련 형량은 500그램에 5년 형이었고 가격이 낮아 비백인 저소득층이 많이 이용하는 크랙코카인 관련 형량은 5그램에 5년 형이었다. 2010년 버락 오바마 대통령 집권 시기 '공정형량법Fair Sentencing Act'이 제정되면서 약물 형태에 따른 형량 격차가 줄어들었고, 크랙코카인 단순 소지에 대해 최소 5년 형을 강제하던 기준이 사라졌다.

이러한 사실을 고려하는 경우는 거의 없다.

비판적 인종이론가들은 **법을 인종화하고**race the law 법의 이면에 감춰진 규범과 서사를 드러내며 대안적인 관점을 증진하기 위해 애쓰고 있다. 이들은 [학술]연구, 개인적 서사, 가상의 이야기, 하위문화 탐구 등 다양한 기법을 활용하며 소수자의 삶의 맥락을 논의 안으로 다시 가져오고, 이를 통해 타자성을 담론에 다시 불러온다. 한 연구자의 표현을 빌리자면, 이들은 "통제적 이미지"[63]를 바꿔내려고 한다.

다른 식으로 표현하자면 이들은 법과 법이 구사하는 언어의 투명함을 해체한다고 할 수도 있다. 이들은 법에 인종을 고려하는 관점을 적용하고 역사를 부여함으로써 공정하고 정의로운 것이 무엇인지 선언하는 법의 특권적인 지위와 보편적인 목소리를 부정한다.

정체성의 해체와 정치학의 해체

그러나 이러한 노력이 정치적으로 위험해 보일 수도 있다. 정체성을 해체하는 과정에서 정치적 실천의 기초마저 파괴하는 것은 아닌지 염려하기 때문일 것이다. [몇몇] 페미니스트 이론가는 여성 정체성의 죽음은 페미니즘의 죽음이고, 페미니즘의 목표는 여성의 이름으로 추구해야 하며, 페미니스트 정치학은 여성[이라는 정체성]을 요청한다고 꾸준히 주장해왔다. 같은 맥락에서 인종을 해체한다는 것이 인종차별의 폐해도 인종차별에 맞서는 의의도 부인한다는 뜻은 아닐까?

그러나 비판적 인종이론가들은 인종 정체성의 해체가 반드시 시민권 정치학의 해체를 의미하지는 않는다는 사실을 계속해서 보여주고 있다. 버틀러의 관점을 빌리자면 이들은 오히려 다양한 인종 정체성이 나타날 수 있는 조건을 정치적인 문제로 구성해내는 일에 나서고 있다.

인종에 관한 담론은 단지 부정적인 것(제한하고 억압한다는 의미에서)이 아니라 생산적이기도 하다. 젠더와 성적 지향 논의에서와 마찬가지로, 인종차별에 맞서는 투쟁은 주류 문화가 인종에 대한 구체적인 자기인식을 지닌 특별한 형태의 인간을 어떻게 생산하고, 가능하게 만들며, 필요로 하는지 묻는 데서 시작된다.

비판적 인종이론가들이 [기존의 해석을] 기꺼이 '거스르고' 인종 범주가 어떻게, 그리고 왜 생산되는지를 묻는 작업은 인종이 구성된다고 이해하는 것과 인종적 억압이 존재한다고 이해하는 것 중에서 하나를 선택할 필요가 없음을 알려준다. 인종이 구성된다는 점을 인정하는 일이 반드시 인종적 억압을 부인하는 일을 의미하지는 않는다.

인종적 억압은 인종화된 집단에 발생하는 문제일 뿐만 아니라 사람들이 인종화된 존재**로서** 구성되는 방식과 이유에 대한 것이기도 하다. 인종적 억압이 너무도 끈질기고 고통스럽다는 사실이야말로 권력과 담론의 작동이 인종화된 몸을 생산하는 과정에 대해 반드시 질문해야 하는 이유가 된다.

3부 | 정체성 정치를 넘어

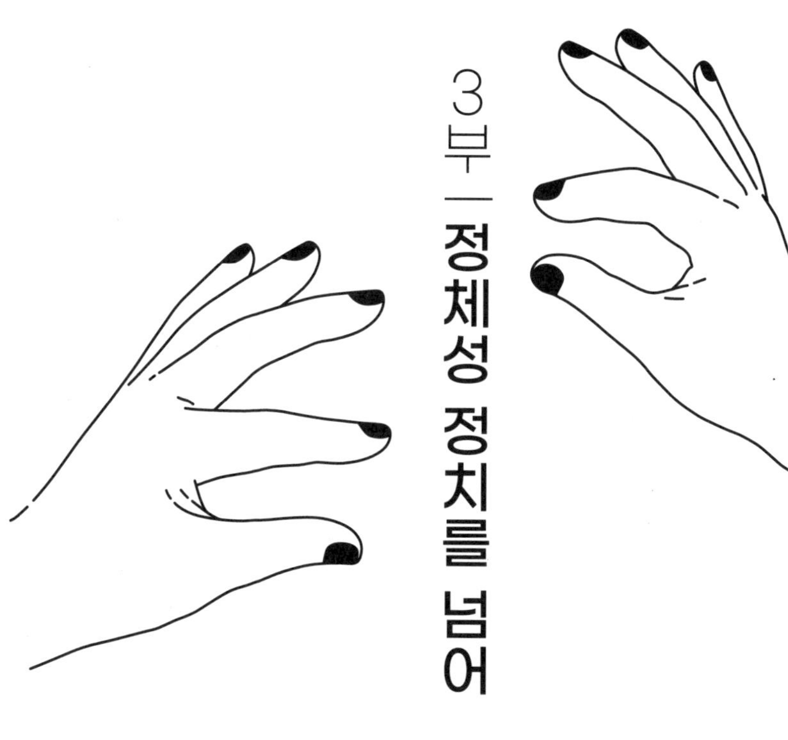

9

인터섹스 어린이와 정체성 정치

> 권력을 생산하는 담론은 추상적이지만, 과학과 이론이 우리의 몸과 마음에 물질적이고 실제적인 차원에서 행사하는 권력은 전혀 추상적이지 않다. 이는 일종의 지배이며 지배의 표현이다.[64]
>
> —모니크 비티그

주변부에 있는 몸

푸코가 지적했던 것처럼 담론권력이 지닌 효과는 담론이 작동하는 한 알아차리기 어렵다. 우리가 일단 [누군가를] 동성애자, 흑인, 여성, 트랜스젠더로 **인식**했다면 이러한 정체성이 항상 **존재**하는 것은 아니라는 사실을 생각하기란 쉽지 않다. 우리는 그들과 만나는 순간 그들에 관한 문화적 담론이 자연스럽게 떠오른다고 생각한다. 하지만 애초에 그러한 특정한 정체성을 만든 것은 담론이다.

작동하는 담론권력을 분명하게 인식하려면 사회의 주변부에 있는 몸에 주목해야 한다. 주변부가 주변부인 **이유**는 담론이 힘을 잃는 곳, 우리가 지닌 어떠한 패러다임도 설명력을 상실하는 곳, 곤란한 예외로 여겨지던 모든 것이 문제를 일으키는 곳이기 때문이다.

우리는 어떤 몸이 주변화되는 현상을 그 몸이 중요하지 않다는 의미로 이해할 수도 있다. 그러나 어떤 몸이 주변화되는 현상을 표준적인 설명의 불완전함이 드러나는 중요한 증거로 이해하면서 우리의 인식이 언어, 지식, 진리의 작동으로 형성됐음을 살펴보는 계기로 삼을 수도 있다.

이를 위해서 우리는 여성, 동성애자, 트랜스젠더, 인종적 소수자의 사례에 기댈 수도 있다. 그러나 이들이 얼마간의 사회적 정당성을 획득했다는 점에서 더욱 주변화되고 곤란한 몸을 향해 조금 더 멀리 나아갈 필요가 있다.

우리는 **문화적 인식 가능성의 격자**에 여전히 들어맞지 않는 몸, 사회적으로 인정된 정체성으로 아직 '확립'되지 않는 몸을 이야기해야 한다. 여기에서 우리가 이야기할 것은 바로 반음양hermaphrodite이다.

셰릴 체이스Cheryl Chase는 '진성 반음양true hermaphrodite'에 속한다. 대부분의 인터섹스가 '단지' 가성 반음양pseudo-hermaphrodites이라는 점을 고려할 때 셰릴 체이스의 경우는 매우 드문 사례다.*

사람들은 **반음양**이라는 말 때문에 이들을 대부분 '여성과 남성의 성기를 모두' 가지고 태어난 사람으로 생각하지만, 이는 사실상 불가능하다. '반음양'은 오래된 의학용어이며 올바른 표현은 **인터섹스**intersex다.

브라운대학교의 저명한 의학 연구자인 앤 파우스토스털링에 따르면 신생아 2,000명 중 1명은 인터섹스다. 인터섹스 활동가들의 표현처럼 이들은 **뜻밖의 성기를 가지고** 태어난 어

* 진성 반음양은 난소조직과 정소조직이 모두 있는 경우를, 가성 반음양은 난소가 있는 상태에서 성기 형태가 남성형인 경우 또는 정소가 있는 상태에서 성기 형태가 여성형인 경우 등을 뜻한다.

린이다. 다시 말해서 우리의(음, 아마 **여러분의**) 성기보다 못할 수도 나을 수도 있는, 어쩌면 전혀 다른 게 없는 성기를 가진 어린이다.

셰릴은 전국적인 인터섹스권리옹호단체인 북미인터섹스협회Intersex Society of North America, ISNA를 설립했고, (나와 함께) 북미인터섹스협회의 소식지 《성깔 있는 반음양Hermaphrodites with Attitude》을 발행했다. 권리를 주장하는 인터섹스단체는 상당히 드물었다. 나는 셰릴을 '반음양 대표Head Herm'라고 부른다.

NOTE 인터섹스와 관련한 이슈에 대해서는 북미인터섹스협회(https://isna.org)와 우리와같은몸들(https://bodieslikeours.org)의 웹사이트에서 정보를 얻을 수 있다.

찰리를 셰릴로 만들어내기

'셰릴'은 사실 '찰리'로 태어났다. 찰리는 무척 행복하고 정서적으로 안정적인 남자아이였다. 하지만 찰리의 의사는 그렇지 못했다.

우선, 찰리가 꽤 작은 페니스를 갖고 있었다는 점을 이야기해야겠다. 찰리에게 정소조직과 난소조직을 모두 지닌 '난소'가 있었다는 점도 덧붙여야겠다.

언어는 여기서 다시금 중요한 문제가 된다. 특히 찰리의 몸이 주변부에 있었다는 점에서 언어가 중요해진다. 주변부에서는 대상을 인식하고 이해하는 방식이 대상에 어떤 꼬리표를 달 것인지를 통해서 우선적으로 결정된다. 예컨대 남자아이에게 난소가 있을 때, 특히 셰릴의 경우처럼 난소에 상당한 양의 정소조직이 있을 때, 이 생식기관은 여전히 난소일까? 의학은 이분법적이지 않은 선택지를 제공하지 않는다. 앞에서 살펴본 것처럼 이분법적이지 않은 '생식샘'이라는 용어가 있었지만 말이다.

찰리가 18개월이 됐을 때, 여러 검사, 상담, 그리고 진단을 위한 회의를 거친 의사들은 찰리가 사실은 셰릴이라고 결정했다. 이는 찰리의 작은 페니스가 실제로는 비정상적으로 큰 클리토리스라는 것을 뜻했고, 따라서 의사들은 그것을 잘라냈다.

인터섹스 진단의 치료 프로토콜에 따라 찰리의 존재를 증명하는 모든 것은 감춰졌다. 남자아이의 옷과 장난감은 버려지고 여자아이의 옷과 장난감이 채워졌다. 파란색의 세계에서 분홍색의 세계로 옮겨진 것이다.

찰리의 부모는 셰릴의 역사에 관한 질문을 받으면 거짓말을 해야 한다는 강력한 충고를 받았다. 인터섹스로서 수술을 받았다는 사실이 아이에게 지울 수 없는 트라우마를 남길지도 모른다는 이야기였다. 의사들은 아이가 인터섹스로서의 역사를 알게 될 경우 자신들이 수술과 비밀 유지를 통해서 형성해놓은 젠더 정체성 감각이 약화될 수 있다고 걱정했다.

찰리는 셰릴이 되는 과정에서 엄청난 대가를 치러야 했다.

의사들은 찰리에 속한다고 생각하는 많은 부분을 [수술을 통해] 제거했고, 성적인 자극과 관련된 부분 또한 대부분 없어졌다. 셰릴이 성장한 이후에 오르가슴을 느낄 수 있는 능력 역시 사라졌다.

인터섹스 성기절제

아이가 인터섹스라는 사실은 의사와 부모에게는 정신의학적 응급 상황을 의미하며, 이들은 어린이에게 외과수술cutting을 시행함으로써 대처한다. 그러나 진짜 환자는 충격에 빠진 어른들이다.

—셰릴 체이스

본 학회는 인터섹스의 **감정, 인지, 신체 이미지**의 발달에 깊은 우려를 표하며, 이른 시기에 이루어지는 성공적인 성기 수술이 문제를 최소화할 수 있음을 밝힌다.[65] [강조는 저자]

—인터섹스 성기절제에 관한 미국소아청소년과학회 보도자료

지식은 이해가 아니라 분류cutting를 위해 만들어진다.[66]

—미셸 푸코

셰릴이 받은 수술은 '인터섹스 성기절제Intersex Genital Mutilation, IGM'(이하 IGM)라고 불리기도 한다. IGM은 성기성형수술로, 유일한 목적은 인터섹스 어린이를 **정상적인** 남자아이 혹은 여

자아이와 비슷하게 만드는 데 있다. 기능 이상, 요로 폐쇄, 반복 감염 등을 치료하기 위한 수술은 IGM과 전혀 무관하다.

IGM은 1950년대에 이르러 일반적인 소아청소년과 수술로 자리를 잡았다. 그전에는 지속적인 고통을 유발하거나 건강을 위협하는 성기 기형이 아닌 경우 별다른 수술을 받지 않았다. 파우스토스털링에 따르면, 오늘날 미국에서 성형 목적으로 외과수술을 받는 어린이는 매년 약 1,000명 혹은 매일 다섯 명이 있다.*

북미인터섹스협회나 젠더팩 같은 권리옹호단체는 섹스 없이 인터섹스 어린이를 양육하는 일을 지지하지 않고 있다. 적어도 현재는 사회적으로 불가능한 일이기 때문이다. 그 대신 성형이 유일한 목적인 어린이 성기수술을 그만두어야 한다고 주장한다. 몸과 성적 건강에 영향을 미치는 중대한 결정에 참여하고 수술에 대한 사전 동의 의사를 표현할 수 있을 만큼 인터섹스 당사자가 성장한 이후에 수술 여부를 정해야 한다.

---

* 앤 파우스토스털링이 참여한 연구에 따르면 성별 이분법에 완벽하게 부합하지 않는 이들은 전체 신생아 중에서 1.728퍼센트에 해당하며, '교정수술'을 받는 이들은 0.1퍼센트에서 0.2퍼센트에 이른다. (Melanie Blackless et al., "How Sexually Dimorphic Are We? Review and Synthesis", *American Journal of Human Biology 12.2*, 2000, pp. 151-166.)

'진짜 섹스'라는 코미디

[인터섹스에 대한] 내 발표를 들은 한 소아청소년과 간호사는 이렇게 항의했다. "그런데 저희가 어린이의 진짜 섹스를 알아내기 위해서 실시하는 검사들은 왜 하나도 얘기하지 않는 거죠?" 인터섹스 어린이에 대한 담론은 이들이 '실제로' 지닌 이분법적 섹스가 무엇인지 파악해서 적절하게 '바로잡는' 일에 무게를 두고 있다. 인터섹스 어린이의 섹스가 우리에게 즉각적으로 식별되지 않을 가능성이나, 의사들이 정확히 밝혀내고 규정하기 위해 여념이 없는 이분법적인 섹스가 아닐 가능성은 고려되지 않는다. 인터섹스 [어린이의] 몸이 우리에게 별다른 해명을 할 필요가 없을 가능성이나, 인터섹스 어린이의 섹스가 무엇이든 상관없이 인터섹스 어린이가 **존재**할 수 있을 가능성 또한 마찬가지다. 이분법적이지 않은 섹스는 의학계에(그리고 대부분의 사람들에게) 말도 안 되는 일로 여겨지기 때문이다.

셰릴이 지적했듯이 인터섹스는 **존재하지 않는** 섹스다. 우선 인터섹스는 언제나 다른 ['진짜'] 섹스가 '감추어진' 것이기 때문이고, 둘째로 인터섹스가 드러나는 순간 우리가 지워버리기 때문이다. 우리가 인터섹스 어린이의 몸에서 어떤 섹스를 '발견'하든지 간에 이는 우리가 선택하는 표지가 무엇인지(호르몬, 성기, 전체적인 신체구조, 염색체, 생식샘 등), 각각의 표지에 우선순위를 어떻게 매길 것인지에 전적으로 의존한다.

예를 들어 [ABC 채널의 프로그램] 〈프라임타임 라이브

Primetime Live〉에서 별난 상황이 펼쳐진 적이 있다.[67] 존스홉킨스 병원 소아청소년과에서 성기수술을 시행하는 외과 의사 존 기어하트가 [진행자] 다이앤 소여(그리고 시청자)에게 인터섹스 어린이의 성기 사진을 보여주면 진행자가 인터섹스 어린이의 **진짜 섹스**를 맞추는 장면이었다.

이들은 아주 이상한 대화를 나눴다.

진행자: 남성이에요, 그렇죠?

의사: 아니요. 여성이에요. 이 사진은요?

진행자: 여성이요.

의사: 아니요, 남성인데요.

진행자: 이번에는 확실히 남성이에요. 이게 작은 페니스처럼 보이거든요.

의사: 유감스럽게도 여성이에요. 이 사진은요?

진행자: 여성인가요?

의사: 남성이요. 이번에는요?

진행자: 남성인가요?

의사: 여성입니다.

진행자: 젠장!

언어는 실재하지만 몸은 그렇지 않다.

여기서 [언어가] 투명하다는 변명은 소용없다. 우리는 몸에 언어를 맞추지 않는다. 몸이야말로 언어에 반드시 들어맞아야 한다. 인터섹스의 몸을 설명하는 우리의 유일한 언어는 이를 병리화하고 결과적으로 가치 없는 것으로 치부하는 말뿐이다.

섹스에 대한 의문이 발생한 상황에서는 자연의 법칙이라는 뻔한 주장조차 펼칠 수 없다. 틀림없이 자연은 다양한 모습을 품는다. 그렇지 않은 것은 우리다.

한번은 인터뷰에 참여할 인터섹스를 찾고 있던 프로듀서와 대화를 나눈 적이 있다. 그는 외과수술 때문에 '잘못된 섹스'를 지정받게 된 사례에 관심이 있었다. 우리가 나눈 대화는 이런 식이었다.

> 프로듀서: 우리는 섹스가 잘못 지정되는 바람에 잘못된 섹스로 성장한 사람을 찾고 있어요. 존/조운John/Joan* 같은 사례요.

---

* 존/조운 사례로 알려진 데이비드 라이머David Reimer, 1965~2004는 태어날 때 남성으로 지정받았지만 외과 사고로 음경에 손상을 입은 뒤 생후 22개월에 여성으로 재지정되는 수술을 받았다. 심리학자 존 머니John Money는 라이머의 사례를 존/조운 사례로 명명하고는 젠더 정체성의 사회적 학습에 관한 자신의 주장을 뒷받침하는 근거로 삼고 '치료'에 나섰다. 라이머의 부모는 라이머에게 과거에 대해 이야기하지 말라는 경고를 받았고, 라이머는 그의 일란성 쌍둥이와 함께 삽입 성교 자세를 시연하라는 폭력적인 요구를 받기도 했다. 지속적인 우울감과 자살 충동을 겪은 라이머는 자신의 과거를 알게 된 후에 스스로를 남성으로 정체화하고 테스토스테론요법과 외과적 조치를 받았다. 라이머의 사례는 라이머가 경험한 고통과는 무관하게 신생아 시기 강제적인 의료적 개입을 정당화하는 근거로 인용됐고, 구체적인 정황이 밝혀진 이후에는 많은 논쟁을 촉발했다.

나: 그게 잘못된 섹스인지는 어떻게 알 수 있나요?

프로듀서: 실제로는 남성이었는데 여성으로 지정되거나 실제로는 여성이었는데 남성으로 지정된 경우요.

나: 그렇군요. 그런데 실제로 인터섹스인 경우는요?

프로듀서: 알겠어요. 무슨 말씀인지 이해했어요. 그런데 저희는 섹스가 잘못 지정된 사람을 찾고 있어서요.

나: 그런데 실제로 인터섹스인 경우에는 섹스를 어떻게 지정하든 전부 잘못 지정하는 거잖아요.

프로듀서: 맞아요. 무슨 말씀인지 이해했어요. 정말로요.

나: 셰릴 체이스를 인터뷰하는 건 어떠세요? 그/그녀는 잘 알려진 데다가 이야기도 매우 잘하는 친구예요.

프로듀서: 셰릴이 잘못 지정된 사례인가요?

나: 네, 그/그녀는 남자아이로 자랐는데 이후에 다른 사람들이 여성이라고 결정해버렸어요.

프로듀서: 그러니까 그녀가 실제로는 남성이라는 뜻인가요?

나: 아니요. 그/그녀는 실제로 셰릴이에요.

프로듀서: 알겠어요. 이해했습니다. 정말로요. 그럼 그녀가 실제로 여성이라는 거군요. 그렇죠?

나: 음, 저한테는 그/그녀가 여성으로 보이지만, [지금 말씀하시는 건] 머리카락, 호르몬, 염색체, 성기 같은 측면이잖아요?

프로듀서: 잘 아시네요. 그녀의 **진짜** 섹스 말이에요.

나: 셰릴의 진짜 섹스는 인터섹스예요.

프로듀서: 맞아요, 이해했어요. 정말이에요. 그런데 섹스가 잘못 지정된 인터섹스를 소개해주실 수는 없나요?

담론, 그리고 이분법의 폭력

셰릴/찰리는 그/그녀에게 벌어진 일에 발언권을 갖지 못했다. 자신에게 아무 문제가 없다고 불평하지도 못했다. 모든 일은 그/그녀의 '행복'을 위해서 이루어졌다.

셰릴/찰리가 만났던 소아청소년과 의사와 간호사는 악의적이거나 편협한 사람들이 아니었다. 오히려 셰릴/찰리의 행복한 삶을 위해 정성을 다하는 헌신적이고 전문적인 의료진이었다. IGM은 언제나 아이를 돕기 위해 이루어지는 바람직한 수술로 여겨진다.

셰릴이 절제수술을 받은 것은 거대한 국가기관이 위에서 아래로 권력을 행사했기 때문이 아니다. 국가가 악당 역할을 자주 맡기는 하지만, 셰릴에게 작동한 권력은 성에 관한 문제에서 흔히 나타나는 억압하고 부정하는 권력이 아니었다. 셰릴에게 영향을 미친 섹스 담론은 셰릴의 섹스를 **제약**한 것이 아니라 해석하고 강제하며 **요구**했다.

찰리가 셰릴로 변화된 일은 권력의 미시정치학 가운데 이루어졌다. 수많은 사람이 [셰릴에 대한] 사소하고 비인격적인 판단과 실천에 참여했다. 이때의 권력은 특별한 누군가가 소유한 것이 아니었으며 실질적으로 찰리를 제외한 모든 사람이 행사한 것이었다.

셰릴에게 작동한 생산적인 권력은 언어와 의미를 활용했다. 셰릴의 성기에 결함이 있다고 해석하고, 셰릴의 몸을 인터섹스로 생산하며, **정상적인** 남성과 여성을 기준으로 셰릴을 이해해야 한다고 주장했다. 권력은 새로운 이름, 역사, 옷장, 침실, 장난감을 가진 새로운 인간을 지속적인 침묵과 삭제를 통해 사회적으로 생산해냈다.

생산적인 권력은 경찰, 법원, 의회를 통해서 강제력을 발휘하는 익숙한 형태를 띠지 않는다. 강압적인 권력은 적어도 우리가 어떻게 맞서 싸워야 하는지 알고 있다는 점에서 익숙한 편이다. 하지만 찰리의 몸에 엉겨 붙은 권력은 전적으로 다른 것이다. 우리에게는 이러한 종류의 권력에 대응해본 경험도 맞서 싸울 전략도 거의 없다.

찰리의 수술과 관계된 과학은 우리가 흔히 생각하는 과학과 다른 영역에 속한다. 우리에게 익숙한 과학은 논리적이고 객관적이며 공정하다[고 간주된다]. 그러나 반음양의 몸에 엉겨 붙은 과학은 이해관계에서 전혀 자유롭지 않다. 오히려 섹스의 보편성을 수호하고 재생산에 대한 사회적 이해관계를 보장하는 것을 최우선으로 한다. 실제로 IGM의 기본 규칙 중에는 성장한 이후에 재생산 역량이 있을 것으로 판단되는 [인터섹스] 어린이는 모두 여성으로 지정해야 한다는 것이 있다.

이러한 종류의 과학은 의도적인 무지를 특징으로 한다. [인터섹스] 어린이의 몸이라는 가장 구체적인 사실의 인정을 거부하는 것이다. 목표와 상반되는 어떠한 사실이나 해석도 철저하게 부인하는 모습은 놀라울 따름이다.

편파적이고 열정적이며 정치적인 섹스의 과학

다른 많은 이론과 마찬가지로 섹스에 대한 의학이론은 차이를 해소하고 관리하는 데 초점을 맞추고 있다. 인터섹스 어린이는 사회를 가장 불안하게 만드는 두려움인 섹스의 다양성을 상징한다. [이를 자동차의 보닛과 엔진에 비유한다면, 섹스의 다양성은] 이분법이라는 보닛 아래 있는 재생산 엔진에서 발생하는 소음이라고 할 수 있다. 엔진의 소음은 반드시 찾아내서 조용하게 만들어야 한다.

이러한 종류의 과학은 단지 몸에만 국한되지 않는다. 정신의학에서도 젠더 정체성 장애*라고 불리는 것이 있다. 인터섹스 성기절제가 이분법에 순응하지 않는 성기에 대한 것이라면, 젠더 정체성 장애는 이분법에 순응하지 않는 젠더에 대한 것이라고 할 수 있다.

젠더 정체성 장애 진단을 받은 3세부터 18세까지의 [젠더] 비순응적인 어린이와 청소년에게는 행동수정, 정신병동 입

---

* 앞서 이야기한 것처럼 해당 진단은 2013년부터 '젠더 위화감'으로 변경됐다. 이에 따라 젠더 비순응 자체를 정신질환으로 규정하는 방식에서 벗어나 지정성별과 젠더 감각의 불일치로 인한 불편감에 주목하는 방식으로 바뀌었다.

원, 향정신성 약물처방 등이 뒤따른다. 이들이 이분법적인 젠더 규범을 넘어서고 젠더 구분을 가로질러 [지정된 것과는 다른 젠더로] 정체화하기 때문이다. 앞서와 같은 조치는 모두 규정된 젠더 역할에 **부합하도록** 어린이와 청소년들을 **도우려는** 목적에서 이루어진다.

젠더 정체성 장애를 다루는 많은 정신의학자들은 [젠더] 규범을 넘어서는 '여성스러운 남자아이'나 '남성적인 여자아이'가 동성애자로 자라날 확률이 높다고 생각한다. [어떤 면에서] 젠더 정체성 장애에 대한 치료는 성인 시기의 동성애를 예방하도록 고안된다. 그러나 동성애자활동가들은 젠더 정체성 장애 문제를 대부분 무시하고 있다. 3세 어린이는 활동가들이 대표하는 동성애자 정체성을 갖지 않기 때문이다.

물론 어린이의 젠더를 규제하려는 노력은 단지 '주변부에 있는' 어린이에게만 국한되지 않는다. 태어날 때부터 남자아이를 남성적으로 만들고 여자아이를 여성적으로 만들기 위한 수많은 사회적 실천이 존재한다. 예를 들어 우는 아기를 묘사할 때마저도 아기를 남자아이로 생각하는 경우에는 **화를 낸다**고 이야기하고 여자아이로 생각하는 경우에는 **슬퍼한다**고 이야기하는 경향이 있다. 양육자는 아이가 여자아이라고 생각할 때는 쓰다듬고 어루만지고, 남자아이라고 생각할 때는 흔들어서 달래고는 한다.

몇 년 전까지만 해도 미국 정부는 [젠더] 규범을 넘어서는 어린이를 치료하는 연구에 기금을 지원했다. '여성스러운 남자아이'를 예방한다는 명목으로 또 다른 지적인 속임수에 세금을 쏟아부은 것이다.

이 모든 일은 동성애의 생물학적 근거를 제공하려는 대항과학[의 등장]을 부채질했다. 규범을 넘어서는 몸에 **대해** 우리가 생산하는 지식은 규범을 넘어서는 몸**에** 우리가 행사하는 권력을 만들어낸다.

우리는 우리가 생산하는 지식과 언어가 투명하고 객관적이라고 주장함으로써 지식과 언어에 막대한 권위를 부여한다. 지식과 언어에 대한 비판을 차단하고, 지식과 언어가 정치적 맥락 속에서 출현했다는 점을 부인한다. 그렇지 않았다면 상상조차 할 수 없었을 지식과 언어의 과도한 권력 역시 정당화한다.

[우리가] 주변부에 있을 때, 과학은 더 이상 [우리에게] 질문하지 않고 [우리를 향해] 말한다. 자연은 더 이상 진리를 이야기하는 주체가 아니라 과학의 대상이 된다. 섹스에 대한 우리의 서사가 무너지는 주변부에서 지식은 마침내 사나운 모습을 드러낸다.

정체성 정치와 셰릴이 만날 때

셰릴은 여러 방식으로 이해된다. 성기가 절제된 여성, 성기가 절제된 남성, 트랜스젠더, 여성과 섹스하는 남성, 여성과 섹스하는 여성, 인터섹스, 또는 질이 있는 남성이라고 이해될 수도 있다. 이는 셰릴이 [단일한] 정체성에 기초한 단체와 만날 때 실질적인 어려움으로 드러났다.

우리가 전국적인 규모의 여성단체 이사회에 연락을 취했을 때, 단체 대표단은 IGM이 끔찍한 일이며 누군가가 막아야 한다고 이야기했다. 하지만 그들은 IGM이 왜 **여성 이슈**인지 알고 싶어 했다.

우리는 '인터섹스'로 진단받은 압도적으로 많은 수의 어린이들이 클리토리스가 우연히 평균에서 2 표준편차(0.95센티미터 정도의 임의적인 수치)보다 크다는 이유로 진단을 받는다는 점을 지적했다. 이러한 기준에 따르면 우리가 태어날 때 지정받은 섹스는 양자택일의 문제로서 단순하게 구분된다. 0.95센티미터보다 작은 기관은 클리토리스로 분류되고, 2.5센티미터보다 큰 기관은 페니스로 분류된다. 전자는 여자아이, 후자는 남자아이가 된다.

NOTE 언어, 지식, 과학에 몸을 만들어내는 권력이 있음을 알려주는 놀라운 이야기가 있다. 만약 소아청소년과 의사들이 진단 기준을 평균에서 3 표준편차로 늘리면 수천 명의 인터섹스 어린이는 즉시 '치료된다'.
반면에 1.5 표준편차로 줄이면 이 책을 읽는 여성 독자 두세 명 중 한 명은 순식간에 인터섹스로 분류되어 성기수술을 받아야 한다.

NOTE 0.95센티미터와 2.5센티미터 사이 크기의 기관은 비대한 클리토리스로 간주되어 절제된다. 소아청소년과 의사는 당신이 성기 '기형'을 갖고 태어난 반음양이라며 당신의 보호자에게 유감을 표할 것이다. 그러고는 당신을 현대 과학의 기적으로 '정상적인 여자아이'로 만들었다고 설명할 것이다.

NOTE 물론 그 반대의 경우는 절대 일어나지 않는다. 어떠한 소아청소년과 의사도 당신의 보호자에게 유감을 표하면서 이렇게 이야기하지 않는다. "아드님의 페니스가 지나치게 커질 것 같습니다. 20센티미터가 넘을지도 모릅니다. 남성 동성애자나 성욕이 과도한 여자가 아니고서는 아무도 아드님을 좋아하지 않을 겁니다. 저희가 빠르게 수술한다면 아드님을 구할 수 있습니다."

여성단체 이사진의 이해를 돕기 위해서 나는 진단이 어떻게 내려지는지를 보여줬다. 나는 엄지와 검지 사이 간격을 0.6센티미터 정도 두면서 "이건 여성입니다"라고 말했다. 그다음에는 엄지와 검지 사이 간격을 0.95센티미터 정도로 넓히면서 "이건 인터섹스입니다"라고 말했다. 내가 '여성'과 '인터섹스'의 차이를 손가락으로 반복해서 나타내자 이사진은 결국 고개를 끄덕이기 시작했다.

많은 인터섹스 어린이가 '실제로는' 여성이었다는 점에서 IGM은 **여성 이슈**가 됐다. 이사진은 (말 그대로 진성 반음양인)

셰릴을 여성으로 받아들이기까지 했다.

NOTE 안타깝게도 몇몇 이사는 자신들의 조직이 여성단체이기 때문에 모든 이야기를 '인터섹스 여자아이'와 관련된 맥락에서 들려줄 것을 우리에게 고집했다. 사실 '인터섹스 여자아이'라는 표현은 우리가 이들에게 전하고 싶었던 이야기와 모순되는, 아무 의미 없는 말이었다.

성취감에 들뜬 우리는 전국적인 규모의 동성애자단체에도 IGM 문제 해결을 위한 지원을 요청했다. 내가 생각해도 간절함이 묻어났던 발표를 듣고 난 후 이들은 IGM이 끔찍한 일이며 누군가가 막아야 한다고 이야기했다. 하지만 그들은 IGM이 왜 **동성애자 이슈**인지 알고 싶어 했다.

우리는 외과수술의 목적이 단지 성기와 성기가 접촉하는 성적 실천에서 인터섹스가 페니스를 받아들이게 만드는 일에 있음을 지적하면서 많은 수의 인터섹스 어린이가 이성애자로 만들어진다고 주장했다.

더 심각한 문제는 고대에나 있었을 법한 두려움으로 IGM을 시행하는 의사가 있다는 점이다. 커다란 클리토리스를 지닌 여성(어떤 남자도 좋아하지 않을 것이다)은 잠재적인 남성 배우자(모든 여성에게 필요할 것이다)를 멀어지게 하고, 페니스 삽입(모든 여성이 좋아할 것이다)에 문제를 겪으며, 남성적인 여성이나 레즈비언 여성(사실상 어떤 여성도 자신이 그런 존재가 되기를 바라지 않을 것이다)으로 성장할 가능성이 있다는 것이다.

IGM은 더 이상 **인터섹스 이슈**나 **여성 이슈**가 아니라 **동성애자 이슈**가 됐다.

우리는 트랜스젠더단체에서의 연설을 통해서 완벽한 성공을 거두기로 했다. 젠더퀴어함은 이들의 맥박과도 같은 것이었기 때문에 우리는 일이 아주 쉬울 것이라고 생각했다.

예상했던 대로 트랜스젠더활동가들은 IGM을 바로 이해했다. 이들은 모두 IGM이 끔찍한 일이며 누군가가 막아야 한다고 이야기했다. 하지만 그들은 IGM이 왜 **트랜스젠더 이슈**인지 알고 싶어 했다.

우리는 인터섹스, 여성, 레즈비언이라는 셰릴의 정체성을 강조하기보다 레이저를 쏘듯이 젠더 고정관념에 집중했다. 우리는 셰릴이 다른 섹스로의 변화를 경험했다는 점을 지적했다. 다시 말해서 셰릴은 트랜스젠더였다. 게다가 IGM은 트랜스젠더에게 해를 끼치는 경직되고 편협하며 낡은 젠더 고정관념을 강요하는 사례였다. 여기에 더해서 특정한 방식의 기관발달(작거나 부분적인 생식샘, 호르몬 불균형 등)을 겪은 적지 않은 수의 트랜스섹슈얼은 인터섹스로 진단받았을 수도 있었다.

장시간에 걸친 토론 끝에 IGM은 **트랜스젠더 이슈**가 됐다.

당연한 말이지만 어떠한 단체도 IGM 문제를 배제하려는 의도나 생각은 없었다. 이들 단체는 모두 진보적이고 헌신적이며 따뜻한 마음을 가진 곳이었다. 그러나 만약 페미니스트 커뮤니티가 의사들이 매년 수천 명의 **여자아이**에게 클리토리스 절제수술을 한다고 생각했다면, 페미니스트들은 전국에 있는 병원 문을 닫게 했을 것이다. 만약 매년 수천 명의 잠재적인 레즈비언을 없애기 위해서 의사들이 호르몬을 투여하고 수술을 시행한다고 생각했다면, 동성애자활동가들은 병원에서 시위를 벌이고 의회에서 로비를 벌였을 것이다.

이는 모두 가능한 시나리오지만 실제로 이루어지지는 않았다. [정체성을 구분하는] 임의적인 정의에 따르면 이 어린이들은 여성이 아니고, 아마 레즈비언이나 트랜스젠더도 아닐 것이기 때문이다. 이 어린이들은 **인터섹스**로 불리는 다른 존재로서 인터섹스 이슈는 여성, 동성애자, 트랜스젠더의 이슈가 아니라 다른 커뮤니티의 구성원이 겪는 의학적인 문제였다.

수많은 어린이에게 해를 끼치는 엄청나게 치명적이고 야만적인 일을 접했을 때, 어떤 단체도 IGM을 자신의 이슈로 받아들이지 못했다. 정체성을 구분하는 규칙은 체계 안의 소음과도 같은 인터섹스 어린이의 사례가 어떤 이슈에도 해당하지 않게 만들었다.

이러한 사례는 정체성 정치학에 근본적으로 문제가 있는지 고민해보는 계기가 되기에 충분하다. 이 지점에서 우리에게는 정체성의 시대에 [정체성] 정치학에 대한 비판을 이어온 주디스 버틀러가 필요하다.

QUEER THEORY, GENDER THEORY

AN INSTANT PRIMER

10

버틀러와 정체성 문제

> 정체성 범주는 흔히 페미니스트 정치학의 기초를 이루는 것으로, 페미니즘을 정체성 정치학으로 삼는 데 필요한 것으로 이해된다. 그러나 정체성 범주는 페미니즘이 열어젖혀야 하는 문화적 가능성을 미리 제한하고 한정 짓는다.[68]

> 무거운 범주에 코웃음을 치는 일은 페미니즘에 필수적이다.[69]
>
> —주디스 버틀러

우리가 여러 사회운동에 끌리는 이유는 운동이 지향하는 원칙 때문이다. 그린피스와 함께하기 위해서 고래가 될 필요는 없고, 국제앰네스티를 후원하기 위해서 외국에 있는 감옥에 갇힌 수감자가 될 필요는 없다.*

그러나 권리의 문제에서 우리는 정체성이라는 개념에, **집단**의 구성원으로서 **우리**가 가진 권리라는 개념에 끌리곤 한다. 이론가 주디스 버틀러가 보여준 것처럼 누가 어떤 정체성[집단]에 소속되는지를 정치학의 기반으로 삼는 일은 언제나 같은 종류의 문제를 마주하게 한다.

버틀러는 우리가 전통적인 자유주의 서사를 탐색할 때 활용하는 젠더, 섹스, 성적 지향, 인종과 같은 전통적인 정체성

---

* 그린피스는 1971년에 만들어진 환경운동단체로서 핵 실험 중단, 고래잡이산업 반대 등을 주장한다. 국제앰네스티는 1961년 만들어진 인권운동단체로서 사형제 폐지, 양심수 인권옹호 등에 나서고 있다.

범주에 질문을 제기했다. 이 과정에서 버틀러는 페미니스트 이론의 많은 부분을 새롭게 창조했고, **퀴어이론**이라고 불리는 것을 만든 사람 가운데 한 명이 됐다.

버틀러가 구사한 주요 전략은 정체성을 액면 그대로 받아들이지 않는 것이었다. 버틀러는 정체성이 어떻게 구성됐는지, 어떠한 정치적 목적에 복무하는지, [정체성의] 구성 과정에서 무엇이 삭제되어야 했는지, 정체성이 어떻게 실재하는 것, 자연스러운 것, 보편적인 것으로 제시될 수 있는지 [기존의 이해를] '거스르는' 질문을 제기함으로써 정체성을 전복하는 방식을 택했다.

버틀러에 의하면 **정체성 정치학**에는 근본적으로 문제가 있어 보인다. 정체성 정치학은 정체성이라는 개념을 토대로 하는데, 특정한 인종, 섹스, 성적 지향의 **존재**라는 정체성 개념 자체에 심각한 결함이 있기 때문이다.

버틀러가 페미니즘에서 논의를 시작한다는 사실이 의아할 수도 있다. 페미니즘은 여성의 정치적 이익을 대변하고 추구하는 운동으로 이해된다. 이보다 더 간단명료하게 페미니즘을 정의할 수 있을까? 그러나 **어떠한** 정체성이든 [정체성 집단의] 공통성을 가정하는 일은 현실에 존재하지 않는 통일성을 가정하는 것이 될 수 있다. 여성처럼 일견 단순해 보이는 정체성 역시 예외가 아니다.

여성이라는 정치적 범주는 이론상으로는 근사한 생각 같지만, 그 범주에는 어마어마한 인종, 계급, 젠더, 문화의 차이가 내재해 있다. 이 때문에 같은 범주 안에 있는 개별 집단이 서로 매우 다른 정치적 의제를 갖기도 한다. 예를 들어 다양한 지역에서 활동하는 여성들이 참여한 한 국제회의에서 미국의 페미니스트들은 임신중단권리나 동일임금 문제를 의제로 내세웠지만, 제3세계의 페미니스트들은 일부다처제의 폐지, 여아 살해, 여성 성기절제와 같은 문제의 종식, 여성의 재산 소유를 금지하는 법의 철폐를 의제로 내세우면서 다툼이 발생한 적이 있다.

나이, 인종, 계급, 국적 등을 고려하지 않는 여성 정체성은 (적어도 정치적 목표[를 설정하고 추구하는 방식]에서) 백인, 성인, 중산층의 이해를 반영하는 데 집중하고 젠더 규범적이며 유럽 중심적일 위험이 있다.

게다가 여성 정체성은 소유권과 정체화를 둘러싼 심각한 논쟁을 일으켜왔다. 어떤 여성들은 여성 정체성을 거부하기도 한다. 특히 여성 정체성이 중산층, 유럽 중심성, 여성성에 관한 규범에 일부러든 무심코든 의존해 있다고 판단하는 경우에 이를 거부한다. 페미니즘은 이들 '여성'을 해방하려고 노력하지만, 정작 이들은 [규범에 어긋난 이들을 배제하는,] 페미니즘의 의도하지 않은 정치적 효과에 대항한다. 역설적인 상황이 펼쳐진 것이다.

페미니즘은 이와 정반대의 문제를 놓고 갈등을 겪기도 했다. 페미니즘은 자신을 여성으로 정체화하고 여성 정체성으로 대변되기를 원하는 사람들을 거부했다. 스톤부치, 트랜스섹슈얼 남자와 여자, 크로스드레서, 인터섹스, 퀴어 청소년, 드랙퍼포머는 자매애의 깃발 아래 얼마간의 보호와 지지를 얻으려 했지만 결국은 얼마간의 반발을 마주했을 뿐이다.

이 같은 거부는 그 자체로 또 다른 문제를 일으킨다. 누가 포함되어야 하는지 정확하게 판단하는 확실한 문제뿐만 아니라 누구에게 판단의 자격이 있는지 결정하는 미묘한 문제도 있다. 누가 판단하고 어떤 결정을 내리든 판단하는 행위는 위계를 만들어낸다. 이 위계에서 어떤 사람은 다른 사람을 여성으로 **판단할 자격이 있는 여성**이라는 정당성을 먼저 갖게 된다. 해방운동은 새로운 위계를 만드는 것이 아니라 위계를 없애는 것이어야 한다.

또한 판단하는 행위 자체에는 바람직한 여성성이 무엇인지, 누구의 요구가 진정으로 **중요한지**에 관한 기준이 전제되어 있다. 일단 위계가 자리를 잡으면 기준을 충족했다는 판단을 받은 극소수의 사람은 위계를 옹호하려고 할 것이다. 자신이 속한 집단에서 이등시민이 되려는 사람은 없기 때문이다.

이러한 경향은 특히 젠더 문제에서 두드러진다. 주류 페미니즘이 **젠더 표현과 젠더 정체성** 문제와 마찰을 일으키거나 이를 무시해왔기 때문이다. 자신도 모르는 사이에 일종의 제4물결 페미니즘을 이루고 있는 젠더퀴어 청소년들은 줄지어 주류 페미니즘을 떠나고 있다.

NOTE 비슷한 문제는 트랜스젠더단체에서 '다른 젠더를 실천하는 사람gender-different 또한 누구든지 참여할 수 있다'고 이야기하거나 동성애자단체에서 '양성애자도 참여할 수 있다'고 이야기하는 경우에서도 발견된다. 누가 우선적인 고려 대상인지, 누가 실제 주인공인지 분명하게 알 수 있다.

NOTE 이 문제는 단지 "좋아, 그러면 누구든지 여성이 될 수 있다고 하자"라고 한다고 해서 풀리지 않는다. 누구든지 여성이 될 수 있다는 말은 아무도 여성이 아니라는 뜻이다. 범주가 어떠한 의미도 가지지 않기 때문이다. 범주가 일관성을 갖추려면 어떤 사람은 불가피하게 외면되어야 한다. 여성이 주변화되고 지워지는 일에 맞서기 위해 시작된 운동인 페미니즘은 그 자신이 주변부를 만들어내고 누군가를 지우는 역설적인 위치에 놓이고 말았다.

더 심각한 문제는 페미니즘이 경계를 그으면서 페미니즘의 한계 역시 설정한다는 것이다. 페미니즘은 청년에게 다음과 같이 이야기하는 것이 되고 만다. "여러분이 지닌 모든 가능성을 실현하세요. 여러분의 열정, 마음, 재능이 이끄는 대로 어디든 가세요. 그래도 지나치게 남성과 동일시하지는 마세요. 지나치게 퀴어하거나 남성적인 것도 안 됩니다. 우리가 여러분을 여성으로 인식할 수 없다면, 더 이상 여러분을 페미니즘으로 대변할 수 없을지도 모르거든요."

버틀러에 따르면 여성을 자유롭게 하겠다는 중대한 사명을 갖고 출발한 [페미니즘]운동은 역설적이게도 여성에게 새로운 한계와 제약을 부과하고 말았다. 어떤 문제의식을 갖고 출발했는지 살펴보기를 거부함으로써 페미니즘은 위험을 마주하고 있다. 자신을 당연한 것으로 내세우고 [기준에] 들어맞지 않는 모든 것을 지워버리며 동일성을 다시 부과하는 것을 통해서 지배를 영속화하려는 보편적이고 획일적인 체계, 즉 가부장제를 닮아갈 위험을 말이다.

이분법의 강화, 밀려나는 차이

> 여성 범주를 일관적이고 안정적인 주체의 범주로 구성하는 작업은 의도치 않게 젠더 관계를 규제하고 물화하는 것일까?[70]
>
> —주디스 버틀러

조금 더 깊이 고민해본다면 문제는 처음 생각했을 때보다 훨씬 더 심각한 것일 수도 있다. 페미니즘이 여러 젠더 경계를 무너뜨렸을지도 모르지만, 실제로는 무심결에 이분법적 젠더를 기초로 삼으면서 남성과 여성, 남자와 여자, 남성성과 여성성 같은 구조를 새롭고 예기치 못한 방식으로 고착화했다.

여자는 단지 **남자**의 대립항일 뿐만 아니라 남자와 남자다움이라는 이분법적인 개념 역시 만들어낸다. 이는 빛이 어둠을 필요로 하는 것처럼 본질적인 차원에서 이루어진다. 남자와 남성성[이라는 개념]이 없다면 여자[라는 개념]에 무슨 의미가 있을까? 모든 이분법이 그러하듯이 여자와 남자라는 용어는 완벽하게 상호 의존적인 데다가 범주에 들어맞지 않는 것, **이분법을 퀴어하게 만드는 것**은 무엇이든 존재하지 않는 것으로 짓눌러버린다.

이처럼 페미니즘은 마치 세계가 원래부터 남자아이와 여자아이로 명확하게 나뉘는 곳이라는 듯 [이분법적인] 정치학을 전개함으로써 젠더 위반이라는 개념을 흐릿하게 만들고 젠더 규범을 넘어서는 이들의 정치적 열망을 어둡게 만드는 데 실제로 일조했다.

비슷한 맥락에서 동성애자가 다른 사람과 구분되는 속성을 지닌다는 믿음을 무비판적으로 수용하는 일은 개인의 섹슈얼리티가 기본적인 사회적 정체성의 핵심이 되어야 한다는 생각을 강화했다. 이는 1세기 전까지만 해도 상상조차 할 수 없던 일이었다.

동성애자활동가들은 동성애자의 특성과 이성애자의 특성을 하나씩 비교하면서 동성애자 집단 또한 일대일 관계에 충실하고 가족을 꾸리며 젠더 표현이 평범하다고 주장함으로써 주류 사회에 포함되기 위해 꾸준히 투쟁해왔다. 이는 정치적으로는 효과적이었지만 성적 규범과 낭만적 규범을 성실하게 따르는 것을 사회적 인정을 요구하는 근거로 만들어버렸다.

다시 한번 차이는 밀려나고 말았다. 이는 버틀러가 지적하듯이 권력이 지닌 "기이한 능력"을 보여주는 전형적인 사례다. 심층적인 수준에서 살펴본다면 "권력은 실패가 예정된 반란만을 선동한다". 반란이 실패하는 이유는 자신이 대항하는 것을 자신의 구성 조건으로 무의식적으로 채택하고 재연하기 때문이다.[71]

단순명료함의 위험

몇몇 페미니스트들은 가부장제의 억압이라는 여성의 공통 경험을 여자라는 것의 보편적 기초로 다시금 내세우면서 문제를 돌파하려고 했다. 그러나 "적을 단일한 형태로 규정하려는 시도는 …… 새로운 조건을 제시하지 못하는 역담론이다".[72]

페미니스트들은 가부장제가 모든 여성을 단일하고 협소하며 정형화된 모습으로 환원한다고 비판해왔다. 그러나 페미니스트들이 가부장제를 단일하고 협소하며 정형화된 모습으로 환원하는 일은 페미니즘 역시 같은 전술을 사용할 수 있음을 보여준다. 버틀러는 다음과 같이 덧붙였다. "그러한 전술이 페미니스트 맥락에서도 반페미니스트 맥락에서도 활용될 수 있다는 사실은 식민화하려는 시도가 기본적으로 남성 중심적인 것이라고 단언할 수 없음을 시사한다."[73]

더욱이 남성에 의한 억압을 여자라는 것의 일치된 기초로 삼는 일은 여성을 다시 남성에 의존하고 파생되는 것으로 만들어버린다. 더욱 심각한 점은 여성이 그동안 변화해온 모습이나 성취한 업적에 의해서가 아니라, 단순히 여성이 남성에게 예속됐다는 사실만으로 정의된다는 것이다.

이 문제를 피하고자 몇몇 이론가들은 여성 범주를 실재하는 정체성이 아니라 전략적인 차원에서 선택한 축약어라고 주장하기도 했다. [하지만] 당면한 정치적 요구에 응답하기 위해 잠정적으로 마련한 정치적 위치라는 점에서 여성의 다양한 의미와 복합성을 충분히 담아낼 것이라고 기대하기는 어렵다.

한편으로 진보를 위해서 일시적으로 지름길을 선택한 것은 이해할 여지가 있다. 그러나 이는 다른 한편으로 여성을 구성하는 복잡다단하고 주변화된 하위 집단에 대해 논의하는 일을 정치적 진보의 이름으로 나중으로 미루면서 차이를 지우는 일이기도 하다. 페미니즘이 진보를 위해 추구해야 하는 목표는 주변화된 여성들의 존재를 인정하고, 이들의 경험을 마침내 경청하고 존중하는 것이어야 한다.

지난 20여 년 동안 이른바 '급진' 레즈비언 페미니스트들은 이 모든 문제를 회피하려고 애써왔다. 개념의 복합적인 의미를 살려서 논의하기를 거부한 이들은 그 대신에 여성의 체현을 중심으로 여자라는 것의 명료하고 구체적인 정의를 구축하기 위해 노력했다.

젠더 이분법을 따라 의미가 구획되는 상황에서 여성의 체현은 누구나 여성적이라고 생각하는 것, 예컨대 공감, 보살핌, 협력, 감수성, 의사소통 능력으로 대표되는 특징적인 여성심리, 모성, 재생산에 치중됐다.

이러한 견해의 철학적인 선명함은 명쾌한 느낌을 준다. 이를 따르는 이론가들은 트랜스섹슈얼, 인터섹스, 남성과 동일시하는 다이크처럼 정체성 [구분의] 주변부에 있는 이들과 '진짜' 여자를 가르는 확실한 경계를 설정한다.

그러나 '급진' 본질주의는 이론적 확신이 아니라 (이론가 게일 루빈Gayle Rubin이 지적했듯이) 거슬리는 복잡한 현실을 없애버리려는 욕망에서 비롯된 것처럼 보인다.

이를테면 본질주의의 단순명료한 진술은 정체성을 형성하는 실천이 아니라 배제를 정당화하는 정치적 수단으로 보인다. 이 같은 본질주의적 주장은 **'생물학은 운명이 아니다' '여자로 태어나는 것이 아니라 여자가 되는 것이다'**라는 이야기를 부정한다.

본질주의는 여성이 자아의 본질로 모성과 여성성을 전제해야 한다고 주장한다. 그것이 전적으로 긍정적이고 '우월한' 형태로 전제된다는 점에서 차이가 있을 뿐, 이는 사실상 여성을 정형화된 모습으로 환원하는 것이다.

더 심각하게는 이러한 기준을 충족시키지 못하는 여성, 예를 들어 아이가 집에서 아장아장 돌아다니는 모습을 열망하지 않는 여성, 다른 사람을 보살피거나 친절하게 대하거나 돕지 않는 여성, 치열한 경쟁을 즐기는 여성, 냉담하고 까칠한 외톨이로 지내기를 좋아하는 여성은 **여성적이지 않거나** 더 나아가 **남성과 동일시하는** 존재로 치부될 위험을 감수해야 한다. 그리고 어쩌면 그러한 위험을 감수하는 일이 더 나을지도 모른다.

여성 없는 페미니즘

버틀러가 제기한 주장에 응답하는 일은 페미니즘이 정체성을 완전히 거부해야 하는지 살피는 데 있지 않다. 정체성의 완전한 거부는 아마 불가능할 것이다. 담론은 언제나 재현을 요구하는 인구 집단으로 정치적 장을 분할하기 때문이다.

또한 여성 정체성이 어떠한 갈등도 없이 통일성을 갖추고 앞으로 나아가도록 "인종, 계급, 나이, 종족, 섹슈얼리티 같은 다양한 요소를 채워야 한다"라는 주장도 적절한 답변이 아니다.[74]

강압적인 페미니즘에서 멀어지기 위해 치러야 하는 대가는 갈등과 분열에 우리 자신을 맡기고, 온갖 종류의 모순을 고스란히 지닌 채 앞으로 나아가는 데 동의하는 것인지도 모른다. 통일성은 답답한 이야기이며, 어설픈 통일성은 어김없이 특별함, 유동성, 차이를 억압하고 만다.

푸코의 논의에서 살펴보았듯이 정체성은 그 자체로 문화적 구성의 산물이다. 동성에게 끌리는 감정을 파악하고 추적하고 관리하다 보면, 결국 **동성애자**라고 이해되는 종류의 사람이 되는 것이다.

마찬가지로 어쩌면 페미니즘이 단지 **여성의 권리**를 위해 투쟁한다는 것으로는 충분하지 않을지도 모른다. 아마도 페미니즘이 제시하는 의제에는 여성 정체성이 어디에서 비롯됐는지, 어떻게 유지되는지, 어떠한 위계를 만들어내는지, 그 위계가 누구의 이익에 복무하는지를 거슬러 질문하는 일이 포함될 것이다.

완벽하고 최종적인 여성의 정의를 실제로 **불가능하게** 만들기 위해서는 어떤 면에서 여성을 **대변하는** 일 외에도 역설적으로 [여성] 범주 자체를 질문하고 해체하는 일 역시 페미니즘의 의제여야 한다. 새로고침이 이루어진 페미니즘에서 **여성**은 더 이상 전제된 것이 아니라 정치적 필요에 따라 사라지고 다시 형성되는 과정을 거치며 항상 불완전하고 불안정한 것이 된다. 또한 정체성의 유동성은 더 이상 위협적인 것이 아니라 페미니즘의 중요한 전술이자 핵심적인 목표가 되며, 정체성의 파열은 가부장제(그리고 젠더 고정관념)를 가능하게 하는 남성과 여성, 남자아이와 여자아이, 남자와 여자라는 이분법을 전복하는 수단이 된다. 통일성의 상실과 범주의 불완전함은 여성이 새로운 의미, 새로운 존재 양식, 새로운 정치적 가능성을 누리도록 도울 것이다.

젠더 정체화를 다시 생각하기

젠더는 자신의 기원을 주기적으로 감추는 구성물이다. 양극단으로 구분된 젠더를 수행하고 생산하며 지속하는 암묵적이고 집합적인 전술이 …… 양극단으로 구분된 젠더 생산에 주어지는 신뢰성 때문에, 그러한 젠더에 대한 믿음을 거부하는 이들에게 가해지는 처벌 때문에 잘 보이지 않기 때문이다.[75]

젠더는 언제나 행위다.[76] —주디스 버틀러

젠더가 여성이라는 범주와 페미니즘(더불어 동성애와 트랜스젠더 [범주])의 기초라고 할 때 '젠더'는 정확히 무엇을 의미할까? 대개 "사람은 자신이 소유한 젠더의 **존재**이자 섹스, 자아에 대한 심리적 감각, 심리적 자아의 다양한 표현으로 구성되는 **존재**"로 이해된다.[77] 이에 젠더화된 정체성은 개인의 생물학적 섹스가 만들어낸, '내면의' 인격을 이루는 필수 요소로 여겨진다.

그러나 여기에는 문제가 있다. 우선 섹스가 내면의 정체성을 만들어내는 메커니즘은 무엇인가? [존재의] **내면**이라는 개념은 어디에서 출발한 것인가? "몸은 내면에 깊이 감춰진 비가시성을 몸의 표면에 형상화한다"[78]라는 말은 무슨 의미인가? 생물학적 섹스는 어떻게 젠더화된 정체성을 생산하는가? 젠더화된 정체성은 어떻게 원피스, 하이힐, 양복, 넥타이, 파이프담배, 풍성한 머리, 긴 손톱처럼 우리가 일상에서 불가피하게 마주하는 이분법적인 젠더 표시로서 변함없이 나타나는가?

같은 맥락에서 우리는 왜 적절한 젠더 경험이 발생한 순간을 일종의 성취로 이해하는가? 어리사 프랭클린은 왜 **"당신은 내가 타고난 여자임을 깨닫게 해요"**라고 노래하는가?* 왜 어

* 어리사 프랭클린Aretha Franklin은 뛰어난 가창력과 표현력을 자랑한 소울

떤 군인은 M2 브라우닝 기관총을 쏘는 일이 자신을 **진짜 남자로 느끼게** 한다고 동료에게 이야기하는가? 우리가 **진짜** 또는 **타고난**과 같은 표현을 덧붙이면서 특별히 진정성이 있다고 생각한 젠더 경험을 강조하려는 모습은 무의식적으로 그러한 상태를 심리적 성취로 인식한다는 점을 알려준다.

타고난 여자 또는 **진짜 남자**임을 느낀다는 것은 어떠한 의미일 수 있을까? 이 두 가지 표현이 이분법에서 서로 반대편에 놓인다는 점에서 **진짜 남자** 같다는 느낌은 **진짜 여자 같지** 않다는 바로 그만큼의 느낌에 해당하며 반대의 경우도 마찬가지다.

자신을 어떤 젠더의 존재로 인식하고 나타내는 일은 이분법적 틀 안에서만 의미를 지니는 것처럼 보인다. 이분법적 틀에서는 한쪽이 다른 쪽과 구별된다는 점이 각각에 의미를 부여한다.

이는 두 번째 문제와 연결된다. 각각의 젠더화된 정체성이 반드시 섹스, 젠더 정체성, 젠더 표현, [성적] 욕망에서 엄격한 일관성을 유지해야 한다는 것이다. 섹스(여성), 젠더 정체성(여자), 젠더 표현(여성적), 성적 욕망(이성애)의 일관성에 따라 **여성이라는 것은 여자라는 뜻이고, 여자라는 것은 여성적이라는 뜻이며, 여성적이라는 것은 남성에게 끌린다는 뜻이 된다.**

아티스트로, 저자가 인용한 노래는 1967년 발표된 앨범 《Lady Soul》에 수록된 〈(You Make Me Feel Like) A Natural Woman〉이다.

이 연결고리 가운데 하나라도 끊어진다면 젠더는 문화적 인식 가능성의 격자 밖으로 곧장 추락하고 만다. 이는 새로운 형태로 정체화하는 사람들, 예컨대 **바이젠더 크로스드레서**(두 개의 젠더 정체성을 지닌 크로스드레서), **트라이크**, **바이오 보이**bio-boy(지정성별이 남성인 시스젠더 남자), **앤드로**, **부치 바텀**, **노호 트래니 보이** 등이 겪는 일이기도 하다.

젠더, [성적] 욕망, 섹스 사이의 연결고리가 끊어질 때 젠더, [성적] 욕망, 섹스는 이해할 수 없고 특이하며 말장난 같은 것이 되어버린다. 자신을 특정한 젠더의 존재로 인식하고 나타내는 일이 개인의 몸, 젠더 표현, 성적 지향에 대해 알려주는 것이 없는 경우에 젠더 정체화는 무엇을 의미하는가?

한편 [몸, 정체성, 표현, 욕망에 관한] 다양한 조합이 가능함에도 오직 두 개의 젠더만 인식할 수 있는 이유는 무엇일까? 우리가 두 가지 젠더 역할 중 하나에 순응함으로써 비로소 사회에서 용인되는 행위자가 된다는 점에서 아마도 우리는 젠더 정체화에 관한 정치학을 다시 사유해야 할 것이다. 아마도 우리가 스스로 특정한 젠더의 존재라고 끈질기게 인식하는 감각은 사실 젠더 정체성이 탄생한 **기원**이 아니라 젠더 체계가 만들어낸 **효과**일 것이다. 아마도 남자 혹은 여자가 **된다는 것**은 우리의 **존재**에 따른 결과가 아니라 "젠더 체계의 규제적 실천"[79]에 따른 결과에 가까울 것이다.

어쩌면 "젠더 표현 뒤에는 어떠한 젠더 정체성도 없다. 젠더 정체성은 …… 정체성의 결과라고 여겨지는 바로 그 젠더 '표현'에 의해서 구성되기 때문이다".[80] 어떠한 젠더의 '존재'라는 것은 언제나 규범적인 이상에 끊임없이 가까워지려는 **행위**다. 여기서 규범적인 이상은 우리 밖에 존재하며, 이상에 도달하는 일은 언제나 이미 실패한다.

논의의 초점을 젠더 체계의 규제적 실천에서 내면의 '젠더화된 정체성'으로 옮기는 일은 자연, 섹스, **개인의 내면**에 관한 대체된 신화 아래 젠더의 진정한 기원을 은폐하는 것이다. 자신을 어떤 젠더의 존재로 인식하고 나타내는 일은 필수적이고 독립적인 경험이 아니라 사회가 용인하는 두 개의 의미 체계로만 가능하다. 우리는 이 두 개의 의미 체계를 통해서 우리 자신을 이해하고, 다른 사람에게 이해받아야 한다.

예전에 내 친구 메리엇은 이렇게 이야기한 적이 있다. "나는 내가 여자라는 걸 알아. 근데 대부분의 일상을 보낼 때는 내가 여자라는 생각을 안 해. 그러니까 특별히 어떤 느낌이 드는 게 아니라는 거지. 원피스를 입는다든가 다른 남자가 나를 쳐다볼 때, 그럴 때에야 내가 여자라는 걸 의식하게 돼."

내가 궁금한 지점은 [자신이] "여자라는" 생각을 어떻게 할 수 있는지다. 모든 여자가 똑같은 느낌을 경험할까? 여자라는 것에 특별하면서도 보편적인 느낌이 있는 걸까? 그 느낌이 여성성에 따른 결과일까? 만약 그렇다면 크로스드레서나 드랙퀸도 '여자라는' 생각을 할 것이다. 분명한 사실은 스스로를 여자로 생각하는 것이 여성의 몸을 이루는 각 부분의 총합 이상을 의미한다는 점이다.

일관성에 대한 버틀러의 논의로 돌아가보자. 자신을 여자라고 이해하고 밝히는 일은 어떤 면에서 **권위를 부여하는 일**이다. 개인에게 섹스, 젠더, [성적] 욕망 사이의 적절한 연결고리가 있다는 뜻이기 때문이다. 나는 우리 가운데 많은 사람이 메리엇과 비슷할 거라고 생각한다. 이를 닦을 때, 차를 운전할 때, 컴퓨터를 할 때처럼 [일상을 보내는] 대부분의 시간 동안 우리는 젠더 정체성에 대한 인식을 전혀 신경 쓰지 않는다. 우리는 젠더화된 행동이나 상황과 연루되었을 때에야 비로소 우리가 특정한 무언가라고 생각한다. 그리고 그 무언가는 언제나 두 개의 가능성 가운데 하나다.

남자와 여자가 유일하게 인식 가능한 젠더라는 것은 남자와 여자만이 의미 있는 젠더라는 뜻이다. **트랜스젠더 남성**, **남자로 정체화한 다이크**, **인터섹스 여성**과 같은 용어가 가능했다면 우리가 이러한 **정체성**으로 정체화할 수 있었을지도 모른다. 어떤 면에서 우리가 정체화하는 정체성이 **바로** 이러한 것이지만 단지 그 사실을 깨닫지 못했을 수도 있다. 젠더가 의미를 구조화하는 방식이라고 할 때, 우리가 다른 젠더의 존재이면서도 이를 알아차리지 못하는 상황은 충분히 발생할 수 있다. 우리에게 주어진 단순한 이분법적 틀 안에는 다른 젠더가 존재할 수 없기 때문이다.

왜 다른 젠더는 존재할 수 없을까? 모든 젠더화된 규범에 우리가 응답해야 한다고 주장하는 이 문화적 명령은 무엇일까? 왜 메리엇은 그저 자신이 여자라고 느낄 때는 **여자라고**

생각하고, 여자라고 느끼지 않을 때는 그건 그것대로 **대수롭지 않게** 넘길 수 없을까? 메리엇은 일상에서 자신의 남성성이 나타나는 순간이 찾아올 때, 왜 그 순간을 누릴 수 없을까? 어째서 무엇이 되든지 간에 그저 내버려둘 수 없을까?

젠더를 실천한다는 것

버틀러는 우리가 젠더라고 인식하는 것이 **수행적으로** performatively 생산된다고 생각했다. 많은 사람은 이를 '모든 젠더는 단지 연기performance에 불과하다'는 의미로 잘못 이해하고는 했다. 이는 버틀러가 주장하지 않은 것일 뿐만 아니라 매우 동의하지 않는 것이기도 하다. [하지만] 청소년들이 젠더의 유연성과 상징적 표시를 점점 더 의식할 때, 힐러리 스왱크가 [영화 〈소년은 울지 않는다〉의] 브랜던 티나 역으로 오스카상을 받을 때, 하비 피어스타인이 연극 〈헤어스프레이〉*의 에드나 턴블래드 역으로 토니상을 받을 때, 대학생들이 드랙킹 파티를 열 때, '연기로서의 젠더'라는 설명은 언제나 틀림없는 것처럼 보인다.

수행문performatives은 공식적인 사회적 행동을 유효하게 만드

* 〈헤어스프레이Hairspray〉는 1988년 개봉한 동명의 영화를 원작으로 2002년 재구성된 뮤지컬을 가리킨다. 하비 피어스타인Harvey Fierstein이 연기한 에드나 턴블래드는 공연 내내 드랙을 선보인다.

는 특별한 종류의 발화를 가리킨다. 무슨 말인지 감이 오지 않는다면, 다음의 예시를 살펴보자. "이제 두 사람이 부부가 되었음을 선언합니다." 적절한 사람이 적절한 때에 적절한 청중 앞에서 이야기할 때, 이 말은 두 사람 사이의 결혼을 성립시킨다.

"이제 선언합니다"라는 말은 결혼에 **대한** 발언이 아니라 결혼을 **시행하는** 발언이다. 이 말은 단지 발화일 뿐만 아니라 특별한 종류의 공식적인 사회적 행동에 해당한다. 이 같은 발화행위가 **수행문**이다. 우리는 수행문이 마법 같은 일을 하도록 힘을 부여한다.

예컨대 경찰관이 도주하는 용의자에게 "체포한다!"라고 소리치거나 포커를 치는 사람이 "1,000달러를 걸겠습니다"라고 말하는 것은 단지 용의자를 체포하거나 돈을 거는 일에 **대해** 서술하는 것이 아니다. 그 말 자체가 누군가를 체포하고 돈을 거는 행동이다.

만약 내가 청바지 차림에 공구벨트를 매고 안전모를 썼다고 하더라도 그것이 건설 노동자라는 나의 사회적 존재 상태를 만들어내지는 않는다. 나는 그저 건설 노동자와 관련된 특별한 옷차림을 참조하는 것이다.

그러나 내가 젠더화된 방식으로 옷을 입고 행동한다면, 원피스를 입고 하이힐을 신고서 다른 사람이 알아볼 수 있을 만큼 여성적인 방식으로 행동한다면, 내가 여자[라는 젠더]를 **실천한다면**, 나는 단지 젠더 역할을 참조하는 것이 아니라 나 자신을 특정한 젠더[의 존재]로 구성해내는 것이 된다. 여자라는 사회적 존재 상태를 만들어낸다는 것이다.

이때 **여자라는 것**은 나의 행동과 결코 떨어져 있지 않다. 내가 매 순간 여자라는 것을 만들어냄으로써 여자라는 것을 창조하기 때문이다.

결혼하는 것, 체포하는 것, 돈을 거는 것에는 근원적인 정체성이나 실재가 없다. 이 모든 것은 의미가 있는 사회적 상태를 창조해내는 일련의 인식된 행위를 통해서 비로소 존재하게 된다.

안타깝게도 수행성은 젠더 논의에서 중요한 문제, 즉 왜 특정한 수행문은 작동하고 다른 수행문은 그렇지 않은지에 대해서 많은 것을 알려주지 않는다. 우리는 특정한 모습의 **여자**와 **남자**는 작동하고 다른 모습은 실패하는 이유가 무엇인지 알고자 한다.

예를 들어 나는 내가 원하는 대로 **여자**[젠더]를 실천할 수 있지만, 여전히 자주 남자 호칭Sir으로 불린다. 내게는 **여자**[젠더]를 실천하지 **않는** 데 열중하는 몇몇 부치 친구들이 있는데, 이들은 여전히 ('자기Honey'나 '예쁜이Sweetie'는 말할 것도 없고) '아가씨Miss'라고 불린다. 그러나 수행성이라는 아이디어는 우리가 젠더를 다른 방식으로 새롭게 상연할 수 있으며, 지금 시점에는 우리에게 **존재**하지 않는 젠더를 인식할 수도 있다는 희망을 준다.

이는 새로운 젠더를 찾아 나선 어느 인류학자의 이야기를 떠올리게 한다. 한 인류학자가 여섯 개의 젠더를 인식하는 사람들이 산다는 외딴섬으로 향했다. 섬에 도착한 인류학자는 여섯 개의 조각상을 마주하게 되고, 직접 살펴보았다. 그 조각상들은 서로 다른 젠더를 지닌 여섯 명의 신을 나타낸 작품이었다. [그러나] 인류학자는 실망을 감추지 못한 채 다른 곳에서 연구를 진행하기로 마음먹고 섬을 떠난다. 그러면서 '여느 현장과 마찬가지로 그 섬에도 두 개의 젠더밖에 없었다'고 보고했다. 인류학자가 인식할 수 있는 젠더가 두 개뿐이었기 때문이다.

원본 없는 모방

모든 남성이 남자로, 모든 여성이 여자로 보이는 일은 너무도 강력해서 자연의 섭리에 따른 필연처럼 느껴진다. 남자와 여자는 **진짜** 젠더처럼 보이지만, 남성의 여성성, 여성의 남성성, 그 밖에 **이분법에서 벗어난** 모든 것은 제대로 기능하지 못하는 실패한 젠더, 어설픈 모방, 모조품처럼 여겨진다.

여기서는 드랙의 예를 살펴보자. 드랙은 원래 실패해야 함에도 [성공적으로] 작동한다. 드랙퍼포머가 참조한 것을 우리가 **진짜**라고 인식하기 때문이다. [여성이 아닌] 드랙퀸을 볼 때 우리는 퍼포머가 여성이 아니라는 점을 알 수도 있다. 하지만 그/그녀가 우리가 인식하는 매우 특징적이고 학습된 방식으로 그/그녀의 몸을 양식화하기 때문에 우리는 그/그녀를 여성으로 볼 수밖에 없다.

드랙퀸의 **진짜** 젠더를 찾아 나설수록 그것은 [우리에게서] 더 멀어진다. **진짜** 젠더가 놓인 자리에서 발견하는 것은 우리가 인식하는 매우 특징적이고 학습된 방식으로 자신의 몸을 양식화하는 또 다른 여성이다. **여성**과 **드랙퀸**의 관계는 **진짜와 모방**의 관계가 아니라 **모방과 모방**의 관계다. 젠더는 원본이 없는 모방이라는 것이 드러난다. **모든** 젠더는 드랙이다. 모든 젠더는 퀴어하다.

더욱이 '진짜' 젠더 역시 안정적이지 않으며 언제나 변화를 겪는다. 남성의 남성성을 상징하는 슈퍼맨을 생각해보자. 1950년대 TV 시리즈[〈슈퍼맨의 모험〉]에서 조지 리브스George Reeves가 연기한 슈퍼맨은 가슴보다 배가 더 나왔고, 팔다리에서 근육은 찾아볼 수 없으며 엉덩이는 펑퍼짐했다. 확실히 중년에 접어든 모습이었다. 그러나 1970년대와 1980년대 [영화 〈슈퍼맨〉에서] 크리스토퍼 리브Christopher Reeve가 연기한 슈퍼맨은 성적으로 매력적인 젊은 영화 주인공의 모습, 다시 말해서 근육질을 자랑하며 탄탄하고 잘 관리한 몸을 지닌 청년의 모습을 그대로 담아냈다.

버틀러는 우리가 이 유동적이고 새롭게 변화하며 성취가 불가능한 이성애자 역할을 체현하기 위해서 엄청난 에너지를 쏟아붓는 일을 흥미롭다고 생각했다. "이성애는 강제적인 체계이며 본질적으로 희극이다. 이성애는 이성애 자체의 끊임없는 패러디다."[81] 나는 여기에 한 가지 이야기를 더하고 싶다. 우리가 체현하려는 동성애자 정체성과 트랜스젠더 정체성 또한 그 나름의 방식에서 본질적으로 희극이다.

섹스와 젠더는 구분될까

> 그렇다면 도대체 섹스는 무엇인가? 자연인가, 해부학인가, 염색체인가, 호르몬인가? …… 섹스에 역사가 있을까? 각각의 섹스에는 서로 다른 역사 혹은 역사들이 있을까? 섹스의 이원성이 확립된 과정에 대한 역사가 있을까?

> 어떤 섹스와 젠더의 '존재가 되는 것'은 근본적으로 불가능하다.[82]
>
> —주디스 버틀러

페미니즘은 오랫동안 섹스와 젠더의 구분을 강조해왔다. 여성을 재생산 가능성으로 정의하는 단언적인 주장을 반박하기 위해서였다. 이러한 관점에서 살펴볼 때, **생물학은 운명이다**. 여성Female이라는 것은 생물학의 영역으로 어쩔 수 없다. 그러나 여자Woman라는 것은 문화의 영역으로 바꿔낼 수 있다.

젠더는 문화가 성차화된 몸을 이해하는 방식을 의미한다. 다른 식으로 표현하자면 "섹스는 자연이자 '날것'이고 젠더는 문화이자 '익힌 것'이다".[83]

그런데 만약 젠더가 구성된다면, 여성이 여자가 될 필요는 없다. 여성은 여자가 될 수 있는 만큼 남자가 될 수도 있고 완전히 다른 무언가가 될 수도 있다. 남성성 또한 남성의 속성뿐만 아니라 여성의 속성이 될 수도 있으며, 마찬가지로 여성성이 남성의 속성이 될 수도 있다. 만약 문화가 섹스를 이해하는 방식이 젠더라면, 섹스가 고정되어 있고 이분법적인 것이라고 하더라도 젠더가 다양하고 가변적인 것이 아닐 이유는 없다.

그러나 이러한 일은 일어나지 않는다. 문화가 섹스라는 날 것의 재료로 만드는 것이 젠더라면, 우리는 이처럼 마법 같은 변화가 정확히 어떻게 일어나는지 질문해야 한다. 어쩌면 섹스와 젠더의 구분은 처음 생각했던 것만큼 유용하지 않을지도 모른다.

우선, 만약 여자가 되는 일이 여성으로 태어난 것에 따른 불변하는 결과라면 생물학이 아니라 **문화가 운명이 된다**. 우리가 지금까지 이루어낸 모든 일이 하나의 필연성을 다른 필연성으로 대체한 것에 지나지 않는다는 것이다.

게다가 섹스와 젠더의 대비는 자연과 양육의 대비 같은 또 다른 이분법의 귀환은 아닌지 의심스러워 보인다. 섹스와 젠더의 대비는 남성적인 것과 여성적인 것을 가르는 더욱 미묘한 이분법, 즉 '말이 없고 수동적인 **여성성으로서의 신체**body-as-feminine는 백지상태로 가만히 기다리면서 활력이 넘치고 힘 있는 **남성성으로서의 문화**culture-as-masculine가 새겨 넣는 의미를 받아들인다'는 이분법을 다시 작동시킨다.

여기서도 여성적인 것은 일종의 타자로서, 어떠한 의미든 필요한 대로 받아들이는 **백지**의 역할을 맡는다. 아마도 진짜 문제는 섹스와 젠더 사이에 구분이 없다는 점일 것이다. 재생산이 몸을 직조하는 핵심 원리인 사회에서 섹스와 젠더는 모두 필연에 해당할 것이다.

대단한 것, 앞서 존재하는 것, 정해진 것, 그 앞에서 모든 해체주의적 주장이 힘을 잃어버리는 것, [다시 말해] 몸에 관해 불변하는 유일한 사실인 섹스는 어떤 면에서 그 자체로 어느 정도 구성된다. 우리가 에밀리 마틴과 토머스 라커의 작업에서 살펴본 것처럼, 재생산은 사실이지만 우리가 이를 이해하는 방식은 문화의 강한 영향을 받는다.

남성의 가슴과 여성의 가슴에 부여되는 의미의 무게는 다르다. 발기한 페니스는 강하고 남성적인 것으로, 발기한 유두와 클리토리스는 연약하고 여성적인 것으로 여겨진다. 이는 문화를 넘어선 곳에 존재하는 순수한 자연이 일으킨 결과가 아니라 문화가 직접 만들어낸 구성물에 가까워 보인다. [그러나] 훼손되지 않은 순전한 자연[이라는 개념]은 섹스와 몸에 대한 단호한 주장이 확실하게 자리잡도록 하며 이에 대한 어떠한 논쟁도 불가능하게 만드는 데 뛰어난 효과가 있음을 드러냈다.

섹스는 **몸을 이해하는 젠더화된 방식**에 가까워 보인다. 섹스는 이분법적 차이를 발견하고 생산하며, 이를 몸을 직조하는 핵심 원리로 확립하는 방식이다. 남성과 여성이 마치 물질과 반물질이라도 되는 것처럼 **서로 반대되는 섹스**라고 과장하는 일은 젠더를 섹스로 만드는 대규모 사업을 엿보게 한다.

결국 젠더는 문화가 성차화된 몸에 부여하는 의미일 뿐만 아니라 성차 자체가 생산되는 수단이자 이유가 된다. 섹스는 처음부터 젠더였다는 점이 드러난다. 가장 날것이어야 한다고 규정된 것이 이미 익힌 것으로 밝혀지고, 섹스와 젠더에 관한 서사에서 핵심이 되는 구분은 사라진다.

정체성 정치를 넘어서는 가능성들

> 정체성이 더 이상 정치학의 전제로 고정되지 않는다면, 정치학이 더 이상 …… 이미 정해진 주체들의 …… 상상된 이해관계에서 비롯되는 실천으로 …… 이해되지 않는다면, 정치학의 새로운 형태가 오래된 폐허에서 분명히 출현할 것이다.[84]
>
> —주디스 버틀러

젠더가 구성된다고 할 때, 젠더의 구성성으로 어떠한 가능성이 열리게 될까? 젠더가 언제나 실패할 위험이 있는 반복된 **행위**라면, 어떠한 새로운 정치적 실천이 가능해지는 것일까?

젠더의 구성성은 실패를 끌어안는 것을 통해서, 공개적이고 의도적으로 실패하는 것을 통해서, 이에 따라 젠더의 구성성을 드러내는 것을 통해서 개인이 **속한** 젠더를 전복할 가능성을 마련한다. 개인이 젠더를 전복하는 전략에 주목하는 일은 개인의 사적인 실천에 대한 포스트모더니즘의 오랜 선호를 반영한다. 충분히 많은 사람이 그렇게 실천했다면, 젠더 규범을 허물어뜨리는 성공적인 방법이 됐을 수도 있다. 그러나 우리가 젠더화된 정체성이 실체가 없이 변화한다는 주장을 받아들이더라도 우리 대부분은 [자신을] 표현하고 [다른 사람과] 소통하는 방법으로서 젠더를 **실천한다**. "이게 저예요. 제가 저 자신을 이해하는 방식이에요. **여러분**이 **저**를 이렇게 이해하기를 원해요."

우리는 젠더가 우리에 대한 중요한 것을 알려준다고 생각한다. 우리는 전복 **자체**가 아니라 진정한 자신이 되는 감각, 어떠한 두려움도 수치심도 누락도 없이 언제나 있는 모습 그대로일 수 있는 새로운 감각에 관심이 있다. 예를 들어 내가 비행기를 탈 때면 공항의 보안검색요원은 금속탐지기로 내 가슴을 바삐 살피면서 큰 목소리로 반복해서 나를 남자 호칭Sir으로 부르곤 한다. 나는 이런 게 **전복**이 아닐까 떠올려보면서 스스로를 다독인다.

예전에는 내 호칭과 젠더로 사람들이 혼란스러워하는 상황 때문에 부끄러움을 느끼기도 했다. 내가 잘못된 삶을 사는 것처럼 느껴졌기 때문이다. 어느 날 쇼핑을 하러 갔다가 남자 구두매장에서부터 여자 속옷매장을 지나 남자 양말매장까지 오간 적이 있다. 모든 매장의 모든 직원이 [나를 부르는] 적절한 호칭을 찾느라 정신이 없었다. 그들은 하나같이 나를 어떻게 대해야 할지 난감해했다. (자기가 신을 구두를 고르는 걸까, 아니면 남자친구에게 선물할 구두를 고르는 걸까? 자기가 입을 속옷을 사려는 여자일까, 아니면 여자 속옷을 만지는 변태일까?)

나는 이렇게 자문했다. '왜 모든 사람이 내가 남자인지 여자인지 한눈에 구분할 수 **있어야** 하는 거지? 왜 사람들이 단번에 파악할 수 있도록 우리 자신을 비좁은 상자에 끼워 맞춰야 하는 거지? 그건 젠더 체계의 핵심을 이루는 폭력적인 억압을 재연하는 게 아닐까?'

젠더 구분을 지그재그로 넘나들면서 한 쇼핑은 물론이고 내가 일으킨 모든 사회적 불편함과 혼란은 아마도 어떤 자유를 얻기 위한 대가였을 것이다. 그래, 아마도 새로운 것을 누리기 위해 치른 대가였을 것이다.

아마도 젠더에 대한 온갖 제약 앞에서는 **새로운 것**이 불안, 긴장, 사회적으로 부적절한 것으로 여겨질 것이다. 사람들은 어느새 불확실함을 느끼고 그 이유를 찾기 위해 애쓸 것이다. 그러나 우리는 젠더에 대한 제약에 맞서야 한다.

내 경우에는 패러디에 별다른 관심이 없다는 걸 깨달았다. 나는 패러디보다는 내 파트너가 즐겨 쓰는 표현처럼 '내 목소리를 모두 사용하는 일'에 관심이 있다. 우리가 '있는 모습 그대로' 존재하는 일이 젠더 이분법을 넘어서는 것이어서 [다른 사람에게는 이분법적인] 젠더 역할을 패러디하고 전복하는 것처럼 보이는 상황이라면, 우리는 전복을 받아들일 수도 있다. 그러나 그런 차원이 아니라고 할 때, 지속 가능한 정치적 실천으로서 전복이 **그 자체로** 얼마나 멋진 미래를 약속할 수 있는지는 불투명하다.

버틀러의 해법이 아직 전적으로 받아들여지지는 않았지만 버틀러의 아이디어는 학생, 연구자, 청년, 활동가 사이에서 엄청난 열광을 불러일으켰다. 뛰어나면서도 난해한 버틀러의 철학에 깃든 질문은 버틀러가 《젠더 트러블》에서 이야기한 바로 이것이다. **'정체성이 더 이상 정치학을 제한하지 않을 때, 어떠한 모습의 정치학이 출현하는가?'**[85]

현재 포스트모더니즘은 우리가 왜 [정치학의] 모습을 신경써야 하는지, 왜 다른 것을 욕망해야 하는지 말해주지 못한다. 이는 마치 내일이 더 나은 날이 될지, 아니 왜 더 나은 날이 되어야 하는지 알지 못한 채 가쁜 숨을 내쉬며 "내일은…… 내일의 태양이 뜰 거야"라고 기대하는 스칼릿 오하라와 비슷하다.*

이러한 맥락에서 포스트모더니즘은 새로운 것 자체가 충분히 많은 것을 약속한다는 확신을 부당하게 이용하는 것처럼 보인다. 나는 포스트모더니즘이 (의도하지는 않았더라도) 이 희망에 찬 느낌을 판매한다고 생각한다.

해방운동에 관심을 가진 사람들 사이에서는 전통적인 진보서사가 교착상태에 빠졌다는 생각이 점차 확산되고 있다. [이에] 여러 집단과 정체성을 아우르는 넓은 연대에 걸맞도록 포용과 차이의 문제가 주목받고 있다.

이와 동시에 누구도 소외되지 않고 모든 이름이 불리도록 하는 데 몰두하는 위험도 나타난다. 특히 동성애자권리운동의

---

* 저자가 인용한 표현은 소설 《바람과 함께 사라지다》 주인공 스칼릿 오하라가 절망적인 상황을 지나고 새로운 시작을 향해 나아가는 장면에서 나오는 대사다.

경우 레즈비언, 게이, 바이섹슈얼, 트랜스젠더, 인터섹스, 퀴어, 퀘스처닝, 호의적인 이성애자 지지자 청년 운동LGBTIQQSSAY 같은 것이 될 때도 있다.

한때 자긍심과 자유를 약속하던 여러 정체성은 개인의 고유성을 덮어버리고 나이, 인종, 계급과 같은 요소의 복합적인 교차점을 지워버리는 지나치게 단순한 꼬리표처럼 보이게 됐다. 여기에 더해서 차이와 정체성을 강조하는 일은 효과적인 정치적 실천을 이끄는 가치를 공유하면서 강력한 연대를 형성하는 방향이 아니라, 서로 다른 의제를 지닌 집단이 필요에 따라 함께하며 모자이크와 같은 느슨한 관계를 형성하는 방향으로 이어졌다.

마침내, 협소하고 고정된 정체성은 제한적이고 불필요하다고 생각하는 새로운 비전을 지닌 청년들이 출현하게 됐다. 청년들은 이분법적이지 않은 젠더와 다인종 정체성을 수월하게 받아들인다.

이제는 다음 단계로 나아가야 한다. 포스트모더니즘과 포스트정체성 정치학이 지닌 가능성은 바로 그다음 단계를 안내한다. 버틀러가 [정체성을 가리키는] 이름이 그 자신이 **비판하려는 일련의 조건을 설정한다**는 이유로 **레즈비언으로서** 글을 쓰는 일을 가차 없이 거부했을 때,* 우리는 머지않아 뜻밖

* Judith Butler, "Imitation and Gender Insubordination", *The Lesbian and Gay Studies Reader*, New York: Routledge, 1993, p. 308. 이 논문에서

의 새로운 무언가가 나타날 것을 감지할 수 있었다.

[정체성] 정치학과 마찬가지로 젠더[에 대한 논의]에서도 교착상태에 빠졌다는 느낌이 든다. 30년 동안의 페미니즘과 동성애자권리운동은 젠더 역할[에 대한 개념]이 심각하게 잘못되었다는 점을 우리 중 많은 이들이 확신하도록 만들었지만, [이분법적] 젠더는 여전히 강력하고 불가피한 것처럼 보인다. 주위를 둘러봤을 때 발견할 수 있는 것은 모두 **남자**와 **여자**일 뿐, 그 외에는 아무것도 없다.

내게 버틀러의 논의가 지닌 주요한 가치는 이러한 상황이 필연적인 것이 아니며 체계 안에 균열이 존재한다는 점을 깨닫도록 도와줬다는 데 있다. 이 깨달음은 변화를 일으키는 마중물이 됐다. 어디에서도 남자와 여자가 아닌 이들을 발견하지 못했다고 하더라도 이는 사람들이 남자와 여자로 **존재한다**는 의미도, 내가 반드시 남자와 여자 가운데 하나가 되어야 한다는 의미도 아님을 믿게 됐다. 다르게 생각할 여지를 마련

주디스 버틀러는 특정한 정체성으로 자신을 선언하는 것의 의미를 비판적으로 고찰한다. 버틀러에게 정체성의 성격은 핵심이 아니다. 정체성이 지배 체계가 강요한 억압적인 것이든, 지배 체계에 맞서는 해방적인 것이든 '나'의 존재 의미를 확정하고 투명하게 만드는 시도는 그 자체로 전체주의적이기 때문이다. 이러한 이해에 비추어볼 때, 이른바 벽장에서 나와서 자신이 동성애자임을 주장한다는 것은 자유롭고 주체적인 결정이라기보다 내면과 외면, 안과 밖의 이분법에 기초해서 진정성과 구체성의 환상을 가지고 또 다른 벽장을 만드는 일이 된다. 이에 버틀러는 정체성의 기호가 무엇을 가리키는지 끝까지 결정하지 않는 일의 가능성에 주목한다.

해준 것이다.

이러한 깨달음이 특별하지 않을지도 모르지만 내게는 획기적인 돌파구가 됐고 젠더이론에 푹 빠진 주된 이유가 됐다. 현재 젠더이론은 대학에서 큰 호응을 얻고 있다. 그러나 [많은 이들에게는] 여전히 모호하고 복잡하며 추상적인 학계 안의 논의로만 남아 있기도 하다. 젠더이론이 '담론을 열어젖히는' 새로운 도구를 제공한다는 사실은 명백하다. 그렇다면 젠더이론이 조직적인 정치적 실천으로 나아갈 수도 있을까?

QUEER THEORY, GENDER THEORY

AN INSTANT PRIMER

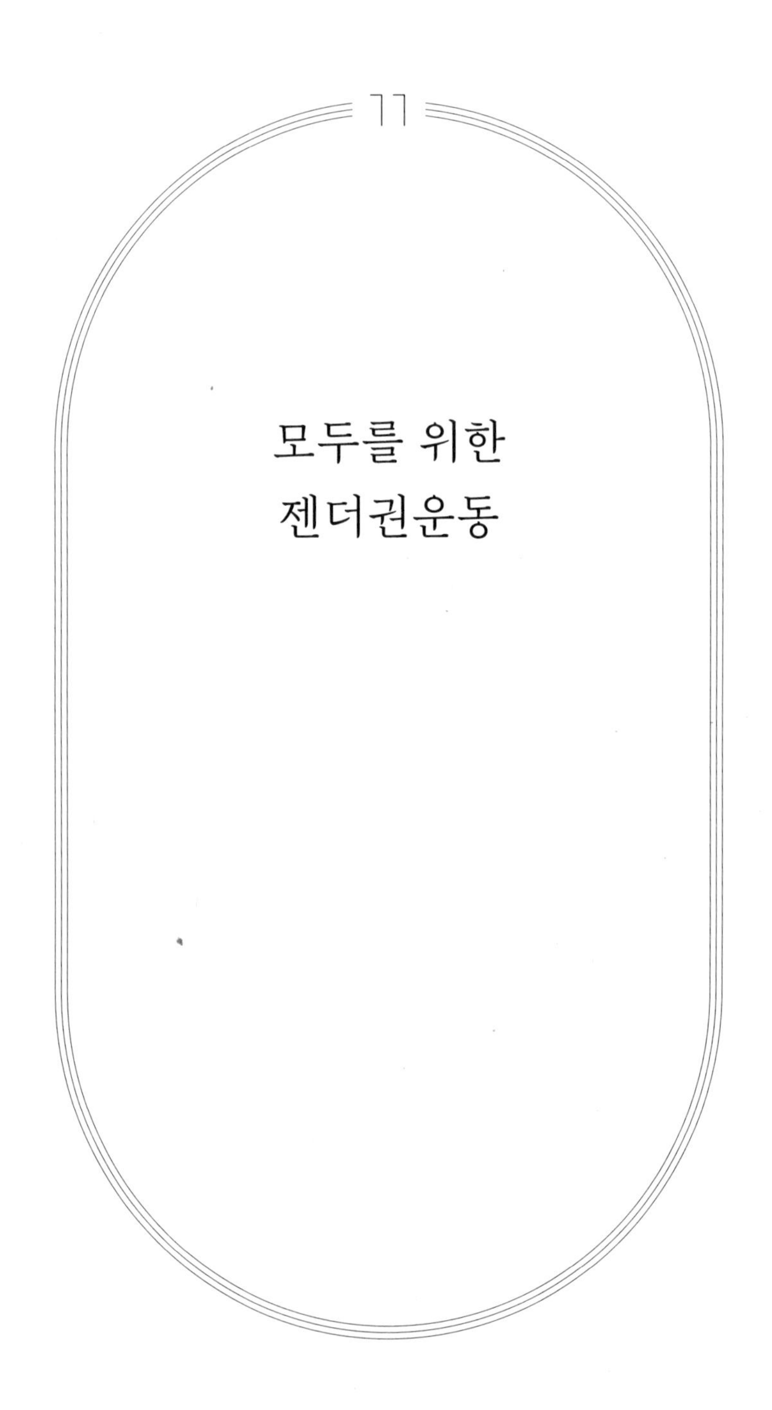

11

모두를 위한 젠더권운동

나는 이 책이 이론적 도구를 제공할 수 있도록 노력했다. 이 도구는 내가 어떤 존재인지 혹은 어떤 존재가 아닌지, 내가 왜 젠더 고정관념에 순응하지 않았는지 답하는 데 도움이 됐다. 또한 나와 비슷한 사람들을 조직하는 데 도움이 됐다. 우리는 젠더 고정관념이 일으킨 만연한 차별과 폭력을 없애기 위해 함께 모였다.

차별과 폭력은 어디에나 있다. 우리가 아이를 양육하는 제한된 방식, 학교에서의 괴롭힘, 직장에서 일어나는 해고, 공공연한 조롱, 젠더에 기반한 폭력이 모두 해당한다. 내가 이 책을 쓰는 동안에도 뉴저지주 뉴어크에서 한 청소년이 칼에 찔려 살해당했다. 사키아 건은 멋진 아프리카계 미국인 남자아이처럼 보이는 청소년이었다. 그녀의 어머니는 "남자아이처럼" 옷을 입은 건에게 새벽 세 시에 어떤 차가 다가왔다고 이야기했다. [사건이 발생한 시점에] 건은 열다섯 살이었다.

어떠한 뉴스 기사에서도 건의 젠더 비순응에 대한 [가해자의] 분노가 범행 동기였을 가능성을 언급하지 않았다. 이야기하지 않는다면 막을 수도 없다.

이 책의 마지막 장은 모든 이론이 안내하는 곳을 가리킨다. [즉, 실천에 대해 다룬다.] 내게 이 책에서 이야기한 모든 내용은 실천을 위한 것이었다.

젠더 고정관념은 실재하고 심각하며 광범위한 사회적 고통과 고난을 야기한다. 우리가 문제를 인식하지 못한다고 해서 젠더 고정관념이 초래하는 문제가 없는 것은 결코 아니다.

고통과 고난을 끝내기 위해 힘을 모아야 하는 때가 왔다. 이론을 실천으로 옮겨내야 하는 때가 왔다.

모두를 위한 젠더권단체의 시작

여성의 권리운동, 동성애자의 권리운동, 트랜스젠더의 권리운동은 모두 젠더 고정관념을 중요한 이슈로 제기했다. 그러던 가운데 1995년에는 젠더권을 실현하는 일에 확고하게 집중하는 전국적인 규모의 단체를 만들 분위기가 무르익었다.

나는 젠더권단체에 대한 필요를 느끼고 젠더팩(젠더권옹호연대)을 만들었다. 현실은 그때나 지금이나 다르지 않다. 젠더 표현과 젠더 정체성이라는 기본 정체성에 관한 이슈에 가장 큰 관심을 보이는 집단은 이 이슈에 가장 빈번하게 동질감을 느끼는 사람들, 다시 말해서 트랜스 집단이다.

트랜스 집단은 여전히 젠더를 둘러싼 문제를 선뜻 알아차리는 유일한 커뮤니티다. 그 외의 사람들은 대부분 이 문제를 마주하는 것을 너무 수치스럽게 생각하거나 젠더 체계와 관련한 문제인데도 섹스나 성적 지향의 문제로 재해석한다.

그러나 트랜스 집단에게는 젠더에 관한 이슈가 공통적인 정체성의 기초가 된다. 트랜스 집단은 젠더 규범을 비판할 수밖에 없다. 이들이 시각적인 차원에서 젠더 규범에 성공적으로 부응한다고 하더라도 이들의 존재 자체가 젠더 규범에 대한 도전이기 때문이다.

젠더팩은 젠더권단체로 조직됐지만 트랜스젠더 커뮤니티에 기반을 두고 있었다. 1996년 초반 젠더팩의 여러 활동가들이 전국적인 규모의 트랜스젠더 정치단체로 젠더팩을 생각했던 반면, 나는 모든 사람을 위한 젠더권이라는 원칙을 추구하는 단체를 지향했다.

이러한 모순은 정치적인 갈등이 벌어지는 지점 한가운데 놓여 있었고, 예상할 수 있듯이 우리의 첫 번째 다툼은 바로 젠더팩과 젠더권을 누가 소유하는지에 대한 것이었다. 짧지만 강렬한 다툼이 몇 개월 동안 은밀하게 계속됐다. 어떤 일도 진행되지 않았다. 모두들 싸우는 데 온 에너지를 쏟았다. 경합하는 비전과 정치적 의제를 둘러싼 갈등으로 단체가 만들어진 지 1년도 지나지 않아서 와해될 지경에 처했다.

한편 전국적인 규모의 다른 [성소수자]단체들은 거의 전적으로 젠더팩을 무시하고 있었다(당시에는 'LGBT'라는 용어가 널리 받아들여지지 않았다). 전국적인 규모의 트랜스젠더 정치단체는 분명 필요했다.

NOTE 이 절실한 필요는 여전히 남아 있다. [트랜스젠더] 커뮤니티가 매우 작다는 점, 다양한 지역에 산발적으로 존재한다는 점, 다툼이 자주 발생한다는 점, 많은 하위 집단으로 구성된다는 점에서 전국적인 규모의 정치단체를 만드는 일은 처음부터 어려운 작업이었다. 같은 시기 동성애자단체는 자금, 기반, 정치적 입지를 확대하고 있었다.

트랜스 커뮤니티는 언제나 두 갈래로 나뉘었다. 한쪽에서는 트랜스 집단의 이해관계를 대변하는 독자적인 단체를 세우자고 주장했고, 다른 한쪽에서는 동성애자단체에 트랜스 집단의 포용 수준을 높일 것을 요구해 동성애자권리운동의 영향력을 활용하자고 주장했다. 이 책을 쓰는 시점에서 이야기하자면 대부분의 트랜스활동가들은 후자를 확고하게 지지하는 편이다.

NOTE 동성애자 집단에 포용성의 가치를 큰 소리로 강조하던 트랜스활동가들로서는 어떤 면에서 트랜스를 중심으로 하는 독자적인 단체를 요구하는 일이 쉽지 않았다.

결국 여러 단체가 [젠더팩] 이사회를 떠났고, 동성애자단체, 바이섹슈얼단체, 인터섹스단체 등 많은 수의 새로운 단체에 참여를 제안했다. 형식적인 차원에서라도 포용성이라는 이상과 모든 사람을 위한 젠더권이라는 원칙을 가지고 앞으로 나아갔지만 문제는 결코 끝나지 않았다.

우리는 정치적인 문제뿐만 아니라 경제적인 문제도 겪었다. 우리는 성장하지 못했다. 몇 년 동안 사실상 예산이 없는 상태로 거의 모든 것을 소수의 자원활동가에게 의존해야 했다. [모든 사람을 위한] 젠더권에 대해 이야기했지만 프로그램을 운영할 돈과 자원이 부족했던 우리는 몇몇 사건에 대응하는 일밖에 할 수 없었고, 대응을 요청받은 사건은 모두 트랜스섹슈얼과 관련한 것이었다.

내가 '모든 사람을 위한 젠더권'을 말할 때면 모두가 그 말의 실제 의미를 '우리를 위한 트랜스섹슈얼 권리'라고 이해하는 것 같았다. 어떤 경우든 사람들은 [젠더 구분을 가로지르는] 내 몸이 전달하는 소리에 주의를 빼앗겨서 내가 말하는 것은 듣지 못하는 것처럼 보였다.

우리는 포용성을 향하는 쪽으로 깜빡이를 켜고는 트랜스섹슈얼을 향하는 쪽으로 움직였다. 급진적으로 보이면서도 자기 집단을 살피는 일이 양쪽 모두에게 최선이었다. 나는 이 모순을 알고 있었지만 해야 할 일은 너무 많고 가진 자원은 거의 없었기 때문에 언젠가 상황이 저절로 나아지기를 기대할 뿐이었다.

젠더 문제는 어떻게 가려질까

상황은 예상보다 빠르게 달라졌다. 지나 리스Gina Reiss 덕분이었다. 리스는 첫 번째 상근자로서 상무이사를 맡았다. 나는 대중강연에 나서거나 이론과 비전을 제시하는 일에는 익숙했지만 공식적인 형태의 단체 운영기술이나 활동가로서의 전문적인 경험은 없었다. 그에 반해 지나는 엄청난 사람이었다.

사회운동은 지나가 가장 바라던 일이었다. 지나는 사회운동에 참여한 초기에 밤에는 식당에서 일하고 [낮에는 사회운동에 필요한] 전문적인 역량을 기르며 일과를 보내곤 했다.

자원활동가로 시작해 전미여성기구의 뉴저지 지부 부회장까지 역임했다. 이후에는 뉴저지동성애자연대New Jersey Lesbian and Gay Coalition에서 첫 번째 상임이사로 활동했고, 전국LGBT옹호기구주연합Federation of Statewide LGBT Advocacy Organizations을 반드는 일에 앞장서기도 했다. 그 과정에서 전미동성애자태스크포스의 상임이사였던 우르바시 바이드Urvashi Vaid처럼 노련한 활동가와 함께 일하기도 했다.

지나는 단체 운영에 천재적인 역량을 발휘했고 오랜 시간 일하는 것도 마다하지 않았다. 활기차고 열정적이며 무서울 정도로 단호한 한편, 생각이 짧은 사람을 참지 못했다. 검은 피부의 날씬하고 멋진 외모의 지나는 막 20대에 접어든 매력적인 게이 청년처럼 보였고 바나나 리퍼블릭 남성복이 제격이었다.

지나는 온갖 종류의 젠더 괴롭힘으로 피해를 겪은 자신의 경험을 레즈비언 정치학 및 페미니스트 정치학과 연결할 방법을 찾고 있었다. 지나를 괴롭힌 이들은 거리의 남자들부터 화장실 밖으로 지나를 내쫓은 여자들까지 다양했다. 지나는 자신이 찾던 연결고리를 젠더팩의 메시지에서 발견한 듯했고, 나는 지나에게 젠더팩 활동을 제안했다. 지나는 마지못해 두어 달 정도 일을 해보기로 결정했지만 젠더팩이 자신과 같은 사람을 위한 곳인지는 확신하지 못했다.

지나가 추진했던 첫 번째 사업은 젠더팩 역사상 처음으로 모금행사를 여는 일이었다. 어떻게 했는지 지나는 〈소년은 울지 않는다〉로 오스카상을 받은 힐러리 스왱크와 감독 킴벌리 피어스를 섭외하는 데 성공했다. 거기서부터 일이 풀리기 시작했다.

지나는 젠더팩에 두 가지를 선사했다. 먼저 지나는 젠더팩을 내가 바라던 모습처럼 공식적인 단체로 만들어냈다. 지나는 회원모집, 후원사업, 공식적인 회계 체계, 기금조성의 구조, 지원사업 일정, 연례회의, 첫 번째 이사회 구성까지 단체의 기틀을 마련했다. 두 번째로, 지나는 끊임없이 질문을 던졌다. 젠더팩이 정말로 젠더권단체라면 왜 우리가 하는 모든 일이 트랜스섹슈얼과 관련된 것인지, 왜 게이, 레즈비언, 페미니스트, 소수자, 이성애자, 청년과 관련된 일은 하나도 없는지 물었다. (우리의 논쟁에서 지나는 내 책을 인용하기도 했는데, 이는 특히나 달갑지 않은 전략이었다.)

이 문제는 내가 겉과 속이 다르다거나 둔감해서 발생하는 게 아니었다. 메일함에 도착하는 모든 사건, 젠더와 관련된 모든 법률 사건이 트랜스섹슈얼과 관련이 있었기 때문이다. 이러한 상황이 나타난 이유는 단순하면서도 심층적이며, 다음과 같은 패러다임을 바꾸는 일과 연결된다. '트랜스젠더 사건 외에 젠더 사건은 없다' '트랜스젠더 뉴스 외에 젠더 뉴스는 없다' '트랜스젠더 소송 외에 젠더 소송은 없다' '트랜스젠더 포용 법안 외에 젠더 포용 법안은 없다'.

사람들의 머릿속에는 '젠더권'이라는 이름이 붙은 항목이 없다. 트랜스젠더와 관련이 없는 문제는 모두 동성애자, 페미니스트, 혹은 그 밖의 다른 항목으로 분류된다.

예를 들어 사키아 건이 뉴어크에서 칼에 찔려 살해당하는 사건이 벌어졌을 때도 언론이나 단체에서는 이 살인사건을 '동성애자 증오범죄'로 규정했다. 건이 아프리카계 미국인 남성 청년 같은 모습이었고, 건과 건의 친구들이 "남자아이처럼 옷을 입고 다녔다"라는 어머니의 진술에도 불구하고 말이다. 젠더는 사라지고 말았다.

이와 비슷하게 뉴욕시에서 젠더 정체성과 젠더 표현의 권리를 보호하는 법안이 발의되었을 때, 《뉴욕타임스》와 지역의 진보단체들은 이 법안을 '트랜스젠더 법안'이라고 설명했다. 사람들은 〈소년은 울지 않는다〉를 '트랜스젠더 영화'라고 이해하지만 〈빌리 엘리어트〉는 '젠더 영화'가 아니라 그저 춤추기 좋아하는 남자아이가 나오는 영화로 이해한다.[*] 38세 아프리카계 미국인 버스 운전기사 윌리 휴스턴이 [테네시주] 내슈빌에서 총에 맞아 살해되는 사건이 발생했을 때도 마찬가지다. 약혼녀의 지갑을 들고 있는 그의 모습에 격분했다는 가해자의 진술에도 불구하고 이를 젠더 기반 폭력사건으로 규정하는 사람은 아무도 없었다.

미국에서 손꼽힐 만큼 커다란 규모의 동성애자단체에서 엄

* 〈빌리 엘리어트Billy Elliot〉는 마거릿 대처Margaret Thatcher, 1925~2013 집권 시기 광산 노동자들의 파업 투쟁을 배경으로 발레를 좋아하는 남자아이가 겪는 이야기를 다룬 영국 영화다. 빌리의 아버지는 빌리에게 권투를 가르치지만, 빌리는 발레에 빠져들고 이내 아버지의 강한 반대에 부딪히게 된다.

청난 급여를 받고 일하는 한 고위직 임원은 최근 내게 이런 이야기를 한 적이 있다. 단체는 젠더폭력과 동성애자[의 관계]에 대해 더 많이 이야기하고 싶어 하지만 "그런 사례를 접하지 못했다"는 것이다. 그 단체는 최소 여섯 명의 부치 레즈비언이 일하는 곳이었다. 젠더 관련 사건에 대해서 누구도 알지 못하는 이유는 젠더 관련 사건을 누구도 인식하지 못하기 때문이다. 동성애자가 젠더 표현 때문에 공격을 당하는 일은 '동성애자 증오범죄' 항목으로 분류되고, 여성이 젠더 표현 때문에 차별을 당하는 일은 '성차별' 항목으로 분류된다.

남성이 다른 남성에게 가하는 직장 내 젠더 괴롭힘이 급속도로 늘어나고 있다는 기사가 《뉴욕타임스》 1면에 실리는 시점에도 **젠더권**이라는 표현은 쓰이지 않는다. '젠더' 항목으로 분류되는 유일한 사건은 트랜스섹슈얼과 관련된 것뿐이다.

젠더 문제는 어디에나 있다

젠더 관련 뉴스를 찾을 수 없던 우리는 뉴스에서 젠더를 **추론해서** 읽어내는 지난한 작업에 착수했다. 우리는 젠더 고정관념[이 영향을 미친 사건]을 찾아내기 위해서 소송, 법안, 증오범죄를 분석했다.

결국 우리는 찾아낼 수 있었다! 여성적이라는 이유로, 혹은 여성적으로 보인다는 이유로 공격을 당한 게이, 운동이나 여자아이보다 글쓰기와 수학을 좋아한다는 이유로 폭행을 당한 남자아이, 자기주장이 강하고 적극적이며 지나치게 운동을 좋아한다는 이유로 따돌림을 당한 여자아이, 전통적인 의미에서 '여성적인' 직종에만 머물러야 했다는 이유로 집단소송을 제기한 여성 노동자들, 키가 '너무 크지' 않도록 어린 시절 에스트로겐을 과다 투여받아 심각한 건강 문제를 겪게 된 성인 여성 등 젠더 문제는 어디에나 있었다. 그저 다른 관점으로 살펴봐야 했을 뿐이다.

더욱이 젠더 관련 사건에 주목하기 시작하면서 우리는 모든 사람이 이 문제를 막연하게나마 인식하고 있다는 사실을 확실하게 알 수 있었다. 동성애자든 이성애자든, 청년이든 중년이든, 남자든 여자든 내가 지금까지 만난 이들 가운데 "그런데 저는 그게 왜 문제인지 모르겠는데요"라고 이야기한 사람은 아무도 없었다. 다들 젠더 고정관념이 심각한 사회 문제라는 점을 이해하고 있었다. 단지 젠더 고정관념에 맞서는 일이 **시민권**운동이 확장되는 자연스러운 흐름 안에 놓여 있다는 사실을 이해하지 못할 뿐이었다. 아직은 말이다.

젠더 고정관념에 맞서 싸우는 일은 당연하게 여겨지는 것을 뒤엎는 혁명과 같다. 그러나 그게 우리가 해야 하는 일이다. 젠더팩은 언론, 법, 예술, 정치를 다시 살피는 작업을 통해서 사업을 키우고, 기반을 넓히고, 회원과 기업의 후원도 대폭 늘릴 수 있었다. 그리고 그 과정에서 단체가 거의 해체될 만큼 커다란 위기를 다시 한번 겪었다.

젠더팩에 쏟아진 비판

젠더팩 이사 중 한 사람이 지적했던 것처럼 젠더팩은 사명선언문의 내용과 상관없이 사실상 트랜스 커뮤니티의 정치적 대표 역할을 맡았다. 자원이 부족한 상황에서 단체의 활동 범위를 트랜스젠더가 아닌 사람들에게까지 확장하는 것이 올바른 일이었을까?

몇몇 이사는 지나를 포함한 이사회의 다른 사람들을 젠더에 관한 '진짜' 문제가 있는 트랜스 집단을 지원하기 위해 일하는 지지자allies로 대했다. 단체 내부의 불화는 점점 커졌고 내부 연락망으로 [주고받는 대화를 통해] 증폭되기 시작했다. 어떤 이사는 연락망에서 자신을 제외해달라고 이야기했고, 또 다른 이사는 조용히 이사직에서 물러나기도 했다.

상황이 최악으로 치달았을 때, 몇몇 이사는 여성에게 전미여성기구가 있고 동성애자에게 휴먼라이츠캠페인이 있는 것처럼 트랜스젠더에게는 젠더팩이 있어야 한다고 주장했다. 한편으로 직원과 인턴 들은 젠더팩이 모든 사람을 위한 젠더권단체라는 보다 넓은 비전을 갖고 있었다.

결국 젠더팩은 트랜스 커뮤니티를 정치적으로 대변하는 단체이거나 모든 사람을 위한 젠더권단체 중 하나여야 했다. 두 가지 모두 의미 있고 필요한 일이었지만 [그 사이의] 간극을 메울 방법도 두 가지를 동시에 해나갈 방법도 존재하지 않았다.

무언가를 포기해야 했고, 실제로 그렇게 됐다. 세 명의 트랜스 이사가 격양된 태도를 보이며 공개적으로 활동을 그만뒀다. 두 명의 동성애자 이사 역시 젠더팩이 트랜스젠더단체가 아니라는 점에 실망하며 활동을 그만뒀다.

전국에 유통되는 한 트랜스젠더 잡지는 지면 대부분을 나를 개인적으로 공격하는 데 할애하기도 했다. 젠더팩 이메일 수신함은 인신공격이 담긴 혐오의 말들로 날마다 채워졌다. 의도하지 않았던 역설적인 상황도 휘몰아쳤다. 얼마 전까지도 단체의 사명선언문에 트랜스 집단을 명시하지 않던 전국적인 규모의 어느 동성애자단체가 젠더팩이 충분히 트랜스젠더단체가 아니라는 이유로 공격하는 기사를 《워싱턴블레이드》*에 기고한 것이다.

미국에서 가장 큰 규모의 트랜스젠더학회는 젠더팩에 수여했던 상금을 철회했다. 학회는 상금을 수여하면서 젠더팩의 포용적인 비전에 갈채를 보냈었지만, 젠더팩이 실제로 그 비전을 실현하자 이제는 그 비전이 트랜스 커뮤니티에 대한 배신이라고 선언했다.

단체에 속한 트랜스젠더 구성원들의 반감을 우려한 [몇몇] 동성애자단체는 젠더팩과 거리를 두기 시작했다. 트랜스젠더 의제에 대한 몫을 감당하기 위해 젠더팩과 함께 일해온 또 다른 [동성애자]단체는 직접 트랜스젠더 의제를 다뤄야 하는 새

---

* 《워싱턴블레이드Washington Blade》는 미국에서 가장 오래된 성소수자 매체 가운데 하나로 1969년 창간했다.

롭고 낯선 위치에 놓이게 됐다.

젠더팩과 연대해온 단체들은 이제 성소수자 의제 중 트랜스젠더 부분을 채워줄 새로운 단체를 찾기 시작했다. 몇몇 활동가는 어느 편도 들지 않은 채 '젠더팩이 전국적인 트랜스젠더단체가 아니면 도대체 무엇인지' 의아해하기도 했다. 아마 내가 예전에 트랜스 배제적이라는 이유로 피켓시위를 했을 법한 전국적인 규모의 어느 동성애자단체는 젠더팩의 공동사업 제안에 "우선 트랜스 커뮤니티에 있는 사람들의 의견을 묻겠다"라고 답했다.

매우 흥미로운 태세 전환은 트랜스젠더 대표자들이 핵심 법안에 대한 의회 간담회 자리에 젠더팩을 제외한 다른 단체들을 초대한 사건이었다. 젠더팩에서 오랜 기간 준비해온 법안이었음에도 젠더팩이 "동성애자단체도 트랜스젠더단체도 아니"라는 이유로 배제한 것이다.

누워서 자기 얼굴에 침을 뱉는 격이었다. [이러한 상황은] 부족한 자원을 동성애와 관련 없는 문제에 낭비하지 말라던 동성애자활동가들의 오래된 불만이 부족한 자원을 트랜스와 관련 없는 문제에 낭비하지 말라는 트랜스활동가들의 새로운 불만으로 탈바꿈한 것이었다.

젠더팩이 지나치게 포용적이라고(**지나치게** 포용적이라는 말은 무슨 뜻일까?) 열정적으로 비판하던 많은 활동가는 동성애자단체가 충분히 포용적이지 않다고 끊임없이 비판하던 사람들이기도 했다. 내 생각에 이러한 현상이 알려주는 것은 딱 하나였다. '포용성과 다양성은 좋은 것이다. 단, 포용성과 다양성을 실현할 책임이 다른 누군가에게 있는 경우에만.'

NOTE 정체성 정치학은 우리에게 골치 아픈 유산을 남겼다. 바로 소수자 집단 또는 고통의 위계에서 더 많은 억압을 겪는 집단은 누군가를 배제해도 괜찮다는 인식이다. 이에 백인만 있는 단체는 용납할 수 없지만 흑인만 있는 단체는 상관없다고 여기고, 트랜스가 없는 동성애자단체는 문제가 있지만 트랜스만 있는 단체는 완벽하게 타당하다고 믿게 된다.

젠더권은 인권이다

내 의견을 밝히자면 나는 트랜스 집단과 함께 가지 않는 젠더권운동은 실패라고 생각한다. 그러나 우리 모두를, 특히 어린이를 억압하는 젠더 체계에 대한 지속적인 비판 없이 트랜스젠더 집단을 돕는 데만 집중하는 젠더권운동 역시 실패라고 생각한다.

젠더권은 동성애자운동과 페미니즘이 끝내 외면한 가능성 이상의 것이어야 한다. 젠더권은 자신의 성별을 변경할 수 있는 권리만으로는 설명될 수 없다.

나는 당신의 등 뒤에서 들리는 비웃음 소리가 무엇인지 알고 있다. 나는 관계의 단절을 선언하는 배우자나 연인을 마주하는 경험이 어떤 것인지 알고 있다. 나는 당신이 가까이 지내던 가족과 친척을 만날 수 없는 고통이 무엇인지 알고 있다.

나는 차마 다시 볼 엄두가 나지 않는다는 말을 부모에게서 들은 당신의 상처가 얼마나 커다란지 알고 있다. 나는 당신이 한 번도 만나본 적 없는 누군가를 낯설고 적대적인 곳에서 애도한다는 것이 어떤 느낌인지 알고 있다. 나는 집과 직장에서 쫓겨난다는 것이 어떤 경험인지 알고 있다.

나는 비슷한 이야기들을 페미니스트, 동성애자, 젠더퀴어 청년에게서 들었다. 예술적인 감각이 있다고, 살이 쪘다고, 천식이 있다고 학교 탈의실에서 폭행을 당하는 남자아이에게서 들었다. 얌전하지 않다고, 운동을 좋아한다고 놀림을 받고 괴롭힘을 당하는 여자아이에게서 들었다. 우리는 모두 젠더 규범을 위반하고 넘어선 대가를 치렀다.

우리의 정체성이 무엇이든지 간에 [우리 모두가 경험한] 젠더 억압은 젠더 체계가 작동하는 방식을 알려준다는 점에서 중요한 의미를 지닌다. 우리는 이 고통스러운 경험에 구조적 원인이 있음을 알고 있다.

우리는 오래도록 변하지 않았지만 변화를 만들어낼 수 있는 진실, 너무 명백해서 오히려 아직 누구도 알아차리지 못한 진실을 이해하고 있다. [우리가 모두 젠더 규범을 위반하고 넘어선 대가를 치렀다는 진실은] 숨어 있는 것 같지만 사실은 눈치채기 쉬운 비밀과도 같다. 우리가 이 일을 하지 않는다면, 우리가 이 운동을 시작하지 않는다면, 누가 할 것인가?

우리는 대부분 투쟁에 따른 보상을 받지 않는다. 우리는 시민활동가로서 가장 어려운 위치에 서 있고 때로는 가장 외로워하는 사람들이다. 세계를 더 나은 곳으로 만들기 위해 노력하는 우리는 사실 여전히 순진하고 낭만에 빠진 사람들이다. 만약 우리가 까칠해지고 지쳐 있다면 이는 완전한 평등에 대한 사랑을 저버렸기 때문이 아니라, 그 사랑에 낙담했기 때문이다.

정치적 냉소주의의 시대에도 우리는 상황이 나아질 것이라고 믿는다. 우리는 있는 모습 그대로 완전하고 숨김없이 존재할 권리가 마땅히 우리에게 있다고 믿는다. [하지만 동시에] 우리는 서로 갈라지고 대립하는 시대에 살고 있다. 우리가 사는 사회는 [여러 차이가 녹아든] 용광로가 아니라 [자기편과 상대편이 존재하는] 체스판과 같다. 우리는 동성애자 아니면 이성애자, 민주당원 아니면 공화당원, 보수주의자 아니면 자유주의자로 구분된다. 우리는 여성의 권리, 동성애자의 권리, 라틴계의 권리, 유대인의 권리, 트랜스젠더의 권리, 청년의 권리를 위해서, 다시 말해 '우리'를 위해서 나선다.

'우리'가 아닌 사람을 위해서 나서는 일은 무의미하다고 여겨진다. [그러나] 모든 문제를 흑인 문제, 동성애자 문제, 트랜스젠더 문제, 여성 문제 등으로 분류하는 사회에서 여러분은 이해받지 못할 것이다. 결국 우리는 어디서도 환영받지 못할 것이다. 여러분 자신을 위해서도 더 나은 방법이 필요한 때다.

대통령이 '존경하는 국민 여러분'이라고 말할 때, 우리는 그 말이 실제로 모든 사람을 가리키는 것이 아님을 알고 있다. 그 말은 '재선에 필요한 지지자들과 중도층 유권자 여러분'을 의미한다.

우리가 속한 진보적인 단체에서조차 우리가 지닌 최선의 모습을 끌어내는 일에 대해서는 거의 이야기하지 않는다. 우리 자신을 위한 평등에 몰두하는, 이해관계에 밝은 모습을 넘어서 우리의 다른 가능성을 추구하는 비전을 제시하지 못한다. 자신에게 이름을 부여하는 일, 비슷한 사람들과 함께하는 일, 더 작고 동질적인 집단으로 나뉘는 일에는 나름의 힘이 있다. 그러나 나는 정체성을 정치의 주요 기반으로 삼는 일이 여전히 우려스럽다.

내가 잘못 생각하는 것일 수도 있겠지만, 점점 더 잘게 쪼개진 우리가 정체성 정치의 원심력 때문에 서로 멀리 떨어진 채 각자의 궤도만 돌고 있는 것인지도 모른다. 지금은 우리가 함께 만날 수 있는 공통의 문제를 찾아야 하는 시점이고, 젠더는 바로 이 공통의 문제에 해당한다. 젠더권은 너무나도 기본적인 것이기 때문에 특정한 집단이 소유할 수 없으며, 너무나도 중요한 것이기 때문에 누구도 배제할 수 없다. 젠더권은 인권이다. 그리고 우리 모두를 위한 것이다.

새로운 연결의 가능성

주디스 버틀러는 정체성이 더 이상 정치학을 제한하지 않을 때 어떠한 정치적 가능성이 출현하는지에 대해서 솔깃한 질문을 던진 바 있다. 버틀러는 우리가 서로 새롭고 낯선 방식으로 어울리고 연결될 수 있는 새로운 전망과 가능성을 시사한다.

다만 버틀러는 새로운 것을 향한 기대를 놓지 않으면서도 정치적 실천에 대한 자신의 주장을 제한하는 것처럼 보이기도 한다. 현존하는 질서를 내부에서 전복해야 한다는 좌파의 정언명령을 패러디를 통해 반복하는 일에서 정치적 실천이 멈추도록 하는 것이다.

이러한 접근이 유용하지 않다고 생각했다면, 원인은 (담론에서 벗어날 방법은 없다는 의미에서) '해방'의 가능성을 냉소하고 커뮤니티나 조직된 집단을 폭력적인 억압과 동일시하는 포스트모더니즘에 있다. 버틀러는 정치적 응답의 가능성을 각 개인의 개별적인 불복종 실천에 국한하는 것처럼 보인다. 하지만 나는 이것으로 충분하지 않다고 생각한다.

성평등은 새로운 법, 사고방식, 시민권을 요청할 것이다. 또한 법원, 의회, 언론, 여론을 바꾸는 작업은 젠더 체계를 개별적으로 전복하는 일뿐만 아니라 사람들을 조직과 운동으로 이끄는 일 역시 필요로 할 것이다.

그러나 누구도 이 문제에 젠더이론을 어떻게 적용해야 하는지, '현실 세계'에서 젠더이론이 어떻게 작동하는지에 대한 아이디어를 갖고 있지 않다. 누구도 '정체성이 더 이상 정치학을 제한하지 않는다면 어떠한 형태의 조직화와 [자원] 동원이 가능한지'에 대해 답변하지 않았다.

나는 활동을 하면서 일반적으로는 젠더이론에서, 구체적으로는 버틀러에게서 얻은 아이디어를 정치적 운동에 적용하려고 시도해왔다. 서문에서 밝혔듯이 포스트모더니즘은 단지 이론이 아니라 응용과학이어야 한다. 그런 점에서 나는 몇 가지 아이디어를 나누려고 한다.

첫 번째는 **젠더권이 정당한 인권 문제**라는 단순한 사실이다. 아직 그렇게 인정받지 못한다고 하더라도 말이다.

젠더권은 법, 정부 정책, 법원 판결과 관련된 시민권은 물론이고 두려움이나 수치심을 느끼지 않고 숨김없이 있는 모습 그대로일 수 있는 권리와 같은 일종의 사회권을 요청한다.

나는 많은 책, 이론, 연구를 접하고 나서야 이 사실을 깨달았다. 약 3년을 이 문제에 관해서만 이야기하고 생각하는 데 보냈지만 나와 같은 결론에 도달하기 위해 그 모든 이론을 익혀야 할 필요는 없다. 이것만 이해해도 충분하다. 태어나는 순간부터 남자아이 또는 여자아이라는 어처구니없는 두 개의 비좁은 상자에 사람들을 욱여넣어서는 안 된다는 것, 그리고 상자에 들어맞지 않는다고 처벌해서는 안 된다는 것.

젠더권을 쟁취하기 위해서 우리는 어떻게 연결되어야 할까? 우선 버틀러가 **정체성 정치학에 근본적으로 문제가 있는지도 모른다**고 이야기한 것이 어떠한 의미인지를 이해할 필요가 있다. 정체성의 경계는 어디에 그어지든지 필연적으로 위계를 만들어낸다. 안으로 들어오기를 바라지만 밖으로 밀려나는 사람, 밖으로 나가고 싶지만 안으로 끌려드는 사람, 의도와는 상관없이 정체성 규범에 부합했다는 우연한 이유로 특별한 자격을 얻는 사람이 생겨난다.

이는 젠더권운동에서 특히 문제가 된다. 이 운동은 더욱 자유롭게 젠더를 표현하는 권리를 추구하는 것이어야 하기 때문이다. 운동을 시작하자마자 사람들에게 다시 규범의 구속복을 입도록 강요할 셈이라면 굳이 운동을 해야 할 필요가 없다.

젠더권은 모두를 위한 것이며, 각자가 어떠한 정체성을 지녔는지는 핵심이 아니다. 트랜스젠더가 아니라는 이유로 지원하지 않는 일은 트랜스젠더라는 이유로 지원하지 않는 일만큼이나 도덕적으로 올바르지 않다. 포용성이 다른 사람에게 좋은 것이라고 생각한다면, 우리에게도 좋은 것이어야 한다.

나는 운동과 조직이 사람들을 지지자가 아니라 구성원으로 맞이할 때 더욱 튼튼해진다고 생각한다. 나에게 누군가를 지지자로 받아들인다는 말은 '이게 당신의 문제는 아니지만 그래도 저희를 도와주신다니 환영합니다'를 뜻한다.

우리는 사람들이 자신을 어떻게 정체화하는지, 그들과 우리가 같은지 다른지를 따지는 문제를 넘어서 [모든 사람을 위한 젠더권이라는] 기본 원칙을 옹호하는 방향으로, 그래서 기본 원칙을 필요로 하는 누구에게나 다가가는 방향으로 되돌아가야 한다. [물론] 젠더 고정관념이 모든 사람에게 고통을 준다고 해서 모두가 똑같은 방식으로 고통을 받는다는 의미는 아니다. 우리는 개인적 차이를 존중해야 한다.

또한 우리는 사람이 언제나 사회운동보다 더 복합적이라는 사실을 기억해야 한다. 사회운동은 사람을 대표하려고 하지만, 사람들의 삶에는 [여러 요소가] 교차하는 지점이 있다는 점에서 우리는 더욱 깊이 고민해야 한다.

그저 "자기야, 이게 다 젠더 문제잖아"라는 식으로 넘어가서는 안 된다. 왜냐하면 이게 **다 젠더 문제**는 아니기 때문이다. 젠더와 인종, 젠더와 계급, 젠더와 성적 지향의 문제가 있다. 사람들은 다양한 어려움을 마주한다. 우리가 내세우는 의제는 단순할지 몰라도 사람들의 삶과 몸은 절대 단순하지 않다.

[우리가 하는 활동의] 주변부에서 힘겹게 싸우는 이들이 있는지 살피면서, 이들이 활동의 중심에 설 수 있도록 하는 적극적인 노력도 필요하다. 위계를 만들거나 누군가를 배제하지 않고 활동하기 위해 우리가 아무리 열심히 노력한다고 하더라도 활동을 추진할수록 중심과 주변부는 불가피하게 만들어진다. 누군가는 중심에서 밀려나 주변부에 놓일 수도 있다.

우리는 누가 논의의 자리에 없는지, 누가 홀로 있는지, 누구의 목소리가 들리지 않는지 인식해야 한다. 우리는 우리가 내세우는 담론이 가져오는 효과를 인식하고, 활동의 주변부로 밀려나는 이들을 가능한 한 중심으로 되돌리면서 [문제가 되는] 효과를 바로잡아야 한다.

차이와 개성에 힘을 싣자. 우리가 주장하는 정치학의 핵심은 모두를 똑같이 만드는 일이 아니라 사람들이 다르게 존재할 수 있도록 지지하는 일, 다른 존재로 사는 삶이 안전하도록 만드는 일, 다른 존재로서 존중받을 수 있도록 하는 일이어야 한다.

이는 시민권으로는 충분하지 않을 것이다. 우리에게는 사회권 역시 필요하다. 젠더 기반 억압은 단지 혹은 주로 경찰, 법원, 법과 같은 국가권력을 통해서만 이루어지는 것이 아니다. 젠더 억압은 사회적 시선, 수치심, 놀림, 따돌림을 통해서도 이루어진다.

젠더 구분을 넘어서는 일이 많은 이들에게 가능하도록 우리는 법과 정책을 바꾸는 작업과 더불어 사회적인 태도를 바꾸고 젠더 괴롭힘에 대한 의식 수준을 높여야 한다.

어떤 면에서 젠더 역할에 순응하고 [문화적으로] 인식 가능한 남자아이 또는 여자아이가 되는 일은 사회적 행위 능력의 기초를 마련한다. ([성별이 없는 사물을 가리키는 대명사] '그것it'으로 불리는 유아는 실질적인 사회적 행위자가 아니다.)

젠더권은 낯선 의제다. 젠더 위반에 관한 거의 모든 것은 많은 사람에게 수치스럽고 불편한 것으로 남아 있다. 젠더권을 사회운동으로 이끌어내기 위해서는 사람들이 [젠더권을] 친근하게 여기도록 노력해야 할 것이다.

마지막으로 덧붙이자면, 다른 의견을 가진 이들, 다른 커뮤니티에 소속된 이들이 함께 일하는 과정은 쉽지 않다. 정체성은 우리에게 힘을 불어넣기도 하지만 우리가 서로 갈라지게 만들기도 한다. 그러니 **사람들이 어우러질** 수 있도록 애쓰자.

젠더팩의 활동

젠더팩은 사람들의 인식을 바꾸고 선출직 공무원을 교육하며 법적 권리를 확장하는 것을 통해 젠더 고정관념으로 인한 차별과 폭력을 없애기 위해 애쓰고 있다. 지난 2년 동안[2002년~2003년] 일어난 일을 살펴보면 우리의 비전이 얼마나 폭넓고 시급한지를 알 수 있을 것이다.

- 뉴욕주에 사는 러시아계 미국인이자 운동선수인 12세 에런 베이스는 피겨스케이팅은 "여자아이나 여성스러운 남자아이만" 하는 것이라고 윽박지른 가해자들에게 폭행을 당해 병원에 입원했다. 현재 진행 중인 젠더팩 학교폭력 연구조사에 따르면, 응답자 세 명 중 두 명이 비순응적인 젠더 표현이나 정체성을 이유로 괴롭힘이나 공격을 받은 적이 있는 것으로 나타났다.
- 44세 페미니스트 달린 제스퍼슨은 꾸밈노동을 명시한 새로운 복장규정을 어겼다는 이유로 20여 년을 일한 직장에서 해고됐다고 주장했고, 뉴욕시에 사는 30세 레즈비언 돈 도슨은 "지나치게 부치같이" 생겼다는 이유로 해고됐다고 주장했다. 집에서 종종 크로스드레싱을 하는 뉴올리언스의 트럭 운전사 피터 오일러는 20년 동안 일하던 직장에서 해고됐다. 관리자가 그의 크로스드레싱을 알고 난 다음의 일이었다.
- 3장에서 살펴본 것처럼 《뉴욕타임스》는 고용기회평등위

원회에 새로 접수되는 사건 7건 중 1건은 남성이 다른 남성을 성적으로 괴롭히는 일이라고 보도했다. 대부분 젠더 고정관념과 관련이 있는 사건이었다. 위원회에 따르면 괴롭힘을 겪은 남성 노동자들은 적극성이 부족하다는 평가나 지나치게 여성적이라는 상급자의 판단을 괴롭힘의 원인으로 추정했다.

• 젠더를 이유로 가해진 공격으로 여섯 명의 비백인 청소년이 살해됐다. 이들의 이름은 유키아 데이비스(18세, 워싱턴 D.C., 아프리카계), 스테퍼니 토머스(19세, 워싱턴 D.C.), 니키 니컬슨(19세, 미시간주), 사키아 건(15세, 뉴저지주), 그웬 아라우호(17세, 캘리포니아주, 라틴계), 프레드 마르티네스 주니어(17세, 콜로라도주, 미국 원주민)이다.

편협한 젠더 규범을 넘어서면 교실, 이사회실, 원주민 '보호' 구역, 도시의 길거리 등 어디서든 괴롭힘, 폭행, 살인사건의 피해자가 될 수 있다. 변화는 빠르게 오지 않을지도 모른다. 투쟁이 이제 시작 단계이기 때문이다.

지금 젠더팩은 그 어느 때보다도 젠더권을 현실로 만드는 데 전념하고 있다. 우리는 커뮤니티 폭력 예방 프로그램, 직장 내 평등 프로그램, 젠더와 청년 프로그램에 주력하고 있다.

이러한 프로그램들은 지역 커뮤니티에서 일하는 전국의 활동가들의 지원으로 차근히 구체적인 성과로 이어지고 있다. 다음은 지난 한 해[2003년] 동안 일어난 일이다.

- 직장 내 평등 프로그램을 통해 IBM, JP모건체이스, 코닥, 프록터앤갬블P&G, 버라이즌 등 여러 회사가 노동자의 젠더 표현과 젠더 정체성 권리를 보호하는 새로운 고용기회평등 정책을 도입하고 시행하도록 교육을 진행했다.
- 커뮤니티 폭력 예방 프로그램을 통해 24개 이상의 지역 커뮤니티에서 (프레드 마르티네스 주니어의 어머니인) 폴린 미첼을 비롯한 여러 연사를 초청해 젠더 기반 증오에 대해 교육하는 자리를 마련했다.
- 젠더팩은 휴먼라이츠캠페인과 파트너십을 맺고 의회의 고용 정책에 관한 다양성 보호 방침에 성적 지향, 젠더 정체성, 젠더 표현 항목을 신설하는 데 다섯 명의 공화당원과 여덟 명의 상원의원을 포함한 의원 76명을 설득했다.
- 최근에 열린 3일간의 전미젠더회의(주디스 버틀러가 기조연설을 맡았다!)에는 36개 주에서 온 1,500명의 활동가와 72개 학생단체, 74개 조직이 참여했다.

젠더팩은 더 안전한 커뮤니티, 더 평등한 직장, 모든 어린이를 소중히 여기고 존중하는 학교를 만든다는 목표에 조금씩 가까이 다가가고 있다.

최근에 집중한 작업으로는 우리가 특별히 준비한 젠더청년네트워크가 있다. 탁월한 청년활동가들이 주축이 되어 만든 젠더청년네트워크는 대학 캠퍼스에 젠더풀뿌리모임을 조직하고 대학생활동가를 지원하는 전국적인 네트워크다.

캠퍼스에서 활동하는 이들은 일대일 상담, 기초 모임 조직, 커뮤니티 교육을 통해서 대학교와 고등학교에서 벌어지는 젠더 기반 괴롭힘과 폭력에 맞서고 젠더 인식을 높이는 저마다의 특별 작업과 캠페인을 시작했다. 대학생활동가들은 열정적으로 참여했다. 2003년 5월에 개최된 전미젠더회의에서 14개 캠퍼스의 대학생활동가들은 젠더청년네트워크를 공식적으로 출범했다.

젠더권을 실현하기 위해서 해야 할 일은 여전히 많다. 젠더팩이 준비하고 있는 다음 활동은 아동과 청소년의 보호자를 지원하는 네트워크를 만드는 일이다.

아이가 이분법적인 젠더 고정관념에 갇히지 않고 자라기를 원하는 보호자가 받을 수 있는 지원은 거의 없는 편이다. 교육 자료, 웹사이트를 비롯해 비슷한 생각을 나누며 서로를 지지하는 네트워크 등이 마련된다면, 아동과 청소년이 자연스럽게 잠재력을 발휘하며 건강하게 자라도록 돌보는 일에 뒷받침이 될 것이다.

수십 년 동안 닫혀 있던 문이 마침내 폭발하듯 열리는 이 역사적인 순간에 젠더권활동을 하면서 짜릿함을 느끼고는 한다. 10여 년 전만 해도 젠더 표현과 젠더 정체성에 대한 시민의 권리를 보호하는 법은 어디에도 없었다. 그러나 지금은 60개가 넘는 지역에 관련 법이 마련되어 있다.*

---

* 3장 '트랜스젠더의 권리운동'에서 젠더권 법안 관련 옮긴이 주를

20년 전만 해도 노동자의 젠더 표현과 젠더 정체성 권리를 일터에서 보호하는 대기업은 한 군데도 없었다. 지금은 (최초의 사례인) 아메리칸항공, 애플, 나이키, 인텔과 같은 대기업을 포함한 18개 기업이 노동자의 젠더 표현과 젠더 정체성 권리를 보호하고 있다.

비슷한 정책을 준비하고 있는 기업은 더 많다. 몇 년 전만 해도 고용기회평등 정책에 젠더권을 포함하는 일에 관심을 보이는 기업은 거의 없었다. 젠더권 논의를 이해하거나 수월하게 받아들이는 기업도 거의 없었다. 많은 회사가 젠더권을 다소 모호한 것, 나아가 이상한 것으로 여겼다. 우리와 회의를 하고 나서 다시 연락해오는 곳은 정말 드물었다.

요새는 기업이 우리에게 [젠더권에 관한] 적절한 표현과 관련 지식을 문의하고 직원교육의 지원도 요청한다. 젠더권 논의는 단지 환영받는 정도를 넘어섰다. 젠더권이 '모범 경영 사례'를 보여주는 새로운 지점이라는 사실을 기업들이 깨달았기 때문이다. 다양성 영역에서 선두를 유지하려는 회사는 젠더권을 보호하는 일에 앞장서야 하는 상황이다.

하지만 새로운 권리는 새로운 위험을 동반했다. 과거의 증오범죄는 수술을 진행한 30세 백인 트랜스섹슈얼이 겪는 데이트폭력에 가까웠을지 모른다. 그러나 요즘 증오범죄의 피해자는 비백인 청소년인 경우가 많다. 특히 경제적으로 취약한

참고하라(70쪽).

환경에서 성장하거나, 동성애자이거나, 이분법을 넘어서 젠더를 실천하거나, 여러 젠더 역할을 실험해보거나, 의료적 조치를 받지 않은 트랜스젠더인 경우 피해를 겪을 가능성이 높아진다. 증오범죄의 가해자는 또 다른 청소년인 경향을 보인다.

내가 학생이었을 때는 원피스를 입고 학교에 간다는 건 상상조차 할 수 없었다. 만약 그랬다면 미식축구부 남학생들이 나를 탈의실 바닥에 묻은 작은 얼룩이 될 때까지 괴롭혔을 것이다.

요즘 청소년들은 젠더에 관해 우리가 생각하지도 못할 만큼 더욱 급진적이고 복잡한 일을 이른 시기에 시도한다. 하지만 나이를 불문하고 조롱, 괴롭힘, 해고, 폭력을 겪고 도움을 요청하는 사람들 역시 매달 끊이지 않는다.

젠더팩은 이러한 문제에 대처할 수 있도록 최대한 빠르게 성장하기 위해 힘쓰고 있다. 4년 전만 해도 젠더팩은 예산이라고 할 것도 없이 몇몇 자원활동가들이 모인 작은 단체였다. 그러나 지금은 사무실, 직원, 회원이 있다. 후원자들이 늘어나고 기업과 재단의 지원 또한 많아지고 있다. 젠더팩은 매년 30퍼센트가량 성장하고 있다.

이는 변화가 일어나고 새로운 패러다임이 나타날 때의 모습이다.

드디어 젠더권운동의 시기가 왔다. 우리와 함께하자. 여기까지 읽었다면 젠더권은 당신에게도 와닿는 문제라는 뜻이다. 젠더권을 '그저 이론'에 머물도록 놔두지 말자. 젠더권은 인권이다. 젠더권운동에 나서자. 지금이 바로 이 운동에 나설 때다.

감사의 말

앨리슨 출판사의 두 편집자에게 고마움을 전한다. 앤절라 브라운은 이 책의 구성에 대한 아이디어를 가진 것은 물론이고 그것을 실현하는 결단력을 보여줬다. 닉 스트리트는 최종 편집을 맡아서 훌륭하게 마무리해주었다. 두 사람의 도움이 없었다면 이 책은 나올 수 없었을 것이다.

인터섹스와 관련한 장을 읽고 제안과 수정 의견을 전해준 셰릴 체이스에게 감사한다.

젠더팩 이사인 앤 네노와 존 로메리에게 진심으로 고마움을 전한다. 이들은 젠더권이 확장되는 모습을 보기까지 많은 것을 희생하고 지원했으며 이 책의 집필을 시작했을 때부터 응원해주었다. 그 덕분에 책을 마무리할 수 있었다.

특별히 지나 리스에게 감사한다. 젠더팩을 다룬 장(그리고 그 외의 여러 장도)의 내용을 더하고 편집한 리스의 역할이 너무도 소중했다. 이 책이 최대한 많은 사람에게 다가가야 한다고,

다양한 이야기를 담아야 한다고 강조한 리스의 이야기는 매우 중요했다.

마지막으로 클레어 하월에게 깊은 감사를 전한다. 하월은 내가 세 권의 책을 내는 동안 곁에 있어주었고, 모든 일이 무사히 진행될 수 있도록 언제나 애써주었다. 하월은 글을 쓰는 사람에게 선물과도 같은 존재다.

보이는 세계에서 내쳐진 세계를 안내하고자 할 때

전혜은 《퀴어 이론 산책하기》 저자

많은 사람들이 '쉽고 짧아서 읽으면 바로 이해되는 이론 입문서'를 바란다. 시간은 부족한데 읽고 배워야 할 것들이 넘쳐나는 시대, 자신의 삶을 쉽고 짧게 1,000자 내외로 적어 1분 내로 축약해야 하는 자기소개서가 지배하는 시대를 사는 독자가 쉬운 입문서를 바라게 되는 건 어쩔 수 없는 일이기도 하다. 그런 퀴어이론 입문서를 기다려온 독자들에게 이 책의 출간은 정말로 반가운 소식일 것이다. 《퀴어 이론 산책하기》라는 소소한 제목을 달고서 (마치 우리 개와의 산책처럼) 600여 쪽을 내달려 독자들이 "산책이라며! 산책이라며!!" 하고 울부짖게 만든 내 책과 비교할 때, 리키 윌친스가 쓴 이 책 《Queer Theory, Gender Theory: An Instant Primer》(2004)는 《퀴어이론, 젠더이론: 초급 입문서》라는 원래의 제목답게 퀴어이론을 잘 모르는 사람도 쉽게 읽을 수 있도록 시원시원하게 써내려간 글에 분량도 적당한 것이 장점 중 하나다.

그러나 무엇보다도, 이 책이 출간 당시부터 알음알음 퀴어이론에 목말라했던 사람들 사이에서 화제가 되었고 출간 후 16년이 흐른 지금에도 여전히 널리 읽혀야 할 책이 된 가장 중요한 이유는, 젠더퀴어의 관점에서 쓰인 퀴어이론 입문서이기 때문이다. 그동안 주로 동성애에서부터 시작해 길게 이론적 계보를 설명하다가 마지막에 트랜스젠더를 끼워주거나, '퀴어'라는 제목 아래 주로 동성애에 대해서만 논의하는 책들이 얼마나 많았는가. 그런 점에서 수잔 스트라이커의 《트랜스젠더의 역사》*와 케이트 본스타인의 《젠더 무법자》**에 이어 한국에 출간되는 이 책은 트랜스젠더, 인터섹스 및 젠더퀴어 인권운동의 한복판에서 한 시대를 이끌어간 활동가가 젠더퀴어의 관점에서 당대의 사회적 소수자 인권운동과 퀴어이론을 통과해가며 쌓아 올린 소중한 지식과 통찰과 비전을 열과 성을 다해 독자들에게 전하는 값진 기록이다.

리키 윌친스는 비장애인 백인 트랜스 레즈비언 페미니스트

---

* 수잔 스트라이커, 《트랜스젠더의 역사: 현대 미국 트랜스젠더 운동의 이론, 역사, 정치》, 루인·제이 옮김, 이매진, 2016. (Susan Stryker, *Transgender History: The Roots of Today's Revolution*, Berkeley: Seal Press, 2008)

** 케이트 본스타인, 《젠더 무법자 : 남자, 여자 그리고 우리에 관하여》, 조은혜 옮김, 바다출판사, 2015. (Kate Bornstein, *Gender Outlaw: On Men, Women, and the Rest of Us*, New York: Routledge, 1994)

로, 지난 30여 년간 인터섹스와 트랜스젠더, 젠더퀴어를 위한 각종 단체를 조직하고 젠더 관련 인권 문제에 앞장서온 활동가이자 강연자, 저술가이다. 책 본문에도 잠깐 언급되지만 윌친스는 1991년 미시간여성음악축제가 트랜스 여성의 참가를 막은 사태에 맞서 축제 장소 바깥에서 매년 시위를 열었던 캠프 트랜스의 창립 구성원이었고, 1993년 결성되어 최초로 전국 규모로 확대된 트랜스 직접행동단체인 트랜섹슈얼매너스를 공동 설립했으며, 인터섹스활동가 셰릴 체이스와 함께 북미인터섹스협회의 뉴스레터 《성깔 있는 반음양》을 만들어 1994년부터 2005년까지 11년 동안 인터섹스의 목소리를 대변하는 등 치열하게 투쟁해왔다. 지금은 널리 쓰이는 '젠더퀴어 genderqueer'라는 신조어를 만든 사람으로도 알려져 있다.* 이 책 이외에도, 남자와 여자 어느 쪽에도 들어맞지 않는다고 느꼈던 자신의 이야기를 쓴 첫 단행본 《내 이야기를 잘 들어: 성적 전복과 젠더의 종말 Read My Lips: Sexual Subversion and the End of Gender》(1997), 젠더퀴어들의 목소리를 담은 선집 《젠더퀴어: 성적 이분법을

---

* 《젠더퀴어》 2판 서문에서 윌친스는 혐오의 멸칭으로 쓰이던 '퀴어'라는 용어가 이제야 막 당사자 용어로 새 생명을 얻던 1990년대에 "퀴어함이 성적 지향이 아니라 젠더로부터 흘러나오는 '눈에 띄는 퀴어'인 우리들"을 위한 이름이 필요해서 이 용어를 만들었다고 밝힌다. 그때로부터 10년이 지난 후 '젠더퀴어'가 '논바이너리 nonbinary' 정체성을 가진 이들을 위한 용어로도 널리 쓰이게 되었으며, 그 용어를 만들었던 본인의 예상보다 훨씬 더 범위를 넓히고 다양한 의미를 담게 되었다고 서술한다(Wilchins, 2020: 1-2).

넘어선 목소리GenderQueer: Voices from Beyond the Sexual Binary》(초판 2002, 2판 2020), 본인 표현으로는 "더 퀴어한 퀴어들"의 인권운동사를 담은 《트랜스/위반하다: 트랜스젠더활동가들이 어떻게 동성애자권리, 페미니즘, 언론과 의회 등등과 맞붙어 이겼을까!TRANS/gressive: How Transgender Activists Took on Gay Rights, Feminism, the Media & Congress... and Won!》(2017), 이분법적이지 않은 대안 정치는 어떠해야 하는가를 고민한 《이분법을 불태워라!: 트랜스, 젠더퀴어, 논바이너리 정치에 관한 글 모음Burn the Binary!: Selected Writings on the Politics of Trans, Genderqueer and Nonbinary》(2017), 이분법적 젠더 규범이 교육, 의료 현장, 청소년 문제 등에서 인종, 계급과 어떻게 얽혀 어떤 폭력적 결과를 낳는지를 구체적으로 보이고자 한 《젠더 규범과 교차성: 인종, 계급, 젠더를 연결하기Gender Norms and Intersectionality: Connecting Race, Class and Gender》(2019)에 이르기까지, 윌친스는 젠더 이분법의 폭력을 증언하고 그에 맞서 싸우는 작업을 꾸준히 해왔다.

무엇보다 윌친스가 전념한 일은 너무도 널리 퍼져 있고 익숙해서 거의 인식하기 어려운 젠더 이분법을 사람들에게 뚜렷이 인식시키는 일이었다. 우리가 맞서 싸워야 하는 적을 구체화해야만 구체적인 대응을 할 수 있기 때문이다. 이런 노력의 연장선에서, 이 책은 퀴어이론과 운동에 관한 책이되 엄밀히 말하자면 젠더 이분법에 들어맞지 않는 이들을 위한 이론서다. 이 책은 세상 이딜 가도 자신에 대한 이야기를 찾기 어려운 사람들, 트랜지션을 했든 안 했든 자신이 남성이나 여성

그 어느 쪽에도 맞지 않다고 생각하는 사람들이 자신을 설명할 자원을 찾고, 자신을 배척해온 이 잘못된 세상에 맞서 싸울 힘을 얻는 저장소이자 안내서 역할을 하는 것이다.

이런 점에서 이 책은 쉽게 읽힐 수 있지만 그 안에 담긴 내용은 결코 가볍지 않은, 오히려 도발적인 책이다. 모든 사람이 반드시 남성이나 여성이 아니어도 되는 세상, 모든 사람이 젠더 정체성과 젠더 표현을 자유롭게 누리는 세상을 만들기 위해 윌친스는 '젠더권'을 주장한다. 한국 독자에게는 생소하게 들리는 젠더권을 윌친스가 운동의 핵심 의제로 강력히 주장한 이유는 여성, 동성애자, 트랜스젠더 등으로 범주가 구획되어 각각의 운동이 따로 돌아가는 정체성 정치로는 도무지 경계적 존재들을 설명할 수도 도울 수도 없는 난관에 계속 부딪쳤기 때문이다. 처음에는 '게이'로 살려고 노력했고, 그다음엔 '트랜스섹슈얼'로 정체화했고, 그러나 당시 트랜스섹슈얼을 이해하던 통념인 '남자의 몸에 갇힌 여자'로 자신을 이해하기엔 '여자'라는 위치에 딱 들어맞지 않는 스스로에 고통스러워했고, 트랜지션을 하고 여자친구를 만나면서 '트랜스섹슈얼 레즈비언'이라는 이름을 받아들였다가, 몇 년 후 또 담론이 바뀌어 '트랜스젠더'라는 이름으로 불리게 되는 등(110~111쪽) '나'를 부르는 이름과 담론과 해석과 의미가 계속 변화하는 혼돈 속을 살아온 윌친스에겐 '이게 진짜 본질적인 ○○○다'라는 배타적 경계 구획을 넘어설 언어가 필요했다. 또한 인터섹스 유아 및 아동에게 강제되던 성기절제수술을 막기 위해 함께 싸우자고 요청했을 때 일어났던 일—여성단체, 동성애자 단체, 트랜스젠더단체가 각각 이 사안이 왜 '여성 이슈' '동성애자 이슈' '트랜스젠더 이슈'인지를 되물었고, 윌친스와 셰릴이 여성 문제와도 동성애자 문제와도 트랜스젠더 문제와도 긴밀히 엮여 있는 긴급한 문제임을 설득하자 각 단체는 이 사안이 '오직 여성 이슈' '오직 동성애자 이슈' '오직 트랜스젠더 이슈'일 때에만 도움을 주고자 했다(230~233쪽)—과 같은 일들을 겪으면서, 윌친스는 정체성을 구분하는 정치가 경계적 존재들의 삶에 전혀 도움이 되지 않는다는 것을 깨닫는다.

따라서 윌친스가 자신이 추구하는 운동이 여성(만)을 위한 것이 아니고 트랜스젠더(만)을 위한 것이 아니고 트랜스섹슈얼(만)을 위한 것이 아니고 동성애자(만)을 위한 것이 아님을 선언할 때, 이 말은 이런 이들을 죄다 버리고 젠더퀴어만을 끌어안고 가겠다는 뜻이 아니라, 특정 정체성 범주에 갇혀 그 정체성만을 위한 이론과 권리와 운동과 쟁점을 독점하는 현 상황을 갈아엎자는 것이다. 그리고 이분법적 젠더 규범의 폭력이 여성, 동성애자, 트랜스젠더, 트랜스섹슈얼, 인터섹스 등등 모든 이들을 옥죄는 공통의 적임을 인식하자고 요청하는 것이다. 이 책의 1부 1장이 다짜고짜 여성운동에서부터 시작하는 것은 젠더 문제가 모든 이들에게 해당되는 문제임을 보이기 위함이다. 1부 전체에서 윌친스는 젠더 문제가 여성운동에도 동성애자운동에도 트랜스운동에도 중요하게 작용하는 핵심 사안임을 논증하면서 젠더 문제를 외면하는 것은 혐오자들의 공격이 먹혔음을 증명하는 일밖에 되지 않는다는 점을 계속 강조한다. 2부는 자신이 다르다는 걸 설명할 길이 없었던 삶에 포스트모더니즘 이론이 어떻게 언어를 주고 숨통을 트여줬는지를 쉬운 말로 풀어 쓴다. 3부는 이분법적 젠더 규범과 엄격한 정체성 구분의 틀로는 구할 수 없는 삶들을 위한 정치가 왜 필요한지, 그런 정치를 어떻게 만들 것이고 실제로 어떻게 만들어왔는지를 현장감 있게 전한다. 그리고 책 전체에 걸쳐 젠더 이분법이라는 고정관념이 실제로 사람들의 삶에 얼마나 막대한 영향을 미치고 의학, 과학, 지식 체계에 어떤 강력한 힘을 발휘하는가를 집요할 만큼 반복적으로 설명하면서 이에 맞서는 싸움이 우리 모두가 함께 해야 할 싸움임을 설득하고자 한다. (특히 1부 1~3장, 2부의 4장과 7장, 3부의 9장과 11장은 이 책에서 가장 빛나는 부분이다.)

한편, 읽기 쉬운 글이 곧 모두에게 친절한 글은 아닌지라, 좋게 말하면 호쾌하고 나쁘게 말하면 저돌적인 윌친스의 문장은 자신이 생각하기에 정체성 정치와 이분법에 머물러 있는 듯한 이들, 이분법적 범주를 더 전복적으로 교란시키지 않는 것으로 보이는 퀴어들에게 좀 야박해 보이기도 한다. 예를 들어 1970~1980년대 동성애자 인권운동에서 트랜스섹슈얼과 같은 존재들이 점차 부끄러운 존재로 취급되어 배제된 역사를 지적하면서도(50~51쪽) 1990년대 트랜스운동의 의제가 “주로 섹스를 바꾸려는 사람들이 관심”을 가질 만한 사안들로

만 이뤄져 있었다고 비판하는 부분(74쪽), 또는 젠더권에 집중하는 인권단체 젠더팩을 꾸리는 과정에서 트랜스젠더 의제에 집중해야 한다고 주장하던 활동가들과 갈등을 빚었던 이야기(11장)를 읽다 보면, 아니 21세기 한국도 성소수자운동이 전반적으로 돈 없고 사람 적고 혐오세력의 거센 공격에 찌들어 있는데, 미국에서 1990년대 들어서야 겨우 한 줌의 트랜스젠더 단체를 꾸리게 된 사람들은 얼마나 쪼들리고 초조했을까…… 트랜스젠더와 트랜스섹슈얼의 의료권에 대한 논의도 여러 반대에 부딪치던 상황에서 좀 서럽지 않았을까…… 하는 생각에 마음이 어지러워지는 것이다.*

하지만 다소 야박해 보이는 윌친스의 태도는 자신이 헌신해온 퀴어운동 판에서마저 젠더 이분법의 경계에서 살아가는 존재들이 외면받는 상황을 타개하기 위한 절박함에서 나온 것이다.

"나는 트랜스 집단과 함께 가지 않는 젠더권운동은 실패라고 생각한다. 그러나 우리 모두를, 특히 어린이를 억압하는

---

* 《퀴어 이론 산책하기》에 정리했지만, 주디스 버틀러와 사라 아메드Sara Ahmed 같은 퀴어이론가들은 젠더 이분법에 좀 더 가까워 보이는 퀴어들과 이분법을 더 교란시키는 듯 보이는 퀴어들을 '공모/전복'의 이분법적 잣대로 재단하는 태도가 퀴어들의 삶을 더욱 팍팍하게 만든다는 점을 지적하면서, 더 많은 삶들이 다양성과 차이를 존중받으면서 살 만한 삶이 되도록 살리는 길을 모색하는 퀴어정치와 퀴어이론을 만들고자 노력해왔다.

젠더 체계에 대한 지속적인 비판 없이 트랜스젠더 집단을 돕는 데만 집중하는 젠더권운동 역시 실패라고 생각한다. 젠더권은 동성애자운동과 페미니즘이 끝내 외면한 가능성 이상의 것이어야 한다. 젠더권은 자신의 성별을 변경할 수 있는 권리만으로는 설명될 수 없다."(284쪽)

다음 단락의 마지막 문장은 저자가 바라는 세상이 어떤 것인지를 보여준다.

워싱턴 D.C.를 떠나 사우스비치에 있는 집으로 돌아올 때면 나는 의도치 않게 하루에도 여러 개의 서로 다른 젠더 위치를 거친다. 몸에 붙는 스판덱스 소재의 옷을 입고 인라인스케이트를 타는 오전에는 내가 멋있다고 생각하는 어느 쿠바계 남성이 부는 휘파람 소리를 듣는다. 오후에는 야구장에서 남자아이들과 몸을 부딪치면서 '남자he'로 나를 지칭하는 소리를 듣는다. 연인과 팔짱을 끼고 산책을 하는 저녁에는 성별 구분이 매우 어려운, 바나나 리퍼블릭 여름 시즌 남성복을 잘 차려입은 레즈비언 연인이 된다.
이렇게 다른 모습으로 보이는 것 때문에 마치 잘못된 삶을 사는 것 같은 이상한 기분이 든다고 연인에게 불평하고는 했다. 그녀의 대답은 이랬다. **"드디어 네가 지닌 목소리를 모두 사용하는구나."**(58쪽, 인용자 강조)

어떤 젠더를 표현하더라도 차별받지 않고 폭력을 겪지 않는 세상, 자신이 지닌 목소리를 모두 사용하는 세상. 이건 뜬구름 잡는 낭만주의 따위가 아니다. 11장에서 구체적으로 제시되는 젠더권운동은 이런 삶을 삶다운 것으로 만들기 위해 공동체, 학교, 일터가 모든 사람에게 안전하도록 만들고자 애썼다. 여러 대기업에 직장 내 고용기회평등 정책 도입, 전국 학교의 젠더퀴어 학생들이 보다 안전하게 지낼 수 있는 환경 조성 작업, 젠더 정체성 보호가 제대로 이뤄지고 있는지 학교를 평가하고 압력을 행사하는 학교젠더평등국가지수Gender Equality National Index for Universities & Schools, GENIUS 작업, 젠더퀴어 청소년들이 겪는 심각한 폭력에 관한 인권보고서 발간, 증오범죄 모니터링, 공동체 차별금지교육, 국회의원들에게 차별금지조약 로비 등 다양한 활동*으로 이뤄진 젠더권운동은 법적 권리뿐 아니라 일상적 따돌림이나 시선폭력 같은 괴롭힘으로부터도 안전할 수 있는 '사회권'을 정책에 녹여내기 위해 투쟁했고, 또한 인종·계급·성적 지향 등 다양한 교차성을 놓치지 않기 위해 노력했다. 이는 현재 한국에서도 절실히 필요한 운동이다.

지금까지 이 책의 빛나는 지점들에 대해 이야기했다면, 이 책으로 퀴어이론을 처음 접할 독자를 위해 유의할 부분을 짚

---

* 젠더팩은 2009년에 해산하면서 공식 웹사이트를 닫았기에 위키백과를 참조했다. http://en.wikipedia.org/wiki/GenderPAC

고자 한다. 쉬운 글이란 때로는 복잡한 지형을 일부러 뭉갬으로써만 가능해질 때가 있다. 이 책의 장점 중 하나는 쉽게 쓰면서도 퀴어운동 지형의 복잡성을 살리고자 했다는 점이지만, 애석하게도 2부와 3부 중 이론을 소개하는 부분에서는 그러한 복잡한 결을 읽는 민감성이 제대로 작동하지 않은 부분이 있다.

사실 이 부분을 어떻게 써야 독자의 오해를 줄일 수 있을지 고민이 많았다. 내가 이 부분을 쓰면서 바라는 것은, 윌친스가 '포스트모더니즘 이론'이라고 뭉뚱그린 이론과 주디스 버틀러의 논의를 잘못 이해한 부분을 짚어줌으로써, 안 그래도 가뜩이나 이런 이론 어렵다고 사람들이 잘 안 읽는데 또 '쉽다'는 명목으로 오독된 부분이 유통되는 것을 막는 것이다. 하지만 또 이런 단락을 덧붙여놓으면, 쉬운 입문서를 찾다가 이 책을 만나게 된 독자들이 '뭐야 잘 모르겠지만 그래서 이 책이 다 틀렸다는 얘긴가?' 하고 아예 읽지 않을까 봐 걱정이 되기도 한다. 결론부터 말하자면 이 책이 다 틀렸다는 얘기를 하려는 게 아니다. 사실 미국에서 2004년에 출간된 이 책은 푸코와 데리다 등의 논의를 경유하여 발전한 소위 포스트모던한 퀴어이론들, 우리의 인식틀을 지배하는 모든 이분법을 해체하는 어려운 길을 가는 퀴어이론들이 막 부상하던 1990년대 초반에서 2000년대 초반 사이의 10년간, 마사 누스바움이나 수전 보르도Susan Bordo 같은 유명 페미니스트 학자들도 '이게 뭔 소리야' 하면서 오해하며 쏟아냈던 오독의 담론들의 큰 흐름을 따르고 있다. 그러니 윌친스만의 문제는 아닌 것이고 당시 시대상의 문제이기도 하다. 이 책에서 낡은 부분이 있다면, 이 책이 활용한 이론들이 다 낡은 게 아니라 이 저자가 자신이 읽은 적은 수의 이론서를 짜 맞춰 일반화한 사유의 흐름 방식이 낡은 것이라 할 수 있다.

간략히 지적하자면, 특히 문제가 되는 곳은 8장 '포스트모더니즘 속의 불만'과 10장 '버틀러와 정체성 문제'다. 여기서 윌친스는 자신이 호명하는 '포스트모던 이론가'가 정확히 누구인지도 밝히지 않은 채 '포스트모던 이론가들은 다 이러하다'고 획일화시켜 단언하는 성급함을 보인다. 윌친스가 생각하기에 포스트모던 이론가들의 한계란 '담론권력이 인간의 모든 것을 결정 짓는다', 그래서 '주체성과 행위성에 대한 논의를 막아버린다' '담론권력에만 신경 쓰느라 인간의 감정이나 느낌 등에 관심이 없다' '집단적인 정치적 실천을 대안으로 제시하지 못하며 고작 패러디적 반복 같은 개인적 실천에 그친다'는 것이다. 이 해석에 대한 반론은 《퀴어 이론 산책하기》 2장과 3장, 6장에서 살펴볼 수 있다. 특히 주디스 버틀러의 젠더 수행성 이론을 정리한 2장을 보라. 왜냐하면 버틀러가 1990년 《젠더 트러블》을 내자마자 이런 오독에 시달린 나머지 1993년에 낸 《물질화되는 몸Bodies that Matter》*을 비롯한 이후의 저작

---

* Judith Butler, *Bodies that Matter: On the Discursive Limits of "Sex"*, New York: Routledge, 1993. 이 책은 한국어판이 나와 있지만 결코 추천하지

들은 이 오독에 답하는 방향으로 꾸준히 이론을 보강해왔기 때문이다. (문제는 윌친스가 《젠더 트러블》만 보고서 버틀러를 비판하고 있다는 것이다…….)

이러한 오해가 생기게 된 가장 큰 원인은 권력과 인간의 관계를 이분법적 대립으로 사유하는 억압/해방의 이분법적 사유에서 윌친스가 벗어나지 못했기 때문이다. 즉 이는 '권력이 모든 걸 다 찍어 누르거나, 아니면 그런 억압에서 어찌어찌해서 해방된 주체가 권력을 다 이겨먹는다'는 식으로 저항을 사유하려다 발생한 오해다. 하지만 이 책에서 윌친스가 정성껏 소개했던 미셸 푸코야말로 그런 억압/해방 이분법을 해체한 학자이고, 버틀러는 그 해체 작업을 이어받아 수행성 개념을 이론화했다. 달리 말하자면 윌친스는 보편적인 단 하나의 진리 주장을 내세우는 이분법적 형이상학을 비판하는 이론들을 젠더퀴어를 위한 이론으로 소화하고 흡수하려 했지만, 자신의 사유 중 다른 이분법적 틀과 진리 주장에 대한 무의식적 집착에 대해서는 미처 성찰적 사유를 진행하지 못했기에 자신이 이해하지 못한 부분을 '쟤들이 말 안 했다'로 떠넘긴 경우다.

물론 호쾌한 사이다 서사와 '어디서나 항상 진짜 옳은 답' '빠르고 쉬운 해결책'을 바라는 마음은 인간이라면 모두 가지기 마련이다. (나도 새 글을 써야 할 때마다 서론과 결론이 둘이 알아서 눈 맞아서 본론을 낳아줬으면 하는 헛된 바람을 품곤 한다.) 하

않는데 그 이유는 《퀴어 이론 산책하기》 2장에 설명했다.

지만 보이는 세계에서 내쳐진 세계를 찾아가고자 할 때, '그런 사람이 세상에 어디 있어?'라는 말을 듣는 그런 사람들을 위한 언어를 엮어 짜고자 할 때, 현재의 지배적인 인식틀 밖으로 자꾸만 밀려나는 삶들을 위한 세상을 만들고자 할 때, 그 작업은 결코 한 번에 쉽게 이뤄질 수가 없다. 그래서 버틀러를 포함한 퀴어이론가들은 우리가 진보적인 활로를 뚫었다고 생각하는 그 순간에 다시금 권력 규범들에 붙잡히고 또 '이 정도면 저항운동의 한 획을 그었다!'고 생각하는 그 순간에 다시금 다른 억압에 연루되는 지긋지긋한 현실이 현실이란 것을 받아들이고, 그 어디에도 안전한 유토피아는 없다는 사실을 받아들여서, 그 지긋지긋하게 반복되는 싸움에서 지금과는 다르게 권력을 재배치할 길을 열기 위한 어려운 작업에 필요한 이론적 자원들을 계속 만들어나가는 중이다. 윌친스의 이 책으로 퀴어이론 입문을 시작할 독자가 다음에는 그 어렵지만 중요한 노동에 함께 해주시길 바라는 마음이다.

마지막으로, 이 책이 쉽게 읽힌다면 그건 역자의 엄청난 노고 덕분이기도 하다. 1960년대에서 1990년대에 이르기까지 미국의 성소수자 문화와 운동의 역사가 매우 밀도 높게 담긴 이 책에서 한 문장마다 튀어나오는 현지 용어들에 하나하나 역주를 달고 당시와 2021년 현재 사이 달라진 점을 섬세하게 설명해준 역자 덕분에 이 책은 더욱 읽어볼 가치가 있는 책이 되었다. 이제 한국어판으로 이 책을 마주하게 될 독자들이 이 책을 처음 접했던 그 언젠가의 나처럼, 이 책과 함께 울고 웃고 가슴 뛰는 경험을 하리라 기대해본다.

옮긴이의 말

초등학교 5학년 때, 내 별명 가운데 하나는 '중성 인간'이었다. 비교적 높은 톤의 목소리, 공놀이에 관심이 없는 모습, 여자 아이들과도 가까이 지내는 성격 등이 그 이유였다. 중성 인간이 정확히 무엇을 가리키는지는 별명을 붙인 이들도 이해하지 못했겠지만 전달하려는 메시지만큼은 분명했다. 윌친스의 표현을 빌리자면 "사람들이 그래서는 안 된다고 말하는 의미에서 내가 다르다는 것"(19쪽)이었다. 성별에 상관없이 어울린 덕분에 사귀는 친구가 많았던 나는 어느 순간 곁에 남은 사람이 별로 없다는 것을 깨달았다. 내가 누구인지 소개하려면, 다른 이들과 관계를 맺으려면, 나는 남자아이거나 여자아이여야 했다. 어느 쪽에도 속하고 싶지 않았던 내게는 중성 인간이라는 꼬리표가 달릴 뿐이었다.

《퀴어, 젠더, 트랜스》는 나처럼 들어맞지 않는 이들을 위한 책이다. 이 책은 이론이 난해한 학술 논의에 그치지 않고 일상에서 활용할 수 있는 유용한 도구가 될 수 있도록 비교적 쉬운 언어로 쓰였다. 이 책의 매력은 비판적인 분석과 재치 있는 서술을 넘나들면서 사회운동의 복잡한 흐름과 추상적인 이론을 차근차근 풀어낸다는 데 있다. 여성운동, 동성애자운동, 트랜스운동의 갈등과 긴장, 상호 참조를 살피는 일, 정해진 질서와 주어진 기준에 질문을 던지는 일, 정체성 정치의 한계를 고민하며 다양한 삶의 복합성을 사유하는 일, 이론과 실천 사이의 역동적인 관계를 조명하는 일까지 이 책은 퀴어, 젠더, 트랜스 이슈에 관심이 있는 이들은 물론 들어맞지 않는다고 느끼는 모든 이들에게 유익한 즐거움을 선사한다.

저자인 리키 윌친스는 젠더 규범을 위반하는 움직임에 주목하며 젠더 고정관념을 넘어서는 일에 앞장선 활동가다. 트랜스단체 트랜섹슈얼매너스, 북미인터섹스협회에서 발행한 소식지 《성깔 있는 반음양》, '여성으로 태어난 여성'만 참가할 수 있던 미시간여성음악축제 행사장 밖에서 트랜스권리를 옹호한 캠프 트랜스, 트랜스집단에게 가해지는 차별과 폭력에 대항하며 사회 변화를 위한 정보를 제공했던 매체 《대담하게》, 이후 젠더팩 그리고 트루차일드까지 30여 년 동안의 활동에서 윌친스는 줄곧 우리 자신을 진솔하게 경험할 권리, 우리를 자유롭게 드러낼 권리, 우리의 잠재력을 실현할 권리, 우리의 삶을 서술할 권리를 옹호해왔다. 레슬리 파인버그, 케이트 본스타인, 필리스 프라이Phyllis Frye, 할리 보스웰Holly Boswell 등 동시대 트랜스활동가들과 더불어 "모두를 포함하는 더 넓은 젠더 패러다임”(81쪽)을 일깨우고 젠더권을 성취하기 위해 노력해온 윌친스는 지난 몇 년 사이 한국에서도 젠더 표현과 젠더 정체성의 넓은 세계를 여행하는 이들을 가리키는 의미로 쓰이는 ‘젠더퀴어’라는 용어를 처음 제안한 인물이기도 하다.

책에서도 드러나듯 윌친스의 활동은 현대 미국에서 전개된 사회운동의 흐름과 맥을 같이 한다. 2차 세계대전 이후 냉전 구도가 고착되면서 미국 사회는 반공주의 열풍에 휩싸였고, 체제를 비판하는 모든 시도를 혹독하게 처벌했다. 그러나 1960년대를 기점으로 보수적인 사회를 비판하고 권위주의적인 질서를 재구축하려는 새로운 움직임이 나타나게 된다. 이 시기에 등장한 대표적인 움직임으로는 흑인 시민권운동, 인종차별반대운동, 페미니즘운동, 반전운동, 사회주의운동, 반문화운동, 학생운동, 국제연대운동 등이 있다. 1970년대 신보수주의가 출현하면서 진보적인 사회운동이 다소 냉각되는 시기도 있었지만 사회적 소수자가 커뮤니티를 조직하고 정책과 제도의 변화를 촉구하는 흐름은 계속됐다. 성소수자운동 역시 다른 사회운동과 역동적인 관계를 맺으면서 20세기 중후반 동성애자해방운동, 레즈비언 페미니즘운동, 바이섹슈얼운동, HIV/AIDS운동, 트랜스운동, 퀴어운동 등 다양한 모습과 지향으로 표출됐다. 윌친스는 이러한 배경 가운데 1990년대부터 본격적인 활동에 나섰다.

윌친스의 논의에 비추어보면 당시 미국에서 펼쳐진 사회운동, 구체적으로 성소수자운동은 주로 정체성 정치에 기초했다. 이때의 정체성 정치는 공통의 경험을 지닌 이들이 부당한 현실에 대항해서 자신의 마땅한 몫을 요구하는 움직임으로 이해된다. 정체성 정치를 따른 이들은 소수자에게 이른바 평범한 일반인과는 본질적인 차원에서 구별되는 차이가 있다고 주장했고, 죄악, 범죄, 병리의 측면에서 접근하던 차이를 자긍심의 원천이자 커뮤니티의 기반으로 전유해냈다. '그들과 다른 우리'를 토대로 하는 정체성 정치는 가시성과 대표성을 높이는 일, 유권자이자 소비자로서 영향력을 행사하는 일, 일반 사회의 의식을 제고하는 일, 권리를 보장하는 제도를 마련하는 일, 적법한 시민으로서 승인받는 일, 이를 통해 인간으로서의 기본적인 권리를 증진하는 일을 추구했다.

윌친스는 정체성 정치가 일구어낸 의미 있는 변화를 인정하면서도 그 한계를 예리하게 살핀다. 윌친스가 생각하기에 정체성 정치는 본질적인 차원에서 몇 가지 심각한 문제를 안고 있었다. 우선 정체성 정치는 정체성을 역사와 문화를 초월해서 고정되고 불변한 것으로 전제한다. 이렇게 가정된 정체성은 개인에게 소속감을 부여하고 다른 사람과의 연결감을 증폭시킴으로써 부정의에 저항할 힘을 선사하기도 하지만, 지배 권력이 개인의 존재 양식을 규정하고 주변화된 이들을 서로 다른 인구 집단으로 분할해서 통치하는 지점이 되기도 한다. 특정한 정체성에 기대어 자신을 설명하고 동료와 만나는 일이, 개인이 도전하려는 권력을 유지하고 강화하는 의도치 않은 효과를 발생시키는 것이다. 이에 윌친스는 주류 담론이

"구체적인 자기인식을 지닌 특별한 형태의 인간을 어떻게 생산하고, 가능하게 만들며, 필요로 하는지"(211쪽) 거슬러 질문하는 일이 현 체제에 맞서는 중요한 방법이 될 수 있음을 지적한다.

또한 웬친스는 정체성 정치가 사회운동의 의제를 소유의 문제로 왜곡할 우려가 있다고 진단한다. 불평등을 해소하고 정의를 추구하는 사회운동은 권력과 자원을 분배하는 기존의 규칙을 재설정하는 근본적인 문제에 응답할 책임이 있다. 그러나 정체성 정치는 때로 '우리'의 파이를 더 많이 획득하는 일이 그 자체로 선하고 올바르다는 환상을 불러일으킴으로써 개별 집단의 이익을 극대화하려는 시도를 도덕적이고 정당한 것으로 만들고는 한다. 이는 불가피하게 '우리'로 호명되기에 적합한 이들, 파이를 나누어 가져도 될 만한 자격이 있는 이들이 누구인지 식별하는 일로 이어진다. 정체성 정치는 우리와 그들의 경계를 수호하고 자격이 없다고 간주된 무임승차자를 처벌하는 일이 더욱 공평하고 안전한 사회를 실현한다고 주장하지만, 실제로는 치안과 안보의 기획에 복무함으로써 존엄의 기초를 무너뜨리고 평등의 약속을 저버릴 위험이 있다. "해방운동은 새로운 위계를 만드는 것이 아니라 위계를 없애는 것이어야 한다"(240쪽)고 강조하는 웬친스는 정체성 정치를 넘어서는 이론과 실천의 필요성을 역설한다.

옮긴이의 말을 통해서 덧붙이고 싶은 이야기가 두 가지 있다. 하나는 웬친스가 이론을 서술하는 방식이다. 웬친스는

2판 서문에서 "이론의 세계는 그간 앞으로 더 나아갔지만, 이 책에 담긴 많은 아이디어는 오늘날에도 유의미하다"(15쪽)라고 말했다. 이를 뒤집어보면 책에서 다룬 많은 아이디어는 지금도 유효하지만, 이론의 세계는 그보다 더 멀리 나아갔다고 할 수 있다. 한편으로 의미와 상징 체계, 언어와 인식론에 주목하는 접근은 퀴어, 젠더, 트랜스에 관한 이론에서 여전히 중요한 부분을 차지한다. 그렇지만 다른 한편으로 정치경제학과 유물론을 적극적으로 수용하고 물질성과 존재론의 측면에서 이론을 다시 기술하는 작업이 진행되고 있다. 페미니즘이나 포스트모더니즘을 넘어서 다른 결을 지닌 비판 이론이나 사회운동과의 접점을 모색하는 움직임 또한 활발하다. 이분법을 경유하지 않는 방식으로 젠더 표현과 젠더 정체성을 탐색하는 이들이 더 많은 주목을 받기 시작하고, 포스트모던 페미니스트 이론이 '단지 문화적인' 것으로 평가절하되던 시기를 지나 문화적인 것과 물질적인 것의 구분을 넘나드는 새로운 패러다임으로 이해되는 변화를 고려한다면, 책의 내용이 다소 낡은 것처럼 보일지도 모른다. 그러나 지난 논의와 문제의식을 살피는 것 역시 중요한 과제라는 점에서, 더불어 시차를 감각하는 방식이 저마다 다르다는 점에서 되도록 원문을 준용했음을 밝힌다.

다른 하나는 윌친스가 전개한 젠더권운동이 마주한 비판이다. 11장에 넌지시 언급된 것처럼 젠더권운동이 모두에게 환영받은 것은 아니었다. 먼저 정체성 정치가 사회정의를 실현하는 데 감당한 역할을 공정하게 평가하지 않는다는 지적이 있었다. 정체성 정치에 대한 공격이 자칫 소수자에게 가해지는 차별과 폭력을 부정하고 희석하려는 시도를 뒷받침할 수 있다는 우려였다. 젠더권운동이 교차적 접근의 필요성을 힘주어 말하면서도 결국 젠더를 가장 중요한 권력 장치로 이해하는 것은 아닌지에 대한 질문도 이어졌다. 그 밖에도 개인의 권리를 옹호한다는 명분으로 젠더권을 내세워 물질적 조건을 바꾸는 일에는 소홀한 채 법적 보호와 문화적 인정만으로 불평등을 해결하려고 한다는 주장, 해체를 주요 방법론으로 제시하는 포스트모더니즘에 기대어 정책과 제도의 개선을 요구하는 것은 일관적이지 않다는 주장도 제기됐다.

가장 매서운 비판은 트랜스 커뮤니티에서 쏟아졌다. 트랜스운동이 규범적이라는 해석의 정당성을 두고 논쟁이 잇따랐다. 정체성 정치와 동화주의 정치를 경계해야 한다는 윌친스의 이야기가 일리는 있지만, 이제 막 새싹이 돋아나기 시작한 트랜스운동을 과도하게 몰아붙이고 단순하게 분석한다는 이견이 있었다. 이에 따라 트랜스 커뮤니티와의 불화도 나타났다. 트랜스 집단과 함께해야 한다고 말하면서도 '트랜스 사례를 너무 많이 다뤄서 지겹다'고 불평하는 것은 기만적이라는 비판이 제기됐다. 트랜스운동을 넘어 젠더권운동으로 나아가야 한다는 젠더팩의 메시지가 트랜스 이슈를 특수하고 예외적인 문제로 치부해온 고통의 역사를 되풀이하는 것이 아닌지 따져 묻는 이들도 있었다. 여기에 더해서 전국적인 권리단체를 지향하는 여러 트랜스단체가 점차 자리를 잡게 되며 젠더팩의 커뮤니티 기반과 대표성이 약화됐다. 이러한 일련의 갈등은 2009년 젠더팩이 문을 닫은 주요한 이유로 평가된다. 그러나 젠더팩이 던졌던 문제의식은 여러 갈래로 이어지며 반향을 일으켰고, 현재 윌친스는 주변화된 위치에 놓인 퀴어 청소년에 초점을 맞추며 트루차일드에서 활동을 이어가고 있다.

책에 밀도 있는 내용이 담겨 있다는 점에서 번역 과정이 수월하지만은 않았다. 한 문장을 옮기기 위해서 한 문단에 해당하는 배경지식을 전달해야 하는 상황에 맞닥뜨렸다. 원문에 적힌 모욕적인 표현을 그대로 옮기는 것이 적절한지, 특정한 역사적 맥락에서 출현한 언어를 어떻게 문화번역해야 하는지, 현재 시점에서 정치적으로 올바르지 않다고 여겨지는 용어를 얼마나 재구성할 수 있는지 고민이 깊어졌다. 출처 표기가 분명하지 않거나 잘못 명시된 경우가 잦아서 이를 바로잡는 일 역시 오래 걸렸다. 여기저기 흩어진 자료를 모아서 원문과 대조해보는 작업도 예상 밖의 과제였다. 다행히 편집자의 안내와 지지를 길잡이 삼아 뭉친 실타래를 조금씩 풀어나간 끝에 번역을 마무리할 수 있었다.

한 권의 책을 완성하는 데 많은 이들의 마음과 수고가 깃든다는 사실을 새삼 깨닫는다. 번역 제안을 흔쾌히 수락하시고 신뢰 가운데 기다려주신 박재영 대표님께 감사드린다. 단어 하나하나, 표현 하나하나 찬찬하고 사려 깊은 시선으로 살피면서 책이 온전한 모양을 갖출 수 있게 애써주신 한의영 편집자님께 감사의 말씀을 드린다. 소중한 인연이 이어지도록 도와주신 여미숙 선생님과 이정신 선생님께 감사를 드린다. 분주한 일정에도 선뜻 추천사와 해제를 써주시고 책의 내용을 더욱 풍성하게 만들어주신 나영 선생님과 전혜은 선생님께도 감사드린다. 마지막으로 힘든 시기에 든든한 버팀목이 되어준 레인메이커, 오류동퀴어세미나, 전쟁없는세상, 젠더문화연구소 동료들에게 고마움을 전한다.

《퀴어, 젠더, 트랜스》는 10년 전에 처음 만났던 책이다. 2011년 페미니즘과 퀴어이론을 배우는 중에 접하게 됐고, 2013년 처음으로 번역에 나섰다. 그러나 당시에는 책에서 소개하는 사회운동의 역사나 이론의 맥락이 한국의 동시대적인 상황과 다소 거리가 있다는 생각에 작업을 내려놓게 됐다. 그렇게 시간이 흘러 병역거부에 따른 법적 절차가 시작됐고, 예감되는 수감생활에 앞서 사회적으로 의미 있는 지식을 나누고 싶다는 바람에서 번역을 재개했다. 책을 다시 읽으면서 한국의 지형이 어느새 달라졌음을 느꼈다. 2004년 미국에서 발간된 책이 2021년 한국의 독자와 만나서 어떤 효과를 일으킬지 기대된다. 특히나 퀴어한 몸짓, 다른 젠더의 실천, 트랜스하는 삶에 대한 적대와 혐오가 짙어지는 시기, 이 책이 우리 모두의 젠더권을 실현하는 데 작게나마 기여했으면 한다.

그물을 아무리 던져도 바람을 잡을 수는 없다는 말이 있다. 마찬가지로 이분법의 세계가 아무리 막아서도 새로운 변화를 멈출 수는 없다. 해석을 거부하고 범주를 초과하며 지배에 저

향하는 창조적인 움직임은 지금까지 그러했듯 앞으로도 계속 될 것이기 때문이다. 이 책은 자신을 나타내기에 주어진 이름표가 충분하지 않다고 느끼는 이들, 경계를 가로지르는 모험을 떠나는 이들, 상실을 애도하고 고통을 위로하며 오늘 하루를 살아내는 이들을 위해 준비됐다. "있는 모습 그대로 완전하고 숨김없이 존재할 권리"(286쪽)를 원하는 모든 이들, 특히 다를 수 있는 자유를 간절히 꿈꾼 청소년 시기의 나에게 반가운 소식이기를 바란다.

2021년 5월

시우

주

1 Michel Foucault, "Nietzsche, Genealogy, History", *Language, Counter-Memory, Practice: Selected Essays and Interviews*, trans. Donald F. Bouchard and Sherry Simon, Ithaca: Cornell University Press, 1977, p. 153.

2 David Valentine, "The Categories Themselves", *GLQ: A Journal of Lesbian and Gay Studies 10.2*, 2004, pp. 217-218.

3 Margaret Talbot, 'Men Behaving Badly', *New York Times*, 2002. 10. 13.

4 Mark Poster, Stanleg Aronowitz, *The Information Subject:*, London: Routledge, 2001, p. 30.

5 Mark Poster, *Critical Theory and Poststructuralism: In Search of a Context*, Ithaca and London: Cornell University Press, 2019(1989), p. 31.

6 John McGowan, *Postmodernism and Its Critics*, Ithaca and London: Cornell University Press, 1991. p. 89.

7 Jacques Derrida, "La Structure, le Signe et le Jeu dans le Discours des Sciences Humaines(Structure, Sign, and Play in the Discourse of the Human Sciences)", a lecture presented at a conference titled 'The Language of Criticism and the Sciences of Man' at Johns Hopkins University, 1966. 10. 21.

8 John McGowan, *Postmodernism and Its Critics*, 1991, pp. 98, 116.

9 Michel Foucault, *The History of Sexuality Vol. 2: The Use of Pleasure*, trans. Robert Hurley, New York: Vintage Books, 1985(1976), p. 3. (한국어판: 《성의 역사 2: 쾌락의 활용》, 신은영·문경자 옮김, 나남출판, 2018)

10 C. G. Prado, *Starting with Foucault: An Introduction to Genealogy*, Boulder:

Westview Press, 1995, p. 78.

11 Michel Foucault, "Two Lectures", *Power/Knowledge: Selected Interviews and Other Writings, 1972-1977*, trans. Colin Gordon et al., ed. Colin Gordon, New York: Pantheon Books, 1980, p. 98.

12 Michel Foucault, *The History of Sexuality: Vol. 1: An Introduction*, trans. Robert Hurley, New York: Pantheon Books, 1978(1976), p. 69. (한국어판: 《성의 역사 1: 지식의 의지》, 이규현 옮김, 나남출판, 2020)

13 Michel Foucault, "The End of the Monarchy of Sex", *Foucault Live(Interviews, 1961-1984)*, trans. Lysa Hochroth and John Johnston, ed. Sylvère Lotringer, New York: Semiotext(e), 1996, p. 214.

14 Foucault, *The History of Sexuality: Vol. 1* , p. 48.

15 Ibid., p. 38.

16 Ibid., p. 55.

17 Ibid., p. 43.

18 Del Martin and Phyllis Lyon, *Lesbian/Woman*, New York: Bantam Books, 1983, pp. 38-39.

19 Prado, *Starting with Foucault*, pp. 88, 112.

20 Foucault, *The History of Sexuality: Vol. 1*, p. 11.

21 Nancy Fraser, *Unruly Practices: Power, Discourse, and Gender in Contemporary Social Theory*, Minneapolis: University of Minnesota Press, 1989, pp. 44, 47.

22 Foucault, "The Eye of Power", *Power/Knowledge*, p. 155.

23 James Miller, *The Passion of Michel Foucault*, Cambridge: Harvard University Press, 2000, p. 222. (한국어판: 《미셸 푸꼬의 수난 1, 2》, 김부용 옮김, 인간사랑, 1995)

24 Ian Hacking, *The Taming of Chance*, Cambridge: Cambridge University Press, 1990, p. 1. (한국어판: 《우연을 길들이다》, 정혜경 옮김, 바다출판사, 2012)

25 Michel Foucault, "Panopticism", *Discipline and Punishment: The Birth of the Prison*, trans. Alan Sheridan, New York: Vintage Books, 1995(1977), pp. 195-228. (한국어판: 《감시와 처벌》, 오생근 옮김, 나남출판, 2020)

26 Ibid., pp. 135-169.

27 Judith Butler, *Gender Trouble: Feminism and the Subversion of Identity*, New York and London: Routledge, 1999(1990), p. 145. (한국어판: 《젠더 트러블》, 조현준 옮김, 문학동네, 2008)

28 Ibid., p. 10.

29 David M. Halperin, "Is There a History of Sexuality?", *The Lesbian and Gay Studies Reader*, eds. Henry Abelove, Michèle Aina Barale, David M. Halperin, New York: Routledge, 1993, p. 416.

30 Thomas Laqueur, *Making Sex: Body and Gender from the Greeks to Freud*, Cambridge: Harvard University Press, 1992, p. 149. (한국어판: 《섹스의 역사》, 이현정 옮김, 황금가지, 2000)

31 Kathy Russell, Midge Wilson, and Ronald Hall, *The Color Complex: The Politics of Skin Color Among African-Americans*, New York: Doubleday, 1993, p. 66.

32 'Science of the Sexes', directed by Henry Chancellor and Liesel Evans, produced by Windfall Films for the Discovery Channel and Channel Four Television, Princeton: Films for the Humanities and Sciences, 2002.

33 Butler, *Gender Trouble*, p. 145.

34 Monique Wittig, *The Straight Minds and Other Essays*, Boston: Beacon Press, p. 78. (한국어판: 《모니크 위티그의 스트레이트 마인드》, 허윤 옮김, 행성B, 2020)

35 Foucault, *The History of Sexuality: Vol. 1*, p. 154.

36 Laqueur, *Making Sex*, p. 26.

37 Butler, *Gender Trouble*, p. 10.

38 Laqueur, *Making Sex*, pp. 152-153.

39 Ibid., p. 150.

40 Butler, *Gender Trouble*, p. 146.

41 Foucault, "Nietzsche, Genealogy, History", *Language, Counter-Memory, Practice*, p. 148.

42 Butler, *Gender Trouble*, p. 165.

43 이 문단 및 이어진 두 문단에서 인용된 모든 내용의 출처는 다음과 같다. Laqueur, *Making Sex*, p. 153.

44 Alex Kozinski, 'Bending the Law: Are Radical Multiculturalists Poisoning Young Legal Minds?', *New York Times Books*, 1997. 11. 2.

45 Manning Marable, "Beyond Racial Identity Politics: Toward a Liberation Theory for Multicultural Democracy", *Beyond Black and White: Transforming African-American Politics*, London and New York: Verso, 1995, pp. 199-200.

46 Michel Foucault, "The Subject and Power", *Michel Foucault: Beyond*

Structuralism and Hermeneutics, eds. Hubert L. Dreyfus and Paul Rabinow, Chicago: The University of Chicago Press, 1983(1982), p. 216.

47 Siobhan B. Somerville, *Queering the Color Line: Race and the Invention of Homosexuality in American Culture*, Durham: Duke University Press, 2000, p. 3.

48 Kobena Mercer and Isaac Julien, "Race, Sexual Politics and Black Masculinity: A Dossier", *Male Order: Unwrapping Masculinity*, eds. Jonathan Rutherford and Rowena Chapman, London: Lawrence Wishart, 1996(1988), p. 106.

49 David Eng, *Racial Castration: Managing Masculinity in America*, Durham, N.C.: Duke University Press, 2001, p. 1, 17-27.

50 Maxine Hong Kingston, *The Woman Warrior: Memoirs of a Girlhood Among Ghosts*, New York: Vintage, 1989, pp. 5-6. David Eng, Racial Castration, p. 24에서 재인용.

51 Floyd James Davis, *Who Is Black?: One Nation's Definition*, University Park: Pennsylvania State University Press, 2010(1991), p. 173.

52 Somerville, *Queering the Color Line*, p. 168.

53 Brent Staples, "When Racial Discrimination Is Not Just Black and White", *New York Times*, 2003. 9. 12.

54 Darryl Fears, "Latinos or Hispanics? A Debate About Identity", *Washington Post*, 2003. 8. 25.

55 Richard Fung, "Looking for My Penis: The Eroticized Asian in Gay Video Porn"(1991), *Asian American Sexualities: Dimensions of the Gay and Lesbian Experience*, ed. Russell Leong, New York: Routledge, 1996, p. 187.

56 Tatum, *Why Are All the Black Kids Sitting Together in the Cafeteria?*, p. 60.

57 Eng. *Racial Castration*, p. 26.

58 Ibid., p. 25.

59 Tatum, *Why Are All the Black Kids Sitting Together in the Cafeteria?*, p. 61.

60 Joe L. Kincheloe and Shirley R. Steinberg, *White Reign: Deploying Whiteness in America*, eds. Joe L. Kincheloe et al., New York: St. Martin's Press, 1998, pp. 5-6.

61 Ruth Frankenberg, "Growing Up White: The Social Geography of Race", *White Women, Race Matters: The Social Construction of Whiteness*, Minneapolis: University of Minnesota Press, 1993, pp. 43-70.

62 Henry Louis Gates Jr. and Cornel West, *The Future of the Race*, New York: Vintage Books, 1996, pp. 36-37.

63 Patricia Hill Collins, *Black Feminist Thought: Knowledge, Consciousness, and the Politics of Empowerment*, Boston: Unwin Hyman, 1990. (한국어판: 《흑인 페미니즘 사상》, 박미선·주해연 옮김, 여성문화이론연구소, 2009)

64 Wittig, *The Straight Mind and Other Essays*, p. 26.

65 American Academy of Pediatrics, "News Release: American Academy of Pediatrics Position on Intersexuality", presented at American Academy of Pediatrics' Annual Convention held in Boston, 1996. 10.

66 Foucault, *Language, Counter-Memory, Practice*, p. 154.

67 1997년 9월 3일 방영된 'Boy or Girl?: When Doctors Choose a Your Child's Sex' 편.

68 Butler, Gender Trouble, p. 187.

69 Ibid., p. xxviii.

70 Ibid., pp. 8-9.

71 Ibid., p. 135.

72 Ibid., p. 19.

73 Ibid., p. 19.

74 Ibid., p. 21.

75 Ibid., p. 178.

76 Ibid., p. 33.

77 Ibid., p. 29.

78 Ibid., p. 171.

79 Ibid., p. 23.

80 Ibid., p. 33.

81 Ibid., p. 155.

82 Ibid., p. 25.

83 Ibid., p. 47.

84 Ibid., pp. 189-190.

85 Ibid., p. xxix.

퀴어, 젠더, 트랜스

초판 1쇄 펴낸날 2021년 5월 17일
지은이 리키 윌친스
옮긴이 시우
펴낸이 박재영
편집 이정신·임세현·한의영
마케팅 김민수
디자인 조하늘
제작 제이오
펴낸곳 도서출판 오월의봄
주소 경기도 파주시 회동길 363-15 201호
등록 제406-2010-000111호
전화 070-7704-5240
팩스 0505-300-0518
이메일 maybook05@naver.com
트위터 @oohbom
블로그 blog.naver.com/maybook05
페이스북 facebook.com/maybook05
인스타그램 instagram.com/maybooks_05

ISBN 979-11-90422-69-7 03330

만든 사람들
책임편집 한의영
디자인 조하늘